KLAUS REICHERT

Wolkendienst

Figuren des Flüchtigen

S. FISCHER

Frontispiz: Detail aus dem Tympanon
der Abtei Saint-Pierre in Moissac

Erschienen bei S. FISCHER
2. Auflage Dezember 2016

© 2016 S. Fischer Verlag GmbH,
Hedderichstr. 114, D-60596 Frankfurt am Main

Druck und Bindung: CPI books GmbH, Leck
Printed in Germany
ISBN 978-3-10-397228-3

»Down Time's quaint stream
Without an oar
We are enforced to sail

...

Without a surety from the Wind
Or schedule of the Tide – «

Emily Dickinson

Für Moni
In un mai spento amore –

Frühe Himmel

Du fragst mich nach meiner ersten Erinnerung an eine Wolke. Ich habe keine. Natürlich, es gab Regen, es gab Schnee, aber die waren vor dem Fenster oder auf den Wegen und Wiesen. Hast du nicht manchmal zum Himmel geblickt? Nein. Oder nur beklommen, wenn ein lauter werdendes Brummen über mir zu hören war. Einmal trudelte ein englisches Aufklärungsflugzeug niedrig am Sommerhimmel, das wenig später im weiten großväterlichen Garten aufschlug. Zerbeultes Blech, Leichtmetall. Ohne den Piloten. Weiter nichts? Doch. Die Nachthimmel. Aber ich sah sie nicht, obwohl sie voller Christbäume standen, wie es hieß, ich hörte sie in den Nächten im Luftschutzkeller. Da war wieder das erst langsame grollende Brummen, dann der anschwellende Bocksgesang, der sich in einem rasenden, rasselnden Taumel austanzte und entlud, der wie verhaltene Diarrhoe platzte, wieder und wieder. Ohrenbetäubendes Lärmen, schrilles Gekrisch, das war der Himmel für den Sechsjährigen. So hatte er sich die Himmlischen Heerscharen nicht vorgestellt. Als nach einer der vielen Nächte alles abgebrannt war, kam der Gestank der Hölle dazu. Schwefel, Phosphor und die beizenden, die Augen und Nase brennenden Reste der Dinge, mit denen ich gelebt hatte. Das da oben war für dich die Drohung, die Katastrophe. Wann hat sich das geändert? Lange nicht. Nach der Ausbombung waren meine Mutter und ich bei Bauern evakuiert und liefen jeden Morgen sieben Kilometer zum Trümmerkeller der Großeltern und am Nachmittag wieder zurück zum Dorf. 1944/45 war ein schneereicher Winter. Wege, Büsche, Bäume waren eins unter dem Weiß, und wir stapften, dunkle Gestalten. Die Tiefflieger kündigten sich nicht brummend an, sie sirrten sekundenschnell silbern heran, kaum daß man sie hatte kommen hören, und schossen ihre Garben in den um uns aufspritzenden Schnee. Manchmal um Haaresbreite. Aber was heißt das schon in dem Blitzen und Knattern ringsum. Hast du nicht Todesangst gehabt? Nein. Ich weiß es nicht. Mich interessierten eher die Lamettaknäuel, die die Amerikaner abgeworfen hatten, um das Radarsystem der Deutschen zu stören. Die glitzerten anders in der

Sonne als der Schnee, und ich könnte die Fäden vielleicht entwirren und an den Christbaum hängen. Der ganze Schmuck war ja verbrannt. Und als der Krieg zu Ende war? Ich weiß noch, daß wir Buben in der Pause im Schulhof zusammenstanden, als wieder das Brummen zu hören war, ein langsames, schwerfälliges Brummen. Es war ein einzelner Bomber mit dem roten Stern auf dem Rumpf und den Flügeln. Wir Buben sahen uns wissend an. Jetzt kommt der Russe. Jetzt? Bald. Spätestens im Herbst. Aber er kam dann doch nicht, und der Himmel war leer und blau. Und die Wolken, wann kamen die? Ich sehe mich vor einer Wiese stehen, so weit das Auge reichte und wie ich noch keine gesehen hatte. Blumen über Blumen in leuchtenden Farben, mehr als mein Farbkasten zu bieten hatte. Diese vielen verschiedenen Töne. Die roten vor allem, die blauen, die gelben, alle gerahmt und hervorgehoben von festlichem, glänzendem Grün. Schöner als Salomonis Seide. Der Anblick fuhr durch mich hindurch wie ein Schauer aus Glück und dem Verlangen, ihn festhalten zu wollen. Ihn zu beschreiben. Aber wie? Ich legte mich vorsichtig, um die Blumen nicht zu zerdrücken, an den Rand der Wiese, und da sah ich sie über mir, zum ersten Mal wirklich und wie für mich bestimmt, die Wolken, wie sie in dicken, silberweißen Haufen vor dem Blau dahinzogen, langsam, gemessen und lautlos. Friedliche Heerscharen. Und wenn sie einen Schatten über die Wiese warfen, leuchteten die Blumen in wieder anderen, dunkleren Tönen. Ja. Ich habe die Wiese wirklich am Abend beschrieben. In der ungelenken steilen Schrift des Siebenjährigen. Aber als ich die Sätze durchlas, merkte ich, das ist nicht die Wiese, die ich gesehen hatte, das sind nicht meine Wolken. Seitdem steht der Sommertag im Gedächtnis als erstes Beispiel für die Unbeschreibbarkeit der Dinge, die das Geheimnis ihrer Schönheit nicht preisgeben. Dieses Da, das immer ein Dagewesensein ist. Dazu der Sporn, wie in die Pferdeflanke, es dennoch, wieder und wieder, zu versuchen. (Fail and fail again. Fail better next time.)

»Im Gras, das über Ursachen
und Folgen wächst,
muß jemand ausgestreckt liegen,
einen Halm zwischen den Zähnen,
und in die Wolken starrn.«
(Wisława Szymborska, ›Ende und Anfang‹)

8

Einleitung

John Ruskin hat die Wolken mit dem Menschenleben verglichen.
»Denn was ist euer Leben? Ein Dampf (vapour, atmís) ist's, der eine
kleine Zeit währt, darnach aber verschwindet«, wie es im Jakobus-
brief heißt. Menschenleben und Wolken sind ›ihrer Natur nach‹ verwandt: in ihrer Flüchtigkeit, ihrem Dahineilen, ihren großen und
kleinen, plötzlichen oder langsamen Veränderungen, in ihrer Helle und Schwärze, Heiterkeit und Verlorenheit, Fülle und lumpigen
Schäbigkeit. »Was ist Identität?« fragt Virginia Woolf. Sie ist ständig
im Fluß, »ändert in jedem Augenblick ihre Gestalt in Reaktion auf
die sie umgebenen Kräfte«. Aber es ist nicht nur die Flüchtigkeit, die
Unbeständigkeit, die beide, Wolke und Menschenleben, verbindet,
es ist auch ihr Geheimnis: »daß ihre Wege im Dunkel sich verflechten
und ihre Formen und Verläufe (Gänge, Züge) nicht weniger launen-
haft (fantastic) sind als spukhaft und obskur, so daß in der Nichtig-
keit unseres Wolkenlebens, die wir nicht fassen, im Schatten, den
wir nicht durchdringen können, wahrhaft gesagt werden kann, ›der
Mensch geht dahin in einem eitlen (vain) Schatten und es ist eitel,
daß er sich ängstet‹.«

Seit der Mensch aufrecht geht, richtet er den Blick zum Himmel
– ängstlich, erwartungs- und hoffnungsvoll. Es gibt eine Korrespondenz zwischen oben und unten. Der Himmel will uns ›etwas sagen‹.
Er ist Wetter und Zeichen zugleich. ›Da oben‹ wohnen die Götter.
Sie können es regnen lassen oder auch nicht und den Schrecken der
Dürre verbreiten. Der oberste Gott der Hebräer, der mit dem un-
aussprechlichen Namen, ist ursprünglich ein Wettergott. Er kann
Frösche und Heuschrecken regnen lassen. Er zieht vor den Kin-
dern Israel in einer Wolke her. Er reitet auf einem Cherub auf einer
schwarzen Wolke und schickt seine Pfeile, die Blitze, herab. Zeus,
der Wolken(ver)sammler, ist oft mit einem Bündel Blitze dargestellt,
die später als Pestpfeile gedeutet wurden. Als Wolke schwängert er
Io, die schöne Priesterin der Hera. In der Nacht vor Cäsars Ermordung stürmt und wetterleuchtet es, scheuen die Pferde. So auch in
der Nacht, als Macbeth König Duncan ersticht. Die Götter wissen,

was die Menschen planen, und sagen es in ihrer Sprache. (Noch Arnold Schönberg will in seinem Kriegs-Wolkentagebuch von 1914 kommende Schlachtverläufe, Siege und Niederlagen, aus Wolkenbildungen ablesen.)

Auch in der christlichen Bildwelt wohnen Gott, die Engel und Heiligen im Himmel, sie sind sichtbar gemacht, wie sie da thronen und lagern auf Wolkenstühlen und -bänken. Aber es gibt nicht mehr die Korrespondenz zwischen oben und unten; es sind geschiedene Sphären, der sublunare, dem Wechsel unterworfene Bereich der Menschen und der ewige darüber, Diesseits und Jenseits. Die gemalten Wolken kommen nicht aus der Anschauung, sie sind Phantasiegebilde, manchmal sogar zoomorph wie bei Mantegna. Das ändert sich, als die Wolke ›als solche‹ aus dem Fensterausschnitt oder dem Hintergrund nach vorne rückt. Aber erst im siebzehnten Jahrhundert wird die (alte) Korrespondenz zwischen unten und oben (Landschaft und Himmel, kreisend, aufeinander verweisend) wieder wichtig und auch im Bild sichtbar, mit der (neuen) Annahme, daß die Wolken von unten kommen, nicht von oben. (Die Niederländer, Claude Lorrain, Poussin) Der Himmel wird eine Sache der Erde und des Wassers, nicht Gottes und seiner Heerscharen.

Seit dem achtzehnten Jahrhundert beginnt die wissenschaftliche Erforschung des Himmels. Nach Linnés Systematisierung der Pflanzen- und Tierwelt, nach Lyalls Geologie soll die Natur ihr letztes Geheimnis preisgeben: den Aufbau und die Struktur, das heißt die Gesetzmäßigkeit des Flüchtigsten, des ›Zufälligen‹. Es war schließlich Luke Howard, der 1803 seine ›Theory of Clouds‹ vorstellte, in der er die bis heute geltende Terminologie vorschlug: die Grundtypen Cirrus, Cumulus, Stratus, Nimbus mit verschiedenen Zwischenstufen und Übergängen. Goethe, seit Jahren mit meteorologischen Fragen und Wolkenstudien beschäftigt, hat sich das System angeeignet und Gedichte zu ›Howards Ehrengedächtnis‹ geschrieben. Er versuchte auch, Caspar David Friedrich zu bereden, sich mit Howards System zu beschäftigen, der aber winkte ab, denn er wollte seine Wolken nicht haben, wie er sie ›richtig‹ sehen *sollte*, sondern wie er sie – symbolisch – *sah*; so stimmen sie meteorologisch auch nicht. Friedrichs Dresdener Freunde, Carl Gustav Carus und Johann Christian Dahl, hingegen arbeiteten mit Howards Typen. Turner? Ja und nein; er skizzierte kurz, malte aber im Atelier und war an Effekten, am ›Interessanten‹ interessiert. Ruskin? Er studierte jahrzehntelang Wolken nach eigener Anschauung, nicht nach einem System, und entdeckte Analogien zwischen Wolken und vegetabilischen, geologischen und kristallinen Formen. Und Constable? Für ihn bestand kein Widerspruch zwischen Wissenschaft und Kunst; er sah die eine als Voraussetzung der anderen. Drei Jahre lang, in den 1820er Jahren, malte und skizzierte er täglich auf Hampstead Heath die Himmelsgebilde – er nannte das ›skying‹ –, notierte Stunde und Windrichtung und versuchte das Flüchtige, Gewöhnliche, Alltägliche (nicht das Spektakuläre wie Turner) so genau wie möglich festzuhalten und es dabei gleichzeitig zu ›dichten‹, in Poesie zu verwandeln, wie er einmal schrieb. Nur Wolken, allenfalls Busch oder Baum, eine Hausecke.

Aber wenn wir zum Himmel aufblicken, dann kaum, um uns in Howards Typen zurechtzufinden. Und wenn wir den abendlichen Wetterbericht anschauen, sehen wir Linien, Kurven, Schraffuren, die etwas anzeigen, was kommen wird oder auch nicht. Nein, die Cirri in eisiger Höhe sind immer noch die gemütlichen Schäfchen, die der Schäfer am weiten Himmelszelt weidet und die wir beim Einschlafen zählen sollen, bis wir darüber wegdämmern wie unter der Äthermaske bei der Mandeloperation. In den Cumuli gegen Abend, bevor wir vom Spielen ins Haus gerufen wurden, sehen wir immer noch den Geist aus der Flasche, die Dschinnen, Vogel Roq oder den Wolf, der uns fressen will.

Wann nehme ich Wolken überhaupt wahr? (Denn es gibt ja Tage in den Städten, an denen ich den Blick überhaupt nicht zum Himmel richte.) Ist es in einer *bestimmten* (seelischen, mentalen, körperlichen) *Gestimmtheit*? (Das altgermanische Wort *Stimme* ist unbekannter Herkunft, und aus diesem Ungrund sprießen Ableitungen, die nichts miteinander zu tun haben.) Oder empfange ich von den Wolken eine bestimmte *Stimmung* (die so empfänglich macht für die Wolke Zeus)? Habe ich eine Vorstellung vom Unendlichen, sichtbar markiert und bald getilgt in Raum und Zeit? Freuds »ozeanisches Gefühl«? Oder projiziere ich *meine* Stimmung hinauf und sehe für einen flüchtigen Moment darin etwas wie Verheißung oder Verdammung wie beim Blick in die Augen einer geliebten Frau? Warum schauen Liebende so gern in den Himmel und sind beglückt oder verstimmt von dem *Da*, das Alles ist und doch gleich vorbei? Sehen wir nach irgendeiner Trennung, einem Vorbei, das Grauen des schroffen Ungestalten? Gibt es ein Wechselspiel, eine gegenseitige Steigerung des Anblicks und meiner Gestimmtheit? (Lear auf der Heide, gepeitscht von Regen und Sturm, von dem er weiß, daß er – zugleich – in seinem Innern wütet.) Ich sehe immer mehr, verliere mich in den Weiten und Tiefen des Himmels und meines Inneren, die gleichermaßen unverstanden sind, Gewölk, das vielleicht ein Wissen verhüllt, und wenn es verfliegt, enthüllt sich nichts als der leere Himmel.

Fürchte ich eine Stimme, die aus der Wolke zu mir spricht? (»Du Narr … deine Seele … mud thou art«, sagt die Stimme aus dem Off in Becketts ›Eh, Joe‹.) Die Vorstellung vom strafenden, rächenden Gott in den Wolken steckt trotz aller Wissenschaft als etwas Unabgegoltenes noch in uns, wenn wir zum Himmel schauen. Der Atavismus, daß am Anfang die Drohung gestanden hat, die Angst vor Vernichtung, das Weltgericht. Oder heutiger gesagt: die erahnte Erinnerung an Verlorenes, Verspieltes, Versunkenes, Verdrängtes, an unbewußt Gebliebenes.

Daß es die Korrespondenz zwischen unten und oben, oben und unten gibt, wie sie ›im Anfang‹ war, zeigen die Reaktionen von Pflanzen und Tieren: lange vor dem Gewitter – wir Menschen wissen noch nicht, ob es kommt oder abzieht – legen die Futterrüben ihre starren Blätterstengel in die Ackerfurchen, damit der Sturm sie nicht bricht, lockern die Spinnen ihre straffen Netze, damit der Wind sie nicht zerreißt.

Eine Geschichte der Wolken, wie die oben skizzierte, wird auf den folgenden Seiten nicht erzählt. Die Skizze dient nur als Gerüst, an dem der Leser sich vielleicht bei einzelnen Stücken orientieren kann. Was folgt, sind unverbundene, nur locker zu Gruppen zusammengestellte, längere oder kürzere Texte verschiedener Art.

Ich habe seit Jahren Wolkentagebücher geführt. Ich wollte etwas festhalten, was sich nicht festhalten läßt, die Zeit stillstellen wie in einer Photographie. Aber wie lassen sich Wolken beschreiben, ohne in ihren bizarren Gestalten ein Vertrautes entdecken oder wiedererkennen zu wollen wie die Kinder, die wir dann manchmal wieder werden? Oder andersherum: ohne das Gesehene nüchternterminologisch zu protokollieren? Wie lassen sich Wolken ›als solche‹ in Sprache übersetzen, wenn sie nicht als Projektionsfläche für Gedichte oder Romanfiguren – bei Jean Paul, bei Emily und Charlotte

Brontë – erfunden werden? Wiedererkennbare Strukturen lenken ab, man ›sieht‹ dann nichts mehr. Doch lernen konnte ich von John Ruskin, dem unermüdlichen Wolkenleser und -beschreiber, bei dem auch andere in die Lehre gingen. In den fünf Bänden seiner Modern Painters beschreibt er, was er sieht, immer dieselben Formen, die dieselben nicht sind, da sie ja nur einmal sich zeigen. Daß seit Howards Wolkenterminologie eine wissenschaftliche Meteorologie entstand, interessierte ihn nicht. Für ihn blieb Gott der Schöpfer auch der flüchtigen atmosphärischen Erscheinungen. Die Wolken zu beschreiben ist eine Sache, sie darzustellen ist eine andere. Das kann nur der Maler, und das heißt für Ruskin: das kann nur einer, William Turner. Seine Kunst hat Ruskin einmal »service of clouds« genannt: Wolkendienst.

Die Beschreibung von Bildern ist nicht einfacher, obwohl der Himmel in ihnen wenigstens feststeht. Die Schwierigkeit ist, die fixierte Bewegung der Wolken wieder aufzulösen, die Windrichtung zu erfassen, die Distanzen zwischen ihnen, vor allem die Tonabstufungen, besonders im Grau, von dem Paul Klee sagte, es bilde die Balance zwischen allen chromatischen Polaritäten und zeige zugleich den »Schicksalspunkt zwischen Werden und Vergehen«. Solche unendlichen Nuancen kann man vor den Originalen studieren, man kann versuchen, sie zu beschreiben, reproduzieren lassen sie sich nicht. Ich lasse daher Gemälde, die ich beschreibe, eher nicht abbilden, oder nur dann, wenn anderes als die Abstufungen akzentuiert ist. Manche Bilder sollen unkommentiert für sich sprechen.

Es ist aber die Musik, die ein wahres Äquivalent der Wolken, ein bilder- und sprachloses, schaffen kann. Sie macht die Wolken hörbar in der Zeit – von Augenblick zu Augenblick anders im Verlauf, im Kommen und Gehen, Steigen und Sinken, in den Übergängen und Abstufungen, der Dynamik, ja in den Farben, und alles kann gleichzeitig mit- oder gegeneinander verlaufen, verschiedene Rhythmen im gleichen Takt. Nirgends wird lauter gedonnert oder sanfter ausgehaucht, verschwebt als in der Musik. Wo soll man da anfangen? Bei Schuberts Ganymed-Lied, das durch vier Dur-Tonarten streift, sich von den Worten tragen läßt – »Hinauf strebt's, hinauf. Es schweben die Wolken...« – und in einem kurzen Nachspiel mit immer höheren Akkorden im Klavier verklingt? Oder bei Mendelssohns Elias und der kleinen Wolke, die »auf aus dem Meere gehet« und den Regen verheißt, der dann prasselnd im Orchester niedergeht? Aber da solche Musik auf das Wort bezogen ist, schied sie aus. Es sollten nur solche Stücke oder Ideen zur Musik betrachtet werden, in denen allein aus Klängen Wolken geschaffen werden.

In dem Buch finden sich außerdem kleine Essays, Gestalten aus der Mythologie (Io, Helena, Proteus), verstreute Gedanken, Bilder, Prosagedichte, längere Zitate, aber so neben- und gegeneinander gesetzt, daß sie eine Beziehung ergeben, sich stützen, ergänzen oder aufheben. Eine Lektüre von Seite zu Seite ist nicht nötig – sie widerspräche der Diskontinuität der Wolken. Man schlage das Buch auf, wo man will, so wie man zufällig den Blick zum Himmel aufschlägt, und lasse sich von den eigenen Gedanken und Erinnerungen weitertreiben.

Das Feld bei diesem Thema ist inzwischen gut bestellt. Ich habe mich deshalb bemüht, allzu Bekanntes wegzulassen oder klein zu halten. Zugleich wurde das Thema immer reicher und uferloser in den Lüften, so daß ich mich endlich entschließen mußte, den Ballon landen zu lassen.

ELSÄSSISCHE TAGEBÜCHER

Rittershoffen, 12. August 1998
Nach einer Woche stehender Hitze – gestern 41 Grad –, keinem
Wölkchen am Himmel, überhellem Vollmond, relativer Abküh-
lung nachts mit feuchtem Gras schon um Mitternacht wegen der
Abstrahlung, heute mittag starke Windböen, ohne Wolken, die sich
nach einer Stunde wieder legten. Einfach so. Keine Aufgeregtheit
der Vögel oder Insekten, die Ackerwinde schloß ihre Blüten nicht.
Dann gegen acht, eine knappe Stunde vor Sonnenuntergang, starke
Bewölkung von Westen, Quellwolken, die bald den ganzen Himmel
überzogen, von Nimbus und Stratus zu einer Andeutung von Cirrus,
mit eiligem Cumulusgeschiebe in der Mittelzone.
Eine ganze Himmelsleinwand voll von bleiblauen Kreisen – Ives
Kleinschen Schwämmen – Gouachen, die mal konkav, mal konvex
erschienen. Sie wirkten statisch, wie von Ewigkeit, im nächsten
Augenblick waren sie verfiedert, obwohl sie, wie es schien, langsam,
wie ohne Wind, dahingingen. Darüber und darunter, mit dem
Lineal gezogen, ein schmaler rötlicher Streifen, der sich aber nicht
wie eine Backstube entwickelte, sondern sich nur wie ein Memento
hinschrieb: Gedenke, daß es mich dennoch gibt, die Sonne. Alles
blieb an diesem Abendgewölk abstrakt. Kein lockender Bilder-
dienst. Wie der Ordnungsruf von oben: Ich *bin*, aber du kannst dir
mich nicht vorstellen. Bei Wolkenbildungen eher ungewöhnlich.
Später schien dieser ganze Aufwand sich zu lohnen, indem fast der
ganze Himmel unerblickbar blieb: zu, geschlossen, einzelne Sterne,
eine nur ahnbare Konstellation, wie um durch die wenigen Löcher
im Vorhang diesmal uns da unten zu beobachten, das Publikum.
Unsichtbar der abnehmende Mond.
Aber eben, während ich schreibe, gegen halb zwei, beginnt fast
unvermittelt ein starkes Gewitter, etwa sechs Kilometer entfernt
(über Leiterswiller?), meint es aber nicht recht ernst, oder gerade
so ernst, daß der Strom unterbrochen wird. Zaghaftes Rauschen
auf der heute gemähten Wiese, die es nötig hatte. Ein bißchen
Regen und das Bühnengefunkel und -geknalle drumherum. War das
wirklich alles nach der langen Hitze? Die Blitze etwas gelangweilt,
verlegen, wie um zu üben, zu markieren, wie es bei Sängern heißt,
oder um zu zeigen, daß es zur Vorstellung nur erst klingelt.

13. *August 1998*

Das Gewitter entwickelte sich noch stark in der Nacht als Natur-theater im Osten über dem Schwarzwald, zu weit entfernt, um das Grollen zu hören. Moni hat es von oben beobachtet, während ich unten schrieb. Kein Regen hier.

Heute starke Wolkenzüge, von West nach Nord, in allen Howard-schen Variationen. Mittags wieder die jähen, richtungslosen, unnützen Winde, die ebenso plötzlich aufhörten. Wenn eine graue Wolke vor die Sonne zog, war es gleich kalt. Gegenüber den Abstraktionen gestern, heute ganze Bilderlexika: Trüffelschweine, Elefanten, Feldmäuse, gleich groß, aber kenntlich an der minimal veränderten Gestalt. Der Blick beim Brombeerpflücken leierte wie aus einer Rotationspresse immer neue Abzüge heraus, aber alles sachte und andante, in schönem Gegensatz zu den Scherzi der Figuren.

Nach Sonnenuntergang (gegen Viertel vor neun) ein merkwürdiger Prospekt: ein riesiger roter Gazevorhang, fast vor den gesamten Äther gespannt, der nach unten – etwas sackig zum Westen hin – durchhing. Eine Dekoration von Vanessa Bell. Darüber, von der untergegangenen Sonne nicht mehr erreicht, bleigraue Schwaden.

20. *August 1998*

Tagelang blauer Himmel. Dürre. Kein Wölkchen, das eine Tempe-raturschwankung – ein bißchen kälter da oben? – anzeigte. Wie wir sie doch spüren, wenn wir durch den Hagenauer Forst radeln und der Wechsel von Wald und Lichtung uns unmittelbar auf die Haut kommt.

16

Heute Mittagsstürme, wie von nirgendwoher, die ein Zeitunglesen im Garten unmöglich machen. Eilige verwirrte Vögel hier unten, während höher oben ein paar Krähen schimpfen. Ruhiger Himmel. Eine Stunde vor Sonnenuntergang, also schon gegen halb acht jetzt, auf das Ziegeldach des alten Hühnerstalls geklettert (im Garten versperrt der hohe Mais den Blick), um den Himmel zu sehen: Ein Brucknersches Ensemble von Wolken, immer die gleichen, die, schaut man, hört man wieder hin, sich schon verwandelt haben. Farbigkeiten, ein ungeheurer Reichtum an Formmodulationen unter und über wechselnder Beleuchtung, wechselnden Streicher- und Bläsergruppen.

Rittershoffen, 9. August 1999

Gestern abend von Venedig aus angekommen. Auf der Höhe von Straßburg riesiges Wolkentheater mit großen Auftritten, vom dahinter liegenden Licht in einem majestätischen Strahlenkranz erleuchtet und eingefaßt.
In der Nacht starker Regen, noch um Mittag tropfen auf der Wiese die Halme. Dabei ist es schwül bis heiß. Am Nachmittag flüchtige Cumuli, ganz weiß, Anflug von Nimbus. Am Abend – etwa von acht bis halb zehn – wieder ein einzigartiges Spektakel mit dem ganzen Himmel als Bühne. Riesige plastizierte Felder in allen Grautönen, von hellem Lichtblau bis zu schmutzigem Lumpengrau. Gestaffelte Perspektiven wie in Bühnenprospekten des achtzehnten Jahrhunderts im Marionettentheater. Verschiedene Tiefenwirkungen: weit hinten die mit der Schere ausgeschnittene Zackenlinie der Dolomiten vor dem Regen – Säntis und Hoher Kasten über Konstanz – vorn, direkt über mir, ein übergroßer undeutlicher Lappen, wie zu nah, als müßte ich erst die Brille putzen oder bis in den Schwarzwald zurücktreten, um die Konturen scharf fokussieren zu können. Nebeneinander scharf und unscharf sehen. Sieht man das auf einer Photographie, weiß man, daß die Entfernung auf *ein* Objekt eingestellt war (die anderen hätten ebenso klar werden können, wenn der Photograph es gewollt hätte). Hier am Himmel, jetzt, läßt sich nichts mit dem Wechsel der Perspektive erklären. Das Klare ist so klar, wie das Unklare – als Unklares – ›klar‹ ist. (Chinesische Rollbilder.) Und daß es daran nichts zu erklären gibt (Fokuswechsel usw.), läßt die Wolkenbilder wie einen Spiegel der Affekte

erscheinen. Natürlich dauert diese Fixierung, die im Augenblick wie auf Dauer gestellt wirkt (die Repeat-Taste), nur wenige Sekunden. Einmal abgeschweift – dem Schwalbenschwarm mit dem Auge gefolgt, wie er pfeilgerade über die Maisspitzen strich –, und beim nächsten Blick nach oben ist nichts mehr, wie es war. Im schmutzigen Lumpen auf einmal ein dunkler Keil, der sich mit dem stumpfen Ende, also im Gegensinn, rasch von West nach Nord bewegt. (Benjamins rückwärts fliegender Engel der Geschichte.) So stand, Schwanz voraus, der Komet Hale-Bob über dem Berg Marmoré im Fextal, vom Fenster der Chrasta aus gesehen, morgens um sechs. Wann war das? (Ich weiß nur, daß Homer ihn zuletzt sah.)

Wie schwer ist es, beim Beschreiben von Wolken Vergleiche zu vermeiden – ›wie Zinnen‹, ›wie Karawanen‹, ›wie Bergrücken‹. Daß wir in ihnen die Bilder wiedererkennen wollen, die wir kennen, ist ein Beweis unserer Torheit dem Unbegreiflichen (!) gegenüber. Und jedes Wie ist eine Fixierung, also das Gegenteil von dem, was ›da oben‹ vor sich geht. Vielleicht ist die Unwilligkeit mancher Scholastiker, ›den da oben‹ zu fixieren, aus Wolkenbeobachtungen abgeleitet. Und man könnte versuchen, wie in der Negativen Theologie, Wolken über das zu erfassen, was sie nicht sind.

11. August 1999
Tag der seit Monaten vermarkteten Sonnenfinsternis, die total nur in einem zweihundert Kilometer breiten Streifen, in dem wir uns befinden, zu sehen sein soll. Gegen elf Uhr gehen wir mit Anna auf einen Stoppelacker Richtung Betschdorf, breiten eine Decke

vor einer Strohrolle aus, hocken uns hin und warten. Der Himmel
ist von eilig treibenden grauen Wolken überzogen, die manchmal
fransig aufreißen. So sehen wir momentan, wie der Mond die
Sonnenscheibe ein Stückchen anknabbert und wie er sich dann
langsam, langsam darüberschiebt, nur ist die Sicht immer wieder
verdeckt durch fetzige Wolken. Aber wie die Sonne allmählich
wie ein Halb-, dann ein Vollmond, dann wie eine Sichel aussieht,
bleibt es dennoch taghell, als verändere sich nichts. Nur ein paar
Schwalben sirren eilig über die Äcker, um sich die Abendnahrung
(!) zu schnappen. Nach etwa einer Stunde – es ist immer noch hell –
kommt kalter Wind auf. Wenige Minuten vor der totalen Finsternis
verriegeln die hetzenden Wolken die Sicht und geben sie nicht
mehr frei. Dennoch wird es auf einmal stockdunkel, in kürzesten
Sekunden, übergangslos, wie im Orient, wo die Nacht jäh herein-
bricht. Auch ohne die Stelle der Verfinsterung zu sehen, ist es ein
schauerliches Gefühl, mitten am Tag in einer totalen Schwärze
auf einem Acker zu stehen. Vögel schwirren lautlos in Bodennähe,
verständnislos irrend, weil ihre Uhr nicht mehr stimmt. Totenstille,
ein großes Schweigen und wider besseres Wissen einen Moment lang
der Gedanke: wie, wenn es nicht mehr hell würde? Das Aussetzen
des für selbstverständlich Genommenen. Zur Kälte setzt jetzt ein
heftiger Regen ein, der die Stille noch trostloser macht. Warum
sollte das nicht der Beginn einer Sündflut sein? Da kommt der
Nachbar, Monsieur Levy, mit dem Auto auf den Acker gefahren,
Musik dröhnt aus seinem Radio, um die Geister zu verscheuchen,
aber wir empfinden den brutalen Einbruch wie eine Entweihung
der Stille, wie gottverlassen sie auch immer war.
Im Moment, wo der Mondschatten hinter den Wolken die Sonne zu
verlassen beginnt, hellt sich die Welt wieder auf, ist der Spuk vorbei,
als sei nichts gewesen. Etwa zwei Minuten dauerte das Grauen, die
Beklemmung, die Angst, wie das Aussetzen der Luft in der Nacht,
obwohl das große Schauspiel uns verborgen blieb – die Corona, die
Wintergestirne, wie Orion, daneben.
Hunderttausende waren unterwegs in und nach Süddeutschland.
Allein nach Stuttgart waren Zweihunderttausend angereist, weil
dort die Finsternis ›am klarsten‹ zu sehn hätte sein sollen. Wegen
der Wolken sah man dort gar nichts. Auf den Autobahnen Staus wie
noch nie in der Geschichte des Landes.

17. August 1999

Am frühen Abend fünf sehr breite, rein weiße gerade Pfeile nebeneinander wie gigantische Notenlinien oder wie Vergrößerungen von
Meret Oppenheims Pelzkranz. Daneben ein den ganzen westlichen
Himmel deckendes graues Wolltuch mit Noppen, durchsackend, als
läge der ganze Sternenhimmel darin.

18. August 1999

Vom Hühnerstalldach aus eine halbe Stunde die untergehende
Sonne. Ein Breughelscher Weltuntergang durch Feuer, hin- und
herwogende Flammen mit einer Ahnung der Dulle Griet, des
Wahnsinns, der über die Erde streicht. Höllenschlünde. Darüber
die abziehenden Rauchschwaden – aber wohin denn, wenn die
ganze Welt verbrennt? Dann reißt ein immer länger und breiter
werdendes hellblaues Loch auf – ein stiller stoischer See, um den
die Stürme tosen (Poussins Frankfurter ›Pyramus und Thisbe‹).
Der See erscheint auf einmal wie das von einem Satelliten aus gesehene Mittelmeer – rechts die türkische Küste bis hinunter nach
Syrien und Israel, daneben Zypern. Dann erscheinen die schnee-
bedeckten Gebirgszüge mit ihren Zacken und Schluchten. Das für
das Menschenwissen aufrührerische Meer sieht vom Himmelsauge
her glatt und unbewegt aus – die trügerische Galene. Oder ein unbe-
schriebenes Blatt Papier.

Hera mit Amboß

Als wir uns gegen Abend nach Sonnenuntergang mit dem Auto Rittershoffen nähern, steht über dem Hagenauer Forst ein riesiger Amboß, grau-schwarz, der Himmel und Erde verbindet. Gleichschenklig, unten spitz zulaufend, ein Trichter, durch den noch nichts stürzt. Es ist absolut still wie ein aussetzender Atem, während wenige Kilometer entfernt, hinter dem Wald, die Welt untergeht.

12. August 2011
Ich, Spätling, sehe den Amboß aus dem Himmel zum ersten Mal, aber er ist den Wolkenlesern lange bekannt.

>»Zwei schöne Amboßwolken tief auf der Erdlinie in gegenüberliegenden Quartieren, so daß ich zwischen ihnen stand.«
>
> Gerald Manley Hopkins, 19. Juni 1871

>»Zu Sonnenuntergang in einer grauen Wand mit feuchten goldenen Hauben und Driften, hatte das ganze Rund der Skyline waagrechte Wolken in natürlicher Bleifarbe aber die oberen Flächen berggelb, einige mehr, einige weniger rosig. Nadeln oder Strahlen geflochten oder erfüllt mit inklinierenden Kugelflocken brachen sich Bahn. Hinter solchen Wolken amboßförmige weichrote und andere hochgewehte woll-vlies tisch-flache gefährlich aussehende Stücke.«
>
> G. M. Hopkins, 1. Juli 1866

Und schon Homer hat die Himmelserscheinung gesehen und sich seinen Vers darauf gemacht. Hera, die Eifersüchtige, Listenreiche, hatte zweimal Hypnos bestochen, ihren Gatten einzuschläfern, um einen Racheplan durchzusetzen. Das erste Mal versuchte sie den verhaßten Zeus-Sohn Herakles zu vernichten, indem sie den Boreas-Sturm ihn über die Ägäis bis nach Kos jagen ließ, wo er, der Starke, um ein Haar als Pirat gesteinigt worden wäre, wäre Zeus nicht gerade noch rechtzeitig aufgewacht. Das andere Mal wollte sie Troja vernichten und gewann Poseidon, die glücklosen Achaier zu stärken, was auch für diesmal – eher schmählich – gelingt: Ajax trifft Hektor mit einem Stein. Da erinnert der erwachte, wütende Gott die Gattin an die Strafe für das erste Mal:

... ich weiß nicht, ob du nicht für die böse Anzettelung wieder
Als erste den Lohn empfängst, und ich dich mit Hieben peitsche!
Oder weißt du nicht mehr, wie du von oben herabhingst? Und an die Füße
Hängte ich dir zwei Ambosse und warf um die Arme ein Band,
Ein goldenes, unbrechbares, und du hingst am Äther und in den Wolken.
Und unwillig waren die Götter auf dem großen Olympos,
Doch lösen konnten sie dich nicht, herangetreten, und wen ich ergriff,
Den packte und warf ich von der Schwelle, bis er zur Erde gelangte,
Nur wenig bei Kräften.

Ilias, XV, 16-24 (Wolfgang Schadewaldt)

Es ist der peitschende Regen, der auf die Erde knallen wird und
erst als Amboß (oder zwei) schwer am Himmel hängt. Wie kann man
eine solche bizarre Erscheinung verstehen, wenn man nicht eine Geschichte (mythos) erzählt?

Mit den Wolken ist Hera auch in einer anderen Geschichte verbunden. Ixion, der König der Lapithen, der Steinschleuderer, durfte
an der Tafel der Olympier speisen und verliebte sich dabei in Hera,
mit der zu schlafen den Rachegelüsten der Göttin dem promisku-
ösen Gatten gegenüber entgegenkommen müßte, wie er meinte.
Zeus durchschaute aber seine Absicht und gab einer Wolke, Nephele,
Heras Gestalt, die der trunkene Ixion dann selig schwängerte. Die
Frucht der Verbindung war Kentauros, der später am Fuß des Pelion
mit den Stuten Magnesias die Kentauren zeugte, Mischwesen, die
obere Hälfte männlich, die untere weiblich, so Pindar in der zweiten
pythischen Ode (»...da erstand ein erstaunliches Heer, das / Ähnlich den Eltern war, / Der Mutter nämlich von unten, von oben aber
dem Vater.« Schenk von Stauffenberg). Den bizarren Mischwesen
der Wolken hat der Mythos diese Entstehungsgeschichte unterlegt.
Man fragt sich, wie das Schwere (der Lapith) mit dem Leichten und
Feuchten zusammenzusehen war, und kommt auf die Regenwolke
(oder einen wet dream).

Als Strafe für den beabsichtigten Frevel fesselte Zeus den Ixion
an ein Feuerrad, das unablässig am Himmel rollte. Die Sonne zwischen den Wolken in der archaischen, vorolympischen Vorstellung?
Nach anderen dreht sich das Feuerrad im Tartaros – der Gang der
Sonne während der Nacht?

Jacob van Ruisdael

»Wenn ich mich hinsetze, um eine Skizze nach der Natur zu machen, ist das erste, was ich zu vergessen versuche, daß ich jemals ein Bild gesehen habe«, schrieb John Constable in einem Brief. Da hatte er viel zu vergessen, denn das Studium der Alten Meister hat ihn sein Lebtag beschäftigt. Wie haben die Alten den Himmel gemalt, das Licht und die Luft, Wolken und Wind? Verstanden sie, was sie malten, oder malten sie nur, was sie sahen? (»We see nothing truly till we understand it.«) Von denen, die wußten, was sie malten, kommt Claude Lorrain und Jacob van Ruisdael für Constable eine bedeutende Rolle zu.

In der dritten seiner Vorlesungen über Landschaftsmalerei (9. Juni 1836) heißt es:»Die Landschaften Ruysdaels bieten den größtmöglichen Gegensatz zu denen Claude Lorrains. Sie zeigen, wie wirkmächtig das Genie – aus Richtungen, die gegensätzlicher nicht sein können – unsere Bewunderung erheischt. Auf Claudes Bildern scheint fast ausnahmslos die Sonne. Ganz anders Ruysdael. Ihn entzückten – und unsere Augen mit ihm – diese ernst-feierlichen (solemn) Tage, die seinem Land und dem unseren eigen sind, wenn ohne Sturm große rollende Wolken kaum einen Sonnenstrahl durch die Waldesschatten dringen lassen. Durch diese Effekte bekamen die alltäglichsten Dinge ihre Majestät.«

Über Ruisdaels Bildern liegt eine eigentümliche, leicht schwermütige Stimmung. Sehen wir uns die ›Eichen an einem See mit Wasserrosen‹ an. Die Bäume und das Wasser sind fast dunkel. Das Licht einer unsichtbaren Sonne erhellt das düstere Wasser so weit, daß einige Bäume und die weißen Rosen mit den roten Knospen sich in ihm spiegeln. Wie ein Aufbegehren gegen das Verschattete ragt ein geborstener toter Eichenstamm krumm vor der Baumgruppe in die Höhe – eine halbierte Parabel – und dominiert die linke Bildhälfte. Nur *er* ist ganz beleuchtet, und der untere Stamm wirft einen grünen Schatten ins Wasser bis zum Bildrand. Es ist der Moment unbewegter Stille, in der das Lebendige ein Schatten ist und das Tote strahlt. Aber es geht ja gleichzeitig weiter. Hinter und über den Bäumen ist der Himmel bewegt: braun-grüne Quellwolken oben, weiß-graue in

*Jacob Isaackzoon van Ruisdael: »Eichen an einem See mit Wasserrosen«,
um 1665/69*

weiterer Entfernung; die dunklen vorn sind keine Regenwolken, sie
sind von der Sonne dahinter verschattet, die hellen sind vom Licht
durchhellt, aber es ist der gleiche Wolkentyp – Cumulus stratus –,
nur auseinandergerissen durch einen heftigen Wind, der in den hier
gemalten Formen seinem eiligen Geschäft sichtbar nachgeht. Unten
die Stagnation, oben ein Weiter und Weiter. Ein letzter Blick auf das
Wasser, den Tümpel, den See: so könnte er ausgesehen haben, der
Teich, in dem Woyzeck sich ertränkte. Und die Wolken zogen dahin
wie immer und je.

»Durch den *Luftton* wird das Helldunkel wie die Färbung in seinen Bildern bestimmt«, schrieb Wilhelm Bode, der Sammler auch
Ruisdaels, 1905. »Die Luft durchdringt bei ihm das Ganze. … Keiner
hat die Bewegung der Luft, den Bau der Wolken so wahr und gesetz-
mäßig, die Unruhe und Beweglichkeit so einheitlich und bestimmt
zu geben gewußt …wie sie in verschiedenen Schichten übereinander lagern, wie sie sich aufbauen, wie sie von der Sonne beleuchtet

sind und mannigfache Reflexlichter erhalten, wie ihre Schatten die Landschaft beleben, wie die Luft Wald und Fels durchdringt, Himmel und Meer verbindet und alle Teile der Landschaft umgibt und in ihren zarten Duft einhüllt…« (Bode, 136)

Das Berliner Bild ›Haarlem von den Dünen im Nordwesten gesehen‹ besteht zu drei Vierteln aus Himmel und Wolken. Die dunklen Wolkenfetzen vorn stehen direkt über dem Gehöft und dem Feld mit Figuren, und deren streifige, unterbrochene Beleuchtung unten – die roten Dächer, eine Buschgruppe, weiße Kleider – zeigt, wo oben die Wolken aufgerissen sind und das Licht hindurchdringt. Auch hier ist wieder der *eine* Augenblick erfaßt, in dem die Wolken so-und-so geschichtet sind – im nächsten wird die Beleuchtung eine andere sein. Daß der Betrachter die bewegte Dramatik sehen kann, zeigt sich an dem weiter entfernten, getürmten doppelten Altocumulushaufen in der Sonne, weiß-grün mit einem Flecken Gelb. Vor ihm fliegen sechs Vögel, von unterschiedlichen Luftströmen hinauf- und hinabgetragen. Sie sind also alles andere als Dekoration – sie zeigen, wie in *diesem* Moment die Wolken sich bauen: »We see nothing truly till we understand it.«

In der erwähnten Vorlesung zeigt Constable die eigene Kopie einer Winterlandschaft Ruisdaels. (Seine Kopien nannte er ›Facsimiles‹.) »Dieses Bild«, sagte er, zeigt kommendes Tauwetter an. Der Boden ist mit Schnee bedeckt, und die Bäume sind noch weiß. Aber im Mittelgrund stehen zwei Windmühlen. Die eine hat die Segel aufgerollt und steht in der Richtung, aus der der Wind blies, als sie ihre Arbeit beendete. Bei der anderen liegt die Bespannung auf den Flügeln, und sie ist in eine andere Richtung gedreht, was einen Windwechsel anzeigt. Die Wolken öffnen sich in diese Richtung, die wegen des Schimmers am Himmel der Süden zu sein scheint (der Winterstellung der Sonne in unserer Hemisphäre), und dieser Wechsel wird noch vor dem Morgen Tauwetter bringen. Das Zusammentreffen dieser Erscheinungen zeigt, daß Ruysdael *verstand*, was er malte.« (Leslie, 270) Und der es eben auch verstand, war Constable, der gelernte Windmüller.

Und Goethe meinte wohl etwas Ähnliches, wenn er Ruisdael »als denkenden Künstler« sah.

Ein windiger Herbsttag kurz nach dem Krieg. Ich hocke unsichtbar in einem Apfelbaum und stehle die verbotenen Früchte. Für mich, die Mutter, die Großeltern. Ich schaue ohne Angst in den Himmel, denn da ist jetzt nur die Sonne und über und unter ihr Bataillone immer neuer Wolken, die es eilig haben, davonzukommen. Auf einmal – wo war denn die Sonne – lag auf dem weiten Stoppelfeld der Mantel eines fürchterlichen Riesen, ein flacher Geist aus der Flasche, von einer Wolke heruntergeworfen, und unten am Stamm stand der Flurschütz und brüllte hinauf: »Was machst du da oben?«

Sommerwölkchen

Hier strömen die Schätze aus aller Herren Länder zusammen, die Farben in den zur Schau gestellten Säcken des Gewürzhändlers, Safran, Cinnamon, Henna und die grüne Chromatik der Oliven, das Färberrot der Kelims, das bräunlichstumpfe Ziegenhaar der Beduinenzelte, dann das blankgescheuerte Küchengerät, schimmernd der Ofenschirm in der Ecke, und die schwarze Tulpe in der Hand einer Schönen.

Und wie du länger schaust, hat der Wind das Gesicht, das dir gleicht, schon zerstoben.

Leicht und schwer

Mit welcher Leichtigkeit die Wolken an diesem Apriltag über uns dahinziehen, befreit von der Erdenschwere, der sie entstammen, anmutig-heiter, licht, gerüscht manchmal an den Rändern und gegen Abend leicht gerouget, wie von »einem geistigen Anhauch von innen heraus überzogen, unterwegs zu einem großen Ball, bei dem wir keine Zaungäste sein werden«.

Wie bringen wir damit das Wissen überein, daß sie elefantenschwere Lasten halten und nach oben schleppen? Warum hält die Schwere sie nicht am Boden? Weil sie dennoch schwerer ist als die sie umgebende Luft, deren Gewicht wir nicht spüren? Wie schwer ist Luft? Kinderfragen, die sich so schwer beantworten lassen – was nützt es dir und dem Kind jetzt, daß die Wissenschaft sie längst beantwortet hat? –, wie die nach der sichtbaren Verwandlung des schweren Buchenholzklotzes im Kamin in schwerelose Asche, die du leicht wegblasen kannst in die Stube?

Müßiggang
Wie du schläfrig im Gras liegst, nicht müde, verschwimmt, was du
siehst, wie manchmal die Zeilen beim Lesen. Nachmittagswolken,
träge wie du, säumen nachlässig am Himmel. Die wohlige Saumse-
ligkeit im Zögern der blauen Säume. Mögen sie ruhig zerstreut bleiben, denn gleich ist in der Zwischenzeit das Versäumte. Leeres Warten und kein Fragen, ob etwas so zieht oder so.

ESSAYS I

Chaos | Wolke

Die Wolke steht für Leonardo am Schnittpunkt von Uranologie, Ae-
rologie, Hydrologie und Geologie. Alle Teile der Natur, die Mischung
und unaufhörliche Permutation der Elemente, kommen in ihr zusammen. Ihre Trennung vertrieb einst das Chaos, doch in der Wolke
kehrt die uranfängliche Ungeschiedenheit zurück, wilde formlose
Massen, die sich türmen, verschieben, auflösen, krachen, entladen,
blitzen und die Ordnung der Welt – *das Geschiedene* – durcheinander-
bringen oder *zurücknehmen*. (Nach H. Damisch, 158)

In Genesis 1, 2 steht geschrieben: »ve-haaretz hajethah thohu va-
bohu«, gewöhnlich übersetzt mit »Und die Erde war wüst und leer«.
Heißt es das? Die LXX Alten in Alexandria haben »thohu« mit »aó-
ratos« übersetzt, »unsichtbar«, was später als die Unsichtbarkeit Gottes verstanden wurde; aus »bohu« machten sie »akataskeúastos«, was
»ungefüge, roh« (»unwrought« schreibt das Greek Lexicon von Lid-
dell/Scott) bedeutet. Die Vulgata entscheidet sich für »inanis« und
»vacua«, also »leer« (»inane«, der leere Raum) und noch einmal »leer«.
Ja was nun: Die Leere oder das Chaos?

Was also steht geschrieben? »Thohu« heißt »formlos«, die Erde
war also noch nicht Scheibe oder Kugel, sie war ein sich verschieben-
des Gemisch wie eine Wolke. »Bohu« heißt nun in der Tat »leer«. Ist
das die Leere, die zwischen den geballten Massen auftaucht und wieder verschwindet? Also nicht *die* Leere, sondern eine? (»Die Elemente verwandeln sich eins ins andere, und wenn die Luft sich in Wasser
verwandelt durch den Kontakt mit ihrer kälteren Region, zieht sie
mit Wut alle umgebende Luft an sich, die wütend rast, um die von

der entwichenen Luft *leer* gewordene Stelle wieder zu füllen. ... Das ist der Wind.« So Leonardo. Und vom Wind, dem Schöpfungswind, »ruah«, ist gleich im Anschluß die Rede.) Aber da das Hebräische eine Wurzelsprache ist – Wortwurzeln, von denen rhizomartig Wörter und ihre oft entlegenen Bedeutungen generiert werden – , läßt sich auch auf die Wurzel von »bohu« zurückgehen: »bhl«. Das heißt ›sich erschrecken, vernichtet werden‹ (Ps. 90,7), ›eilen, Angst haben‹. Alle Wortfelder von »Tohuvabohu« – das Amorphe, die wechselnde Leere, Turbulenz, Schrecken und Angst – zeigen sich in der Wolke, bevor die Schöpfung – die Unterscheidung – beginnt.

Daß Finsternis war (skotós, tenebrae) ist im Hebräischen auch ein vielstelliges Wort, »choshech«, das vom Wolkendunkel, Elend und Untergang (siebenmal im Buch Hiob) bis zur Sprachlosigkeit reicht. Und die Finsternis ist »über dem Gesicht der Tiefe« (»abyssus«), aber die, »thehom«, ist der Abgrund und Ungrund, Urwasser und Chaos, das babylonische Meerungeheuer Tiamat, über die der Braus Gottes (»ruah elohim«, der ›Geist‹ Gottes) dahinfährt.

Und dann beginnt die Schöpfung, das Unterscheiden und Trennen, Licht und Finsternis, Tag und Nacht. Es beginnt die Welt.

Die Wolke – die Versammlung des Ungeschiedenen, wie Leonardo sie sah.

Die Wolke – der Schöpfung voraus, die nicht hätte kommen müssen. Die Engel hatten den HErrn ja gewarnt.

Die Wolke – tagtäglich über uns als Memento, allgegenwärtig, daß, was war, uns vor Augen ist. (Die Alten sahen in den Wolken die Drohung. Der ungläubige Joyce kroch bei Gewitter unter den Tisch.)

»Ich schaue die Erde an und siehe: Tohuvabohu, und den Himmel, der ist wolkendunkel.« (Jeremias, 4, 23)

(Wenn Simone Weil sagt, daß »wir an der Schaffung der Welt teilhaben durch unsere Rückschöpfung« [decréation], dann läßt sich das beziehen auf Leonardos Vorstellung von Wolken als dem Unentmischten, der Schöpfung Vorausliegendem. Denn wir Wolkengucker treiben die Rückschöpfung weiter, indem wir ungeschaffene Formen in ihnen finden, Gestaltangebote, Werden und Entwerden.)

Psalm 18,8-16

8 Sie schwankt sie wankt die Erde,
die Grundfesten der Berge beben zittern,
denn in Ihm brennt es,

9 Hoch steigt Rauch auf in Seiner Nase,
Feuer aus Seinem Mund verschlingt
Glühkohlen blitzen aus Ihm

10 Er beugt den Himmel und steigt herab
Wolkenschwarz zu Seinen Füßen

11 Er reitet den Cherub, fliegt auf schwebt
auf Schwingen des Windrauschens

12 Er legt Finsternis an Sein Schleier
um sich her Seine Hütte
Wolkendunkel der Wasser dichtes Staubgewölk

13 Im Lichtblitz vor Ihm
brechen sie, Seine Wolken
Hagel und Feuerkohlen

14 Und es donnert aus den Wolken ER
der Höchste läßt tönen Seine Stimme
Hagel und Feuerkohlen

15 Ja ER schickt Seine Pfeile und treibt sie um
Blitze Geschoß läßt Er zucken

16 Und es zeigen sich die Betten der Wasser
werden bloß die Grundfesten der Erde
von Deinem Donnern, Herr,
vom Sturmbraus Deiner Nase.

Prolog aus Zitaten

Die verstörendste Beschreibung einer Sonnenfinsternis stammt von
Adalbert Stifter: ›Die Sonnenfinsternis am 8. Juli 1842‹. Darin heißt
es:»...die Horizontwolken, die wir früher gefürchtet, halfen das Phä-

29

nomen erst recht bauen, sie standen nun wie Riesen auf, von ihrem Scheitel rann ein fürchterliches Rot, und in tiefem kalten, schweren Blau wölbten sie sich unter und drückten den Horizont – ... Farben, die nie ein Auge gesehen, schweiften durch den Himmel; ... Draußen weit über das Marchfeld hin lag schief eine lange, spitze Lichtpyramide, gräßlich gelb, in Schwefelfarbe flammend, und unnatürlich blau gesäumt; es war die jenseits des Schattens beleuchtete Atmosphäre, aber nie schien ein Licht so wenig irdisch und so furchtbar, und von ihm floß das aus, mittelst dessen wir sahen. ... Wie heilig, wie unbegreiflich und wie furchtbar ist jenes Ding, das uns stets umflutet, das wir seelenlos genießen, und das unseren Erdball mit solchen Schaudern überzittern macht, wenn es sich entzieht, *das Licht*, wenn es sich nur so kurz entzieht. ... Beschreibungen können nur das Geschehene malen, aber schlecht, das Gefühlte noch schlechter, aber gar nicht die namenlos tragische Musik von Farben und Lichtern, die durch den ganzen Himmel liegt – ein Requiem, ein Dies irae, das unser Herz spaltet, daß es Gott sieht und seine teuren Verstorbenen, daß es in ihm rufen muß: ›Herr, wie groß und herrlich sind deine Werke, wir sind wie Staub vor dir, daß du uns durch das bloße Weghauchen eines Lichtteilchens vernichten kannst, und unsere Welt, den holdvertrauten Wohnort, in einen wildfremden Raum verwandelst, darin Larven starren!‹«

Am Ende bittet Stifter um »Nachsicht« für seine »armen Worte, die es nachzu*malen* versuchten, und so weit zurückblieben. Wäre ich Beethoven, so würde ich es in Musik sagen; ich glaube, da könnte ich es besser«. Der letzte Absatz lautet: »Könnte man nicht auch durch Gleichzeitigkeit und Aufeinanderfolge von Lichtern und Farben so gut eine Musik für das Auge wie durch Töne für das Ohr ersinnen? Bisher waren Licht und Farbe nicht selbständig verwendet, sondern nur an Zeichnung haftend; denn Feuerwerke, Transparente, Beleuchtungen sind doch nur noch zu rohe Anfänge jener Lichtmusik, als daß man sie erwähnen könnte. Sollte nicht durch ein Ganzes von Lichtakkorden und Melodien eben so ein Gewaltiges, Erschütterndes angeregt werden können, wie durch Töne? Wenigstens könnte ich keine Symphonie, Oratorium oder dergleichen nennen, das eine so hehre Musik war als jene, die während der zwei Minuten mit Licht und Farbe an dem Himmel war, und hat sie auch nicht den Eindruck ganz allein gemacht, so war sie doch ein Teil davon.«

Stifter war ein bedeutender Wolkenmaler. Mit dem Pinsel. Das dramatische Geschehen am Himmel mit seinen Kontrasten und Nuancen, Farben und Grautönen konnte er auf der Leinwand zum Klingen bringen, während es in seiner Prosa oft nur genannt ist. Verhalten. Andeutend: Stellt es euch vor.

Paul Valéry notiert 1930 in seine *Cahiers*: »Sonnenuntergang bei Cabris (auf 600 m Höhe) – ›rosa und mystisches Blau‹. Mond (zu 90% voll) aus kalter und kostbarer Materie, mit Schals in Chinesischrosa – auf mattblauem Grund von äußerster Zartheit. Im Westen das große Spiel, das durch helles Gold führt, darin Öffnungen göttlichsten Blaus. Gegen Südwesten Rosa und Grün. Die Musik kann als einzige Kunst sich auf einen Wettkampf damit einlassen.« (Bd. 6, 471)

»T o n u n d L i c h t stören sich n i c h t! – Wie aber im Grunde auch
k ö n n t e n sie es, da sie ja E i n s sind?«
(Johann Wilhelm Ritter, *Fragmente aus dem Nachlasse
eines jungen Physikers,* 1810)

KATASTROPHENWOLKEN I

Eyjafjallajökull
Am 20. März 2010 brach der isländische Gletschervulkan Eyjafjallajökull aus. Mehrere Erdbeben waren dem Ausbruch vorausgegangen. Aus einer 500 m langen Spalte stieg eine 150 m hohe Lavafontäne auf mit einem Ausstoß von 20-30 Kubikmetern pro Sekunde. Die Ausstöße hielten an, vermehrt durch den Ausbruch des Myrdalsjökull, und erreichten ihren Höhepunkt am 17. April. Der Lavaausstoß betrug bisweilen 22–24 Millionen Kubikmeter (das sind 30-40 Tonnen) pro Sekunde. Durch den Zusammenprall von Magma und Gletschereis entstanden winzige Partikel, die als Eruptions- oder Aschewolken in die Lüfte stiegen und eine Höhe bis zu 8 oder 9 km erreichten. Die Wolken breiteten sich über Nord- und Osteuropa, den Mittelmeerraum, den Westatlantik aus und zogen bis Sibirien und Zentralasien. Am 15. April wurde der Flugverkehr über Nord- und Mitteleuropa und über den Atlantik für eine Woche eingestellt.
(Nach Wikipedia, Februar 2016)

Rittershoffen, 27. Mai 2006
In der Gegend von Karlsruhe schwarze Riesentrompeten vor
zerklüftetem grauen Himmel, die Trichter ganz dicht auf den
Boden gerichtet. Die Instrumente der Apokalypse haben sich
verselbständigt. Keine Engel am Mundstück.

4. August 2008
Die hohen Maislanzen schließen sich am Abend mit der geschlossenen, niedrig hängenden Wolkendecke zu einem riesigen überkup-
pelten Raum zusammen, aus dem es kein Entrinnen gibt. Keine
Ausflüchte mehr.

9. August 2008
Nach Sonnenuntergang am Himmel die Karte Englands, daneben eine
Steinlandschaft von Zoran Music, daneben ein weit gezogener Südsee-
archipel mit zwei springenden Elefanten darunter, grau in grau.

10. August 2008
Wie von einem der Geometrie unkundigen Bienenvolk gebaute
Wabenkonstruktion die grauen Wölkchen, in deren Mitte eine fast
schon schwangere Halbmondin spätnachmittags thront.

Rittershoffen, 8. August 2011
Im Westen schwarze Cumulus-Stratus auf einer veritablen geraden
Linie sich erhebend wie vom unteren Rand eines Zeichenblatts. Vier
flache zweidimensionale, getuschte Silhouetten, vier gleich hohe
Gebüschgruppen, als Kulissen auf eine Bühne geschoben.
Dahinter, darüber und daneben ein opulenter multiperspektivi-
scher, plastischer Barockhimmel in vielen Farben, die durch die
unterschiedliche Dichte der Wolken von einer Lichtquelle – als
wären es mehrere – hervorgerufen werden. Schnelle Szenenwechsel,
Dynamik, Dramatik großer Oper in einer überdimensionierten
Felsenreitschule, während unten ungerührt, statisch, aus Pappe
und Holz, die schwarzen Gebüschgruppen stehen. Der Himmel
zeigt die volle Skala der Howardschen Unterscheidungen mitsamt
den Goetheschen Zwischenstufen.

Während es oben lautlos tost und tobt, ist es unten auf der Erde gespenstisch dunkel und still. Erst allmählich rühren sich schaurig die Bäume, als der Wind in die Blätter fährt. Bevor der Sturm losbricht, flattern die Vögel erschreckt, laut schreiend, ums Haus, die lange vor uns die Gefahr spüren. Als der Sturm sich endlich entfesselt und wütend auf alles eindrischt wie der vom Wahnsinn geschlagene Ajax, bangen wir um die Obstbäume mit den noch nicht geernteten Pflaumen und Mirabellen, mit den Äpfeln und Birnen, die noch Zeit zum Reifen bräuchten, bangen, ob der halbmorsche alte Birnbaum aufs Dach kracht, ob die Fenster und Türen halten, an denen die Wilde Jagd Einlaß begehrt. Dann, erst dann, brechen die Wolken auf, und es ergießt sich eine haltlose Flut, die verheißt, vierzig Tage und Nächte zu dauern.

Unvermittelt, wie ein plötzlich, aber nicht ganz fest zugedrehter Gartenschlauch, hören die Sturzfluten auf, und es folgt ein sanfter, stetiger, niedriger Landregen. Dabei ist der Himmel darüber auf einmal leergeräumt, ein abgefeimt unschuldiges Blau, das kein Wässerchen trüben kann und der Sonne – gegen acht – noch einmal einen großen, ungetrübten Auftritt gönnt.

Und jetzt –»Wenn zu der Regenwand Phöbus sich gattet« – erscheint im Osten, über Hatten, der linke Teil eines Regenbogens und über dem Hagenauer Forst der rechte. Dann schließt sich der Bogen, und es erscheint ein perfekter Halbkreis mit so stark unterscheidbar leuchtenden Farben, wie ich sie nie gesehen habe. Parallel erscheint im Umkreis ein zweiter, schwächer farbiger Bogen, die Spiegelung des ersten. Auch dieses Phänomen habe ich, außer auf Bildern, nie gesehen.

9. August 2011

Gegen halb neun erscheint im Westen über den Maislanzen, also für uns an der Horizontlinie, ein karmesinroter Feuerstrich, erst fadendünn, dann immer breiter. Ein Weltenbrand. Von der straffen Strecke steigt dann auf einmal schräg eine leicht verwackelte Linie auf, wie aufsteigender Rauch von einer Feuersbrunst. Der quellende Rauch wird von stracken, roten Strahlen (der Sonne) getroffen. Das Gebilde zieht sich immer höher hinauf am Firmament als ein Brand, der von unten und oben gleichermaßen ausgeht. (Der Arrangeur hat in die Apokalypse Johanni geschaut.) Die optische Erinnerung,

die sich unmittelbar einstellt, ist die an Bilder Hieronymus Boschs
mit der Frage, ob er sich von solchen Himmelserscheinungen für
die Farbgebung inspirieren ließ. Die literarische geht in Richtung
des althochdeutschen Muspili. Aber wenn die Konturen – Rauch
und Linien – getilgt sind, das Rot hochzieht, sind unendlich feine,
mikrochromatische Übergänge des Rot zu sehen, eine ins Unendliche projizierte Tafel Mark Rothkos.
Von der ›Tafel‹ löst der untere Teil sich auf ganzer Breite ab,
Cumulus Stratus fractus. Der Teil verfliegt an einigen Stellen und
bildet »das Tier aus der Tiefe«, aber es ist nicht Behemoth, sondern
das Krokodil aus dem Kaspertheater.

13. August 2011

Um Mittag eine Verschnaufpause vom Rosenschneiden auf der
Wiese hinter dem Haus. Direkt über dem Maisfeld eine dichte,
trächtige Cumulus-Stratus-Versammlung, die kein Fitzchen freien
Himmel durchläßt, wie eben erst vom feuchten Acker aufgestiegen.
Ich schaue auf diese riesige graue Fläche über und vor meinem
Kopf. Das Grau bleibt grau, nur gelegentlich weiß ›gehöht‹, aber es
zeigt eine Unendlichkeit der Nuancen, Schattierungen, Töne wie
bei van Goyen oder Guardi.
Der Wolkenhaufen öffnet sich nicht, obwohl es gleich loszupras-
seln schien; aber es regt sich auch nichts in den Bäumen, die Vögel
flattern nicht aufgeregt hin und her, das heißt, der drohende Landregen wird nicht kommen. Ich ging kurz ins Haus, und als ich
wieder herauskam, war die ganze dichte Decke weggezogen, der
Himmel blankgeputzt und sehr hoch.

Abends gegen halb neun steht ein großer, naher, leicht rötlicher Vollmond im Osten an einem leeren, noch blauen Himmel. Die verhangene Sonne schickt sich zum Gehen an.

Gegen eins gehe ich nochmal vor die Tür. Der weite Himmel ist von Altocirrus in vielen einzelnen Streifen überzogen, grau-braun. Durch den dahinter verborgenen unsichtbaren Mond fällt auf die Landschaft ein unheimliches, fahles, hadeshaftes Spuklicht. Auf einmal fetzen – ganz kurz – die Cirren auseinander und enthüllen den Vollmond, umgeben von orientalischer Farbenpracht – purpur, lila, gelb, sogar grün. Gleich decken die Cirren alles wieder zu, und der Gedankenfreund kommt nicht wieder.

22. August 2012

Gegen acht Uhr abends. Die rote Sonne steht noch grell im Westen. Über uns, sehr hoch, eine Cumulusherde, die den Himmel stoisch abweidet. Das Verschwinden der Sonne läßt sich von Minute zu Minute verfolgen, und ich denke zugleich an die Drehung der Erde. Als die Sonne weg ist, bilden sich lange Streifen über der Horizontlinie, orange-rot, mal zur einen, dann zur anderen Tönung tendierend, andere Mischungsverhältnisse auf der Palette probierend. Zwei dynamische Monochromien Rothkos flach übereinander coupiert, sehr dünn, aber sehr hell, intensiv leuchtend wie auf manchen C.-D.-Friedrich-Bildern. Später taucht, wenn auch nur augenblickskurz, ein hauchdünner blutroter Streifen auf der Horizontlinie auf. (›Auftauchen‹ ist das mythologisch wohl richtige Wort – hier eher ›abtauchen‹ –, denn Sonne und Wasser sind ja verbunden; Helios taucht aus dem Wasser auf.)

Gegenüber dem minimalistischen Farbenspiel am Horizont
erscheinen auf dem inzwischen leergeräumten Himmel wie auf
einem Zeichenblatt zwei riesige Schwarzweißfiguren, ein unlesbares
Twombly-Tableau, mit markanten, nicht verwischten Konturen,
ins majestätisch Maßlose gesteigert. Die Schwarztöne irisieren
sekundenlang wie Aquatinta. Daneben die unoriginellen Assozia-
tionen an Haie und Wale. Warum gibt es die Neigung, etwas Ange-
schautes, »Abstraktes« in unseren dürftigen Verstehensspielraum
übersetzen zu wollen und es dadurch als ›Eigenes‹ nicht mehr sehen
zu können? (Ist es unsere Tradition, daß wir uns durch Bilder orientieren? Wie sehen Mohammedaner den Himmel? Als Schriftzei-
chen?) Aber wie läßt sich das flüchtige ›Eigene‹ fassen außer durch
Vergleich oder Abstraktion? Durch ganz andere Darstellungsweisen
wie die des Kubismus oder Surrealismus? Durch ein ganz anderes
Medium wie die Musik Debussys? Durch ›composition as repetition‹
wie Gertrude Stein oder die immer neuen, immer nur minimalistischen Beschreibungs›rückungen‹ in Francis Ponges »Kiefernwald«?
(Der hatte wenigstens den einen Baum.)
Die Twombly-Zeichnungen haben sich nach Nord-Osten verschoben
(das Repentir in einem Bild?), verzogen, aufgelöst, und links, von
Süd-West (als Kinder konnten wir in der amerikanischen Zone in
Armeegeschäften Südwester für 45 Pfennige kaufen, Seemanns-
hüte. Ich habe nie gewußt, was das heißt: Südwester – es war vielleicht der Schutz vor regentragenden Wolken), von Süd-West kam
ein riesiger schwarzweißer Halbkopf, der Mittelscheitel haarscharf
gezogen, rechts flatterten die Strahlen herab, manchmal regelmäßig, manchmal zerzaust (ein Gnoli, der lange vergessene Maler).
Es ist dieser Kontrast – die flachen, Rothkoschen Farbschwin-
gungen am Horizont, fast statisch, und die überdimensionierten
Schwarzweiß-Zeichnungen auf einem weiten Himmelsgrund, die
magischen Skalen winziger chromatischer Übergänge und die, nun
ja, drohende Dominanz der Schwarzweiß-Setzung – , der mir die
Gleich-Gültigkeit künstlerischer Verfahren suggeriert.
Im Schwarzweiß war viel regengrau, aber es hing nicht herunter, also
würde es keinen Regen geben, und es gab ihn auch nicht, wie sehr
wir ihn uns auch nach der wochenlangen Hitze gewünscht hätten.
Vom Platz auf unserer Wiese sehen wir den bunten Horizont durch
die scharfen Scherenschnitte des jungen Apfel- und des Zwetschen-

baums mit ihren noch saftigen Blättern und dem verkrüppelten Birnbäumchen dazwischen. (Bellinis Madonna degli Alboretti)

Vor ein paar Tagen ein anderes Bild: sehr hohe Kalksteinwände mit vielen Verwerfungen und Einschlüssen in einem Spiel von Weiß und Grau – die steile, unersteigbare Wand eines Canyon, die ein Fluß freigelegt hat, als er sich hindurchschnitt.

Kommt der Automatismus, in Wolken Figuren zu sehen, aus der Erfahrung, es gebe einen *Grundbestand* an Formen, die in jeder Naturerscheinung zu finden seien? (Wellen, Blattränder, Kiesel am Strand, Ruskins Gletscherlinie am Mont Blanc; Cézannes Kegel, Kreise, Pyramiden?) Die Wolke als Steilwand, der Canyonschliff als Wolke? Die Jahrmillionen, die daran gearbeitet haben, das erkaltete Gestein zu einer der erkennbaren Formen zu schleifen? Der Augenblick, in dem die Form erscheint, und dann vorbei ist. (»Vorbei – das dumme Wort.«)

6. Oktober 2012
Beim Rosenschnitt heute hüpfte eine Bachstelze die ganze Länge des Firsts der Scheune entlang. So hoch oben habe ich Stelzen nie gesehen. Direkt über mir, nördlich, eine Wolkendaunensteppdecke, die akkurat grade gezogen endete und einen leer-blauen Himmel freigab – der Schlaf und das noch unbeschriebene Blatt der Träume. Gestern abend, als wir den großen abnehmenden Mond im Osten betrachteten, sah ich ihn wieder umgeben von einem perfekten Spektralfarbenkranz. (Inzwischen ist erwiesen, daß Turners späte Bilder ohne seine Augenkrankheit so nicht gemalt worden wären. Der Grund dafür soll gewesen sein, daß er zu oft direkt in die Sonne blickte.) Als ich die Brille abnehme, erscheint der Mond noch größer, und seine Oberfläche segmentiert in unterschiedlich große wulstige Teile, wie bei der Sektion eines kranken Hirns, maligne Tumore.
Viele Pfauenaugen, die nicht erschreckt auffliegen, wenn man sich ihnen nähert. In Frankfurt saßen sie in Paaren oder einzeln minutenlang auf den Efeublüten. Wieso entfalten sie sich im Spätjahr in dieser Pracht? Zu spät Gekommene? Dieses Verweilen in der Sonne – es ist nichts mehr zu tun und die Welt bald vorbei.

Proteus, der Meergreis

Bei der Rückfahrt von Troja nach Sparta wurde Menelaos zwanzig Tage auf der ägyptischen Insel Pharos festgehalten, weil die Götter ihm günstige Winde verwehrten. Warum sie ihm grollten, wußte er nicht. Auf der Insel aber oder im Wasser umher lebt »der unsterbliche Proteus, der Ägypter, der die Tiefen des ganzen Meeres kennt, ein Untertan des Poseidon.« Der weiß die Vergangenheit und die Zukunft der Sterblichen, und wenn er den zu packen bekomme, werde er ihm den Grund für den Göttergroll nennen. Wie das gehen kann, verrät ihm des Proteus Tochter, die Nereide Eidothea (=Bild der Göttin): »Wenn die Sonne über den mittleren Himmel geht, dann wird der untrügliche Meeresalte aus der Salzflut kommen, mit dem Blasen des West (Zephyros), gehüllt in einen schwarzen Schauer.« (Odyssee, IV, 402. Das von Schadewaldt mit ›Schauer‹ übersetzte ›phríke‹ meint auch das Wellengekräusel, Kälteschauer, Grausen; »in a shudder of darkening water«, übersetzt Lattimore.) Er kommt mit seiner riesigen Robbenherde, »Sprößlinge der schönen Meerestochter«, herauf, zählt sie und schreitet sie ab, dann legt er sich »unter den gewölbten Höhlen« schlafen, »wie ein Hirt unter Schafherden«. Dann packt ihn, rät die Nereide, »so sehr er tobt und zu entschlüpfen trachtet! Versuchen wird er sich darin, daß er zu allem wird, so viel Kriechendes auf der Erde lebt, wie auch zu Wasser und brennendem Feuer«. (IV, 417f.) So geschieht es. Als der Alte gepackt ist, »vergaß er nicht seine listige Kunst, sondern er wurde wahrhaftig erst ein starkbärtiger Löwe, aber dann Schlange (drákon, also Drache, Lindwurm) und Panther und ein großes Wildschwein, und wurde feuchtes Wasser und hochbelaubter Baum.« (IV, 455ff.) Schließlich ist er mit seinen Verwandlungskünsten am Ende und nennt Menelaos den Grund für den Göttergroll. Versäumte Opfer. Das Übliche. Das ist die Geschichte, die Menelaos in Sparta dem Odysseus-Sohn Telemach erzählt.

Der Posener Gymnasialprofessor Dr. L. W. Schwartz schreibt in seiner Materialsammlung *Wolken und Wind, Blitz und Donner*: »…die Wolken [galten] in Bezug auf die Regenwasser auch als Wasserthiere…, so wenn Proteus Seerobben dort oben zu weiden schien. Wenn das Gewitter dort oben brütet, kommt er am Himmel herauf ›pnoie hypo zephyroio, melaíne phrikì kalyphteis‹ (›Unter dem Wehn des

Westes, umhüllt vom schwarzen Gekräusel‹, Voß) und lagert sich und schläft als richtiger Windgott ›hypo spéssi glaphyroisi‹ (›in gewölbten buchtigen Grotten‹), bis das Wetter losbricht, d.h. bis zu dem Augenblick, wo man ihn (in den Fäden des Blitz) fesseln und zur Wahrsagung zwingen will. Dies sind ebenso bekannte, an den Sturm sich schliessende Vorstellungen, wie es zur Wandlung an der Gewitterscenerie gehört, dass Proteus sich gleich Metis und Thetis in ähnlicher Situation in Wasser, Feuer und allerhand Thiere (Löwe, Drache usw.) zu verwandeln scheint.« (57f.)

Francis Bacon nennt in seiner allegorischen Deutung antiker Mythen (*De sapientia veterum*, 1609) Proteus das Bild für die Materie. Um die Gesetzmäßigkeiten der Natur zu erkennen, muß man sie dazu *zwingen*, ihre Geheimnisse preiszugeben (z.b. durch Experimente), d. h., man muß sie in Fesseln legen,»und um sich daraus zu befreien, wird Proteus sich in allerlei Formen und Wunder der Natur verwandeln, mal in Feuer, mal in Wasser, mal in die Gestalt von Tieren und ähnlichem«, bis er wieder in der alten Form erscheint.»Diese Sage scheint sich auf die Geheimnisse der Natur und die Zustandsformen der Materie (conditiones materiae) zu beziehen, denn in der Person des Proteus wird die Materie – nach Gott das älteste aller Dinge – verkörpert. Die Materie wohnt unter dem gewölbten Himmel wie in einer Höhle.« Er / Sie gehört zum Gefolge Neptuns,»weil die Operationen und Dispensationen der Materie zumeist in flüssigen Körpern bewirkt werden.« So wird jede Einzelheit der homerischen Mythe im Hinblick auf die eigene Materievorstellung durchdekliniert:»Hier endet die Geschichte, was den freien und ungefesselten Proteus mit seiner Herde betrifft. Denn das Universum der Dinge, mit seinen gewöhnlichen Strukturen und der Zusammensetzung der Arten, ist nichts anderes als das Bild der uneingeschränkten und freien Materie mit ihrer Herde. Wenn jedoch irgendein kundiger Diener der Natur eine Kraft auf die Materie wirken läßt, sie fesselt und quält, als wolle er sie vernichten, dann wird die Materie, wenn sie sich einem solchen Zwang ausgesetzt sieht (da ihre Vernichtung und wirkliche Zerstörung nicht möglich ist, außer durch die Allmacht Gottes), sich in eigenartige Gestalten verwandeln, von einem Wandel zum nächsten schreiten, bis sie schließlich den ganzen Kreis durchlaufen und einen Zyklus vollendet hat...« (40)

Wahrscheinlich hat Bacon mit dem Kreislauf der Materie die alchymischen Verwandlungen im Sinn. Mir erscheint er als ein Bild für die Wolken: Sie entstehen aus dem Feuchten und Flüssigen der Erde und der Meere, ›materialisieren‹ sich in den Luftgebilden von einer Gestalt zur nächsten und kehren mit oder ohne Blitz und Donner als Regen zur Erde und ihren Flüssen und zu den Meeren zurück.

MALER 2

John Constable

Für Jan Wagner

Kein Maler hat intensivere Wolkenstudien betrieben als John Constable. In einer gegen Ende seines Lebens gehaltenen Vorlesung heißt es:»Die Malerei ist eine Wissenschaft (science) und sollte als eine Erkundung der Naturgesetze unternommen werden. Mag dann also nicht die Landschaftsmalerei als ein Zweig der Naturphilosophie verstanden werden, deren Experimente die Bilder sind?« (Leslie, 274) Seine Bilder wollen, heißt das, zumindest *auch* als Forschungsbeiträge gesehen werden, in einer Zeit, in der die Meteorologie, neben der Geologie, zu einer Leitwissenschaft geworden war, mit Luke Howard, der als erster die Wolkenformen und ihre Übergänge systematisierte und ihnen ihre bis heute gültigen Namen gab, und mit Thomas Forster, der Howard ergänzte und dessen *Researches about Atmospheric Phaenomena* (1813) Constable durchstudierte. Nun war Constable in ganz anderer Weise als die genannten Forscher mit ihren Meßgeräten auf die Beobachtung des Wetters vorbereitet. Sein Vater betrieb eine Windmühle in Suffolk, im Südwesten Englands, und er selbst erlernte das Müllerhandwerk, um das Geschäft zu übernehmen. Das bedeutete: er kannte von früh an die Striche der Windrose, die Tag- und Jahreszeiten in wechselndem Licht, die Höhe oder Tiefe der Wolken im Spiel mit den Winden, die Aggregatzustände des Wassers (Tau, Reif und Eis, Schnee und Regen) und alles Verschiedene im Zusammenwirken aufeinander. Dies war wichtig zu wissen, denn es hatte Konsequenzen: die Mühle mit ihrer Drehachse mußte nach dem zu erwartenden Wind ausgerichtet werden.»Die Kunst, die Natur zu sehen, muß fast ebenso hart erarbeitet werden, wie die Kunst, die ägyptischen Hieroglyphen zu lesen.« (Leslie, 277)

Als Constable sich entschied, Maler zu werden – ein Landschafts-, ein Licht- und Schatten-, ein Wolkenmaler –, studierte er mit seiner Kenntnis atmosphärischer Phänomene die Alten Meister: Tizian, Rubens, Claude Lorrain, Poussin, die Holländer, von den Engländern Reynolds und Gainsborough. Manches kopierte er, um sich über die Farbzusammensetzung, den Strich, die Abstufungen (gradations) klarzuwerden. Er interessierte sich für die Naturnähe auf diesen Bildern und wußte dabei, daß sie erst hergestellt werden mußte, weil Farben in der Natur etwas anderes sind als auf der Palette. Constable hat sich sein Leben lang mit anderen Künstlern auseinandergesetzt, während er die eigenen Bilder malte, in der Gewißheit, daß auf ihnen Eigenschaften (qualities) der Natur sichtbar wurden, die noch nie dargestellt worden waren, weil keiner sie wahrgenommen hatte.

Seine intensivsten Wolken- und Himmelsstudien machte Constable 1820 bis 1822. Er zog aus dem verrußten Kessel Londons hinauf nach Hampstead, wo er an dem kleinen Sträßchen Lower Terrace (später Well Walk) einen Gartenschuppen mietete. Hier hatte er, was er brauchte: reine Luft, einen hohen Himmel und die Weite der Hampstead Heath mit ihren vielen Teichen und Tümpeln, in denen sich das Licht spiegelte. Hier zog er zu jeder Tageszeit ins Freie, um zu malen, was er am Himmel sah. In einem berühmt gewordenen Brief vom 23. Oktober 1821 an den Freund John Fisher, den Archdeacon von Salisbury, heißt es:»I have done a good deal of skying ...« Wie kann man das übersetzen? ›Skying‹, sagt das Wörterbuch, ist ein ›nonce word‹, ein Gelegenheitswort, eine Augenblicksbildung. (Turner soll einmal gesagt haben:»Ich will nicht gestört werden – ich bin am Himmeln.«) Also:»Ich habe letzthin viel gehimmelt, denn ich bin entschlossen, alle Schwierigkeiten zu überwinden, unter anderem diese. ... Der Landschaftsmaler, der seine Himmel nicht zu einem wesentlichen Bestandteil seiner Komposition macht, begibt sich damit einer seiner größten Hilfen. Als Joshua Reynolds über die Landschaften Tizians, Salvators und Claudes sprach, sagte er: ›Sogar ihre *Himmel* scheinen mit ihren Sujets mitzuempfinden.‹ Man hat mir oft den Rat gegeben, meinen Himmel als ein ›hinter die Gegenstände gespanntes weißes Blatt oder Tuch‹ anzusehen. Gewiß, wenn der Himmel aufdringlich ist, wie meine es sind, ist es schlecht; aber wenn man

41

sich um ihn herumdrückt, was meine nicht tun, ist es schlechter; er muß – und wird bei mir immer – ein wirkungsvoller Teil der Komposition sein. Es wird schwer halten, einen Landschaftstyp zu finden, in dem der Himmel nicht die Schlüsselrolle (key note) spielt, den Maßstab (standard of scale) setzt und das Hauptorgan des Gefühls (sentiment) bildet. Sie können sich also vorstellen, was ein ›weißes Tuch‹ für mich bedeuten würde. … Der Himmel ist die Quelle des Lichts in der Natur, er beherrscht alles; selbst unsere gewöhnlichen Beobachtungen des tagtäglichen Wetters sind sämtlich von ihm bestimmt. Die Schwierigkeit, Himmel zu malen, ist sehr groß, sowohl in der Komposition wie in der Ausführung; denn bei all ihrem Glanz (brilliancy) dürfen sie sich nicht vordrängen oder dürfen kaum mehr beachtet werden als weite Entfernungen; doch dies gilt nicht für Phänomene oder zufällige Effekte am Himmel, weil die stets besondere Aufmerksamkeit erregen.« An einer anderen Stelle des Briefes heißt es:»Malen ist für mich nur ein anderes Wort für Fühlen (feeling).«

Constable hat auf Hampstead Heath über hundert Ölstudien auf Papier oder Pappe gemacht, um den Himmel mit den Wolken in dem *einen* Moment ihres Erscheinens festzuhalten. Er soll sich dabei in einem Taumel hypnotischer Vision befunden haben.»Diese tranceartige Verfassung gab seinem Erfassen der Szene das Tempo und der visuellen Wahrnehmung ihre Einheit.« Seiner Absicht nach ging es dabei nicht nur um die möglichst exakte Wiedergabe des Gesehenen – was bei der Flüchtigkeit der Phänomene kaum möglich ist –, sondern gleichzeitig um die Mitabbildung der eigenen Gestimmtheit beim Malen, die wiederum beim Betrachter einen emotionalen Respons auslösen sollte. (Keine der Studien hat Constable später für seine Gemälde benutzt, weil die emotionale Stimmung dann eine jeweils andere war. Im Gegensatz zu ihm greift Caspar David Friedrich bei seinen Wolken oft auf frühere Studienblätter zurück.) Lucian Freud hat Constable einen ›erotischen Maler‹ genannt, nicht wegen erotischer Sujets, die es bei Constable nicht gibt, sondern wegen des besonderen Blicks, mit dem er noch die alltäglichsten Gegenstände gleichsam abtastet wie eine Geliebte.

Wenn Constable zum ›Skying‹ auf die Heide zog, hatte er Papier und Pappe so präpariert, daß das Weiß der Unterlage mit einem farbigen Ton überzogen und grundiert worden war. Diese Imprimitur, schreibt Werner Busch,»wirkt entschieden mit, ja sie ist im Wort-

John Constable: »Study of Altocumulus Clouds«, 1821

sinne die Basis der Wirkung.« (219) Constable steuert »schon von der
technischen Anlage her die Ausdrucksdimension seiner Himmel. Er
arbeitet überwiegend mit transparenten und wenigen, zumeist auf
das abschließend aufgetragene Weiß beschränkten opaken Farben.
Dadurch wirkt an vielen Stellen der Grund mit. Die lichtdurchlässi-
gen Farben lassen das Licht vom Grund als Reflexlicht zurückkom-
men, was die Farbfläche atmen läßt, da wir ihren Flächenort nicht
gänzlich fassen können. Die späten weißen Partien dagegen geben
in ihrer Festigkeit der Skizze Struktur.« (218) Busch nennt drei Töne
der Grundierung: Ocker bei ruhigem Himmel, Rosa bei bewegtem,
Violett oder Dunkelbraun bei düsterem Himmel, was je nach der Tageszeit und der Wetterlage zu anderen Tönen hinüberspielt. Darauf
wird das Wolkendrama inszeniert.

Das Datum und die Wetterbedingungen der Ölstudien hat Constable auf den Rückseiten vermerkt. So findet sich auf einer Wolkenstudie die Angabe: »Hampstead Sept. 11, 1821. 10. to 11. Morning in
the sun – clouds silvery grey on warm ground Sultry. Light wind of

John Constable: »Ölstudie vom 11. September 1821«

the S.W. fine all day – but rain the night following.« Werner Busch
hat gefragt, was damit gemeint sein kann – »silbergraue Wolken auf
warmem Grund Schwül«? Ist es der durch die Hitze erwärmte Mal-
grund? Sind es die von der Erde aufsteigenden warmen Dünste, die
die Wolken mitformen? Ist es die Schwüle, die dem Maler bei seiner
raschen Arbeit zusetzt? Nimmt man das letzte an, dann ist damit
etwas über die körperliche Bedingung bei der Arbeit gesagt, die bei
den Beschriftungen sonst nicht vorkommt. Denkt man an die Dünste, wäre ›Sultry‹ eine Information über die stetige Veränderung am
Himmel trotz des nur leichten Windes. – Das im Laufe einer Stunde
der Sonne entgegen gemalte Bild zeigt die für Constable so wichtigen
Helldunkel-Abstufungen. Die unbewegte Baumgruppe rechts vorn
ist leicht durchlichtet, sonst verschattet, die Richtung der Pinselstriche und die Form der Wolken folgt der Windrichtung und zeigt die
mäßige Geschwindigkeit ihres Treibens an. Die Sonne steht in einem
eigenartigen Winkel über diesem Himmelsausschnitt, so daß die oberen Ränder der Cumuli weiß erhellt sind, ihr Rest bräunlich im Schatten liegt. Beides zusammen ergibt die silbergraue Tönung. Die Bewe-

gungsrichtung scheint eine doppelte zu sein: nicht nur von rechts nach links, mit dem Wind, sondern auch von unten nach oben durch die aufsteigenden Wärmeströme neben und über den Bäumen, die sich noch nicht in der Abkühlung ›geformt‹ haben. Man kann die vertikale Richtung auch daran erkennen, daß an der linken oberen Ecke der Rest einer großen Haufenwolke zu sehen ist, die sich vom Ensemble unten gelöst hat und nach oben abgezogen ist. Übrigens gibt es eine Korrespondenz zwischen den Ecken links oben und rechts unten, die die beiden Laufrichtungen durchquert und den Prospekt zusätzlich strukturiert. Was also wie die rasche Skizze eines flüchtigen atmosphärischen Phänomens aussieht, ist ein auskomponiertes Bild.

Das Bild ist durch die Baumgruppe gewissermaßen geerdet: wir wissen, wo der Maler stand und folgen seinem Blick. Es gibt aber auch Wolkenstudien, die ›in der Luft hängen‹ und wie abstrakte Exerzitien wirken. Dazu gehört das kleine Blatt, dem man den Titel gegeben hat ›Study of Cirrus Clouds‹, weil auf der Rückseite ›cirrus‹ mit Fragezeichen geschrieben steht. Dies ist eine seiner bekanntesten Studien, aber es ist die Frage, ob der Titel angemessen ist und ob sie tatsächlich ›nach der Natur‹ gemalt oder eine reine Farb- und Formstudie ist. Die dünnen weißen, parallelen Striche wie Notenlinien vorne und die ebenso parallel geführten, aber in einer ansteigenden Kurve dünn gestrichenen Linien weiter oben sollen Cirri sein, was sie kaum sein können. Sie über- oder unterqueren das zerfetzte Cumulusgewölk, was wegen der verschiedenen Höhenlagen der Typen unmöglich ist. (Cirrus ist etwa sieben- bis zwölftausend Meter hoch, Cumulus zwei- bis viertausend Meter.) Daß der Wind von links das Gewölk hetzt und treibt, ist zu sehen. Müßten dann aber nicht auch die Cirruslinien zerrissen sein? Daß Constable mit verschieden weiten Distanzen arbeitet, scheidet wegen der Überlappungen aus. Constable malte Effekte, heißt es, kannte aber die Ursachen. Es scheint, als seien sie ihm hier egal gewesen. Die faszinierende Studie ist ein Phantasiegebilde: hier die Licht- und Schattenwirkungen im Wolkendurcheinander, dort die strenge Hand der Geometrie. Ein Gott, der das Chaos vertreibt und Ordnung schafft. (Hierzu der Essay[1] ›Chaos / Wolke‹)

Eine andere, nicht näher bezeichnete Ölstudie, ›Wolke mit Vögeln‹ (1821), ist durch einen sehr schmalen, grünblauen Streifen Land ›geerdet‹, über dem sich ein das ganze Blatt füllendes Cumulusarrangement

John Constable: »Study of Cirrus Clouds«, 1822

erhebt. Man sieht das Gewölk aufsteigen vom feucht-warmen Grund, mit weißerleuchteten Stellen oder braunverschatteten Flächen, bis es sich in der Mitte zu Andeutungen von Cumuli formt, die aber sich nicht halten, die konturlos weiter verströmen werden. Ein paarmal scheint der blaue Himmelsgrund durch, zweimal zeigt sich hinter dichten Schleiern gelbes Sonnenlicht, das die trüben Hell-Dunkel-Wirkungen verursacht. Das Blatt ist eine Studie über die dem Auge kaum sichtbaren minimalistischen Übergänge – Viertel-, Sechzehnteltöne – im vergehenden Erscheinungsbild der Wolke, mit ›trockenem‹ Pinsel aufgetragen oder pointillistisch getupft, um den Grund durchleuchten zu lassen. Dabei erscheint das Blatt auf einen Blick wie ein illusionistischer Himmelsausschnitt. Constable hat das Bild zusammengehalten und sozusagen kartiert durch Vögel. Die oberen sind durch die thermische Konvektion vertikal – in der Bildmitte – hochgetragen worden und schweben auf einem von rechts kommenden Wind hinab, die unteren, weiter entfernt, liegen auf einer anderen Strömung und fliegen im Gegenwind. Es ist wieder der *eine* Augenblick gebannt (oder konstruiert), in dem die Konstellation aus Thermik, Windrichtungen und Wolkenbildungen sich in *dieser* Gestalt zeigt. Im nächsten Augenblick wird sie eine andere sein. Verflogen.

Für den Ausdruck des Momentanen in der Natur hat Constable

das Chiaroscuro als das für ihn wichtigste Verfahren oder ›Medium‹ genannt, womit nicht allein gemeint sei, Licht und Schatten richtig zu verteilen. In einer seiner späten Vorlesungen über Landschaftsmalerei heißt es:»Chiaroscuro ist keineswegs auf dunkle Bilder beschränkt. [...] Es läßt sich definieren als jene Kraft, die den Raum erst schafft; wir finden es überall und jederzeit in der Natur; Gegensatz, Einheit, Licht, Schatten, Reflexion und Refraktion – alles ist Teil des Chiaroscuro.« (Leslie, 269) George Field schreibt in einer Abhandlung über Farben und Pigmente, *Chromatography* (1835), die Constable kannte:»Die Farbe, und was in der Malerei Transparenz heißt, gehört wesentlich zur Schattierung. In der Praxis hat der Maler die Farbe als zum Licht gehörig verstanden und folglich haben viele einen einheitlichen Abschattungston verwendet, weil sie unter Schatten nur Dunkel, Schwärze oder die bloße Abwesenheit von Licht verstanden, während in Wahrheit Schatten durch Farbe unendlich variationsreich sind.« (Leslie, 312) Durch das Chiaroscuro werden die Dinge – die erhellten ebenso wie die verschatteten – zum Leuchten gebracht. Constable stellt mit Chiaroscuro, in den Worten von Werner Busch,»das dar, was ›in between‹, zwischen den Gegenständen, ist: das Atmosphärische an sich. ... In der Atmosphäre werden die Gegenstände aufgehoben, ihr verdanken sie ihre Existenz in der Wahrnehmung.« (223) Um dies malerisch zu erreichen, spannte Constable ein ganzes Netzwerk winziger, kaum sichtbarer weißer Pünktchen über seine Bilder, einen hauchzarten Schleier. Man nannte das Constables ›Schnee‹.

Correspondance

Im Norden Londons gibt es ein Sträßchen, Well Walk, das auf Hampstead Heath hinausführt. Dort steht das niedrige, unauffällige Häuschen, in dem Constable sein Atelier hatte, in der klaren, reinen Luft der Heide hoch über dem verrußten Himmel Londons. Von dort zog er los – Well Walk entlang, an einem Brunnen vorbei – , auf die weite Heide, um das zu tun, was er Skying nannte: die Wolken, wie er sie sah, mit Farbe oder Stift auf Pappe oder Papier festzuhalten. Das hieß für ihn, die Tonabstufungen, die sich so schnell entzogen, genau zu treffen, das Licht, die Windrichtung, Ruhe oder Schnelligkeit. Wieder und wieder, Wolke um Wolke. Vielleicht stimmt es so besser? Er hinterließ über hundert Ölskizzen, Zeichnungen, Aquarelle nur vom Skying.

Direkt gegenüber von Constables Häuschen steht am Well Walk ein anderes Haus, spätviktorianisch, sehr hoch, zu dem alte Backsteinstufen hinaufführen. Dort wohnt Alfred Brendel und übt. Er hat die Stücke schon hundert-, schon tausendmal, ein Leben lang gespielt, und er übt sie weiter und entdeckt Neues, wieder und wieder. Wenn er den Akzent hier nicht auf den guten Taktteil setzt, bekommt die ganze Periode eine andere Farbe. Wann und warum muß ein Crescendo früher anfangen (oder später), als der gedruckte Notentext angibt? Wie läßt sich der Übergang von ppp zu pppp so spielen, so daß man ihn *hört* (und er sich vielleicht im Unhörbaren fortsetzt)? Wie läßt sich ein Stück so spielen, daß es klingt wie nie zuvor gehört, aber eben auf dem Hintergrund des oft Gehörten? Es sind die minimalen Abtönungen, Schattierungen, Schimmer, die den ›Unterschied ums Ganze‹ ausmachen. Nuancen – das Wort kommt von nubes, Wolke.

Kann man sich die beiden vorstellen, wie sie zusammen Well Walk entlanggehen, am Brunnen vorbei zu Hampstead Heath und davon sprechen, wie schwierig es ist, Einzigartiges auf den Arm, auf Handgelenk und Finger so zu übertragen, daß es als Einmaliges, in diesem Moment Erscheinendes, zu sehen und zu hören ist? Handwerkliche Probleme. Was sonst.

PROSAGEDICHTE 2

Maihimmel

Der ganze Himalaya mit seinen Achttausendern steht über dem Feld. Die Eisspitzen golden flammend. Die dünnste Schattenlinie weist auf meilentiefe Schluchten, Abgründe, Gletscherspalten, Viae Malae, die tosende Eruptionen über Jahrmillionen aufgeworfen und gerissen haben. Dann spuckende oder bloß drohend schmauchende Vulkane. Der dunkle Fleck dort hat die Größe des Mare Crisium und dessen Kälte, in der kein organisches Leben möglich ist.

Das Gesicht in den Wolken

aus weichem Ton geknetet, und manchmal vergeht ein Jahrhundert, bis es vollendet ist. Wie ein Bildhauer läßt der Wolkenversammler den Abdruck seines Daumens auf der Stirn, die die Glorie des Himmels erleuchtete.

Verkohlte Wolken
(Cumulus und Stratocumulus in verschiedenen Höhen)
Ich sehe ein ausgebranntes Lagerfeuer vor mir, einen unordentlichen Kreis aus aschenweißen Ästen. Ich habe das Feuer bewachen sollen, als die andern in den Zelten schliefen, ich habe das gesammelte Totholz nachgelegt, geschürt, daß es glimmte und dann loderte, zusammensackte und neue Nahrung brauchte. Ich war der privilegierte Hüter des Feuers vor den Schrecken der Nacht, nicht ohne Angst vor den Hyänen und ob ich es schaffte – und bin eingeschlafen. Nur noch verkohlte Reste, die ich nicht mehr entfachen kann. Ich habe die Prüfung nicht bestanden.

Céleste
Sie lag in ihrem weißen gerüschten Kleid *hingegossen wie ein See* am Nachmittagshimmel. Nichts deutete darauf hin – dieses Nichts einer Gewandfalte, einer sichtbaren Naht, einer Falbel –, daß sie von furchtbaren *Sturmausbrüchen heimgesucht* werden könnte, bei denen ihre Temperatur, ihr Temperament die Gefahren des Hochwassers zeigen würde, *flutende Wirbel,* die alles mit sich reißen und verwüsten können.

Iris
Schwüler Sommertag. Gegen den reinblauen Himmel zeigt sich eine hohe Frauengestalt, der dünne weiße Chiton liegt dicht an ihren

üppigen Leib geschmiegt, und mit ihrem schnellen Atem oder in jäher Bewegung der Hingabe geht ein Flattern, ein Faltengeriesel durch das Gewand, das im wechselnden Licht immer andere Verlockungen verbirgt. Wo der Stoff spannt, werden sie greifbar: die Brustspitzen, der gestraffte Bauch mit dem Nabel, das zitternde Dreieck zwischen den einladend geöffneten prallen Schenkeln. Später am Tag würden ihr Flügel von Westen her wachsen, goldene oder safrangelbe.

Torso der Iris, Marmor

Iris, die Eilende, Glänzende, ist die Personifikation der Luft. Sie ist die Tochter von Thaumas und Elektra. Thaumas, der Wunderbare, ist der Sohn des Pontos und der Gaia; Elektra, die bernsteingolden schimmernde Meereswoge, ist die Tochter des Okeanos und der Thetis. Iris ist also mit dem Wasser verwandt, mit der Erde, dem Licht, eine archaische Elementargöttin, die im Mythos nur eine Randrolle als Botin der Olympier neben dem ungleich entwickelteren Hermes spielt. Fast immer ist sie unsichtbar wie das Element, das sie ›verkörpert‹, aber doch *spürbar*, wie ihre Schwestern, die Harpyen, die Sturmwinde. Bei Empedokles aus Akragas heißt es: »Iris aber bringt aus dem Meere Wind oder großen Regenschauer.« (fr. 50) Er nennt sie auch (fr. 149) die »wolkensammelnde«, ein Attribut, das später Zeus zusteht. Vermählt ist sie mit Zephyr, dem Westwind, und beider Sohn ist Eros, wie Alkaios weiß:

»Strahlend lächelnder Eros …
… der Götter schrecklichster,
den die schönbeschuhte Iris gebar
Zephyr, dem goldgelockten.« (fr. 8 D. a, b)

Manchmal, »wenn zu der Regenwand Phöbus sich gattet«, wird sie sichtbar am Himmel im Wunder (thauma) des Regenbogens, der nach ihr heißt und durch den wir die Welt sehn.
»Iris mit Safranschwingen im thauigen Lauf durch den Himmel
Gegen die Sonn' hinziehend den tausendfarbigen Bogen,
Flieget hinab…«
(Virgil, *Aeneis*, vierter Gesang, 700ff. / Voß)

So kam sie im fünften Jahrhundert herab zu dem Athener Meister, der die Verborgene herausschlug aus dem Stein, Luftschicht um Luftschicht, von Winden gebauscht und zum Greifen nah. Nasser Stil. Und so stand sie am Himmel, bis sie verflog.

Zerwühlte Betten

Was bringt Maler dazu, zerwühlte Betten (Laken, Kissen) zu malen? Anders als bei flatternder Wäsche an der Leine, deren Gestalt der Wind eiliger ändert als die der Wolken oben, hat der Zufall den Laken und Kissen für den Augenblick eine feste Form gegeben. Es sind stillgestellte Wolken, die sich in Ruhe studieren und malen lassen, ohne ihre Verwandlung fürchten zu müssen.

Das kleine Aquarell ›Un lit défait‹ von Eugène Delacroix (18,5 x 29,9 cm) zeigt eine gigantische, grauweiße, aufsteigende Cumuluswolke, in der ein ganzes Heer widerstreitender Winde aus dem Sack des Äolus seine Kerben und Verwerfungen geblasen hat. Ein Kampfplatz, wie er oft vor einem Gewitter zu sehen ist. Die Bahn rechts, auf die das Licht fällt, ist weiß gehöht, um die Schatten zwischen den Rissen zu markieren. Rechts und links hängen Fallstreifen herab (›virga‹), die Schnee oder Regen anzeigen. Wie auf Landschaften, die von Wolken dominiert werden, ist oft ein Erdenrest mitgemalt, eine Tanne, ein Haus, um auf die Maßverhältnisse aufmerksam zu

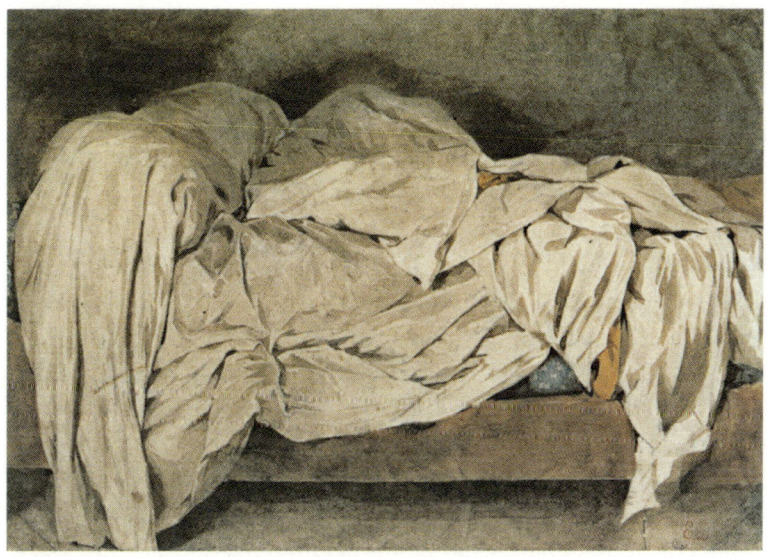

Eugène Delacroix: »Un lit défait«, 1827 (?)

51

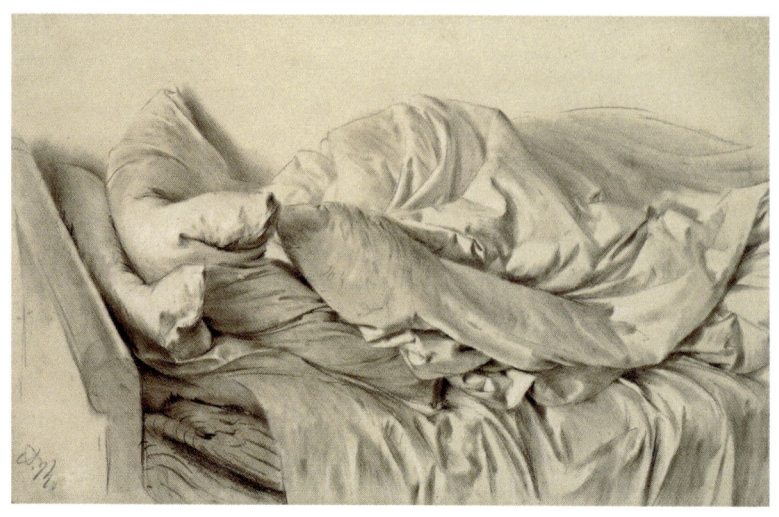

Adolph Menzel: »Ungemachtes Bett«, ca. 1845

machen. Hier ist es ein Stück der *blauweiß* gemusterten Matratze, neben dem etwas *Gelbes* (ein Kleidungsstück) in die weißen Falten ragt, die das Verhältnis angeben. (Es sind zugleich Himmelsfarben, das Gelb des schwindenden Lichts.) Die Wolke, das Bettzeug wird durch diese Markierungen nur immer größer. Und wie wir in den Wolken gerne erkennbare Figuren suchen, finden wir hier – links von der Bildmitte oben – den Umriß eines liegenden Frauenkopfs mit geschlossenen Augenstrichen, der Nase und aufgeworfener Oberlippe, wie vergehend vor einem ungeschlachten Wulst. (Dazu ließe sich eine Geschichte erfinden oder nacherzählen: Io.) Über allem ein erst schwarzer, dann grüngrauer Gewitterhimmel.

Von Menzel gibt es etwa aus der gleichen Zeit eine Kreidezeichnung: ›Ungemachtes Bett‹ (1845, 22,0 x 35,5 cm). Das in den Raum gestellte Kopfende läßt keinen Zweifel: es ist ein zerwühlter Haufen von Kissen, Decken, Laken des großen Realisten, nichts sonst. Erst auf den zweiten oder dritten Blick lassen sich Formen isolieren, die aus einem Skizzenbuch mit Wolken- oder Felsstudien stammen könnten: oben ein Gebirgsmassiv mit seinen jahrmillionenalten Faltungen oder eine sich türmende Stratocumulus, in der Mitte die Rollwolke, die fette Malojaschlange aus dem Bergell im Engadin, unten abschmelzende Gletscher, Wasserfälle oder Fallstreifen. (In den Wolken Bergformationen zu sehen mag eine Beschreibungsverlegenheit sein. Aber läßt sich nicht zeigen, daß einige wenige Grundformen die ›infinite variety‹ der organischen und anorganischen Erscheinungen prägen? Ruskin hat das an Wolken- und Gesteinsformen, an Gewässern, Blättern und Bäumen demonstriert.) Menzels Malojaschlange hat auch die Gestalt eines fetten, aufgeschlitzten Karpfens, dessen Maul am caput turris eines liegenden Männergesichts knabbert, einem Kopfkissenwulst.

MUSIK 2

Franz Liszt

Liszts späte Klavierstücke sind pianistisch nicht schwierig – das verbieten die Arthrosehände –, dafür öffnen sie Wege in andere Tonräume als die harmonischen. Sie betreten ein Niemandsland zwischen Tonalität und Atonalität, sind nicht mehr fixierbar.

Alfred Brendel schreibt:»Mit der Aufgabe der tonalen Festigkeit werden sie (nämlich Dur und Moll) bedeutungslos. An die Stelle von Symmetrien, Durchführungen und Reprisen setzt Liszt die einfache Gegenüberstellung äußerster Gegensätze oder das Nebeneinander zweier Tonartkomplexe im ›Csárdás macabre‹ oder im ›Unstern‹. Andere Stücke scheuen sich nicht, zufällig zu wirken, fragmentarisch zu sein, zu erstarren, zu versickern, zu vergessen, wo sie begonnen hatten, wenn sie aufhören ... musikalische Ruinenlandschaften.«

Ein solches Stück sind die ›Nuages gris‹, am 24. August 1881 komponiert: ein tristes, dunkles Stück, im Baßschlüssel notiert, langsame, aufsteigende Septimenakkorde aus reinen und übermäßigen Quarten, immer von neuem, aus einem Brodem, aus Miasmen hochziehende Nebelwände, und der Schluß ein unaufgelöster dissonanter Akkord, vom Pedal gehalten, so daß die ziehenden, steigenden Nebel sich im Ohr fortsetzen, weiter und weiter. Das Gewölk mit seinen immer gleichen, immer anderen trüben Grautönen formt sich nicht zu einer Gestalt, gibt keine Sonne frei, es schwebt und verschwebt in seiner Stimmung sanfter Melancholie, wenn der Sommer, der hätte sein können, sich verabschiedet.

Z. 6217

»Anders als Chopin … drängt es Liszt hinaus in das Sakrale, in die Elemente, in die Sphären.« (Alfred Brendel)

Debussy hörte Liszt in Rom spielen und vergaß nie seine Kunst des Pedalierens. Es war für ihn eine »Art des Atmens«.

54

Franz Liszt: »Nuages gris«, 24. August 1881

Orphischer Hymnus

Den Wolken
Ein Rauchopfer von Myrrhe

Wolken, ihr Segler der Lüfte,
Fruchtnährende Wandrer des Himmels,
Regenerzeuger, von flüchtigen Winden
Hingetrieben durchs All;
Feuersprühende, donnernde,
Lautdröhnend auf feuchter Bahn –
Ihr tragt in der Brust
Das grause Brüllen des Äthers,
Von den Winden geworfen, zerrissen,
Tosend im wilden Gewühl.
Flehend ruf ich euch, Spender des Tau's,
Atemerquickenden Hauches:
Sendet fruchtnährenden Regen
Auf die Mutter Erde hinab!
(Übersetzt von J. O. Plassmann)

Proust schreibt irgendwo:»Die Myrrhe ist der Duft der Wolke.«

Caliban spricht:
... the isle is full of noises,
Sounds and sweet airs, that give delight and hurt not.
Sometimes a thousand twangling instruments
Will hum about mine ears; and sometime voices,
That, if I then had wak'd after long sleep,
Will make me sleep again: and then, in dreaming,
The clouds methought would open, and show riches
Ready to drop upon me; that, when I wak'd,
I cried to dream again.

(Shakespeare, *The Tempest*, III, ii, 133ff.)

Krakatau

Seit dem 20. Mai 1883 wurden an der Sundastraße zwischen Java und Sumatra heftige Erdbeben registriert. Am 26./27. August explodierte der Vulkan der kleinen Insel Krakatau. Der Auswurf schleuderte 40 Kubikkilometer Schutt und Asche in eine Höhe von 50 bis 80 Kilometern, das heißt, daß er durch die Atmosphäre und Troposphäre bis in die Strato- und vielleicht die Mesosphäre aufstieg. Das Material bestand aus Silikatstaub und Sulfat-Aerosol. Der Ascheregen bedeckte auf der Erde eine Fläche von 800 000 Kilometern. Die stratosphärischen Schleier reichten von den Tropen bis zu den Polen. An der Sundastraße kamen in der Lava 40 000 Menschen ums Leben. »Die letzte Eruption auf Krakatau am 27. August 1883 war das lauteste je aufgezeichnete Geräusch; es pflanzte sich beinahe 5000 Kilometer weit fort und war fast auf einem Zehntel der Erde zu hören: wahrlich ein großer Schrei.« (Hamblyn, 375) Man sprach vom ›Todesschrei von Krakatau‹. (Er soll Edward Munch zu seinem berühmten Bild inspiriert haben.) Der durch die Entleerung der Magmakammer entstandene Riesenkrater brach ein und verursachte eine 20 bis 40 Meter hohe Flutwelle, in der noch einmal 30 000 Menschen ums Leben kamen.

Auf der ganzen Welt waren seit dem Spätsommer 1883 die absonderlichsten Erscheinungen am Himmel zu sehen, »eine Folge der Zerstreuung eintretenden Lichtes durch mäandernden vulkanischen Dunst«. Die Erscheinungen erreichten Westeuropa im Oktober und hatten ihre größte Intensität im Dezember – orange, grün, blau, Kupfer, magentarot.

Der englische Dichter und Wolkendiarist Gerard Manley Hopkins hat sie beschrieben und seine Beobachtungen im Wissenschaftsmagazin *Nature* veröffentlicht. Das Außergewöhnliche der Erscheinungen – »diese Rötung oder dieses Auflodern« – ist unter anderem, daß sie *vor* Sonnenaufgang und *nach* Sonnenuntergang auftreten. »Die Abendröten sind keine schleichenden Lichtstreifen, die den Horizont säumen, sondern hoch am Himmel, manchmal im Zenit.« (381) Die Art der Röte ist intensiv und glanzlos zugleich, sie »überspült« den ganzen Himmel. »Am 4. Dezember (1883) erschien sie mir mehr wie entzündetes Fleisch als wie das klare Rot gewöhnlicher Sonnenuntergänge. Am selben Abend leuchteten die sich nach Westen erstreckenden Felder mit gelbem Wachs überzogen.« Hopkins unterscheidet – regelmäßig von unten nach oben – vier Farben:»orange, grün, wechselndes Rot, schwaches Lila«. Die Farben sind nicht»rein« und auch keine Spektralfarben. (Bei normalen Sonnenuntergängen sind sie rein.) Vom Grün heißt es, es»ist zwischen Apfel- und Erbsengrün (beide reines Grün) und Oliv (einer Tertiärfarbe); es ist satt und schön, aber nicht rein. Das Rot ist sehr unrein und nicht gleichmäßig aufgetragen. Am 4. wirkte es braun, wie ein starkes Licht hinter Schildpatt oder Derbyshire-Alabaster. Man hat es zutreffend mit der Farbe glühenden Eisens verglichen. Manchmal wirkt es wie ein Gemisch aus Kreide mit Sand und Schlammerde.« (382) Die farbigen Flächen sind»weder eindeutig Wolke eines bekannten Typs noch lichtdurchlässige Medien«. Hopkins bemerkt»Bänder, feines Rippenmuster, Schäfchenwolken und noch seltsamere Strukturen, wobei die Farbe sich je nach Struktur ändert«.

An den Schluß seines am 3. Januar 1884 in *Nature* erschienenen Berichts, ›The Remarkable Sunsets‹, stellt Hopkins eine seiner schönsten Himmelsbeschreibungen, beobachtet am 16. Dezember 1883:»Nach Sonnenuntergang, um 16.10, war der Horizont auf langer Strecke von einem leuchtenden gelbbraunen Licht eingefaßt, farblich nicht sehr rein und deutlich in Hügeln, Körpern wie ein Delphinschwarm oder rundgeschweiften Randverzierungen strukturiert oder wie die Japaner Wellen darzustellen pflegen. Der leuchtende Dunst darüber war noch farblos; dann nahm er ein schönes Oliv- oder Blaßgrün an, nicht so satt wie an den Tagen zuvor, und fein gekehlt; der grüne Gürtel war breiter als das Orange, drückte es nieder und schmälerte es. Über dem Grün wiederum erschien ein rotes Leuchten, [...] Um 16.43 hat Rot das Grün vertrieben und, sich mit dem restlichen Orange vermischend, den Horizont erreicht. Unterdessen wurde der Osten, der eine Rosatönung hatte, tiefrot wie Sand; nach meiner Beobachtung war der Himmelsgrund im Osten grün oder sonst gelbbraun, und das Karminrot nur in den Wolken. Ein großes Wolkentuch, gerefft und gefältelt, trieb während dieses prächtigen Schauspiels nach Westen; sein Saum und die kleineren Wolkenkugeln, die über das helle Feld des Sonnenuntergangs zogen, erhaschten ein fahles Grün. Um 17.00 war das Rot im Westen schwächer, um 17.20 wurde es merklich rosiger und satter; aber es war nie ein reines Rosa. Ein schwaches trübes Leuchten blieb um 17.30 oder später zurück. Während sich der Himmel derart veränderte, glühte die Landschaft von Ribblesdale in düsterem Braun.« (383f.)

Nach Richard Hamblyn hatte Hopkins keine Ahnung von der Ursache des Phänomens.

ELSÄSSISCHE TAGEBÜCHER

Elsaß, 11. Mai 2013
Am frühen Abend in Lembach oben in den Vogesen. Auf der Fahrt dorthin kurze Strecken heftige Schauer, dann nichts mehr, dann wieder Schauer und so immer fort. Über der waldigen Bergkuppe im Westen steigen lumpige schwarzgraue Fetzen hoch, sehr hoch und noch höher, Gewänder, die zu viele Jahre auf dem Schnürboden hingen, mottenzerfressen, und die ein Inspizient musternd auseinanderzieht, ob noch ein Stück verwendbar ist. Manchmal schimmert an den ausgefransten Rändern eine Goldlitze mit dem verächtlichen Hochmut gewesener Pracht: wir waren einmal wer. Links davon eine kompakte Dienstwolke, Verwandte gleichnamiger Engel, die ihres Amtes waltet und sich ihrer schweren Last in schrägen dünnen Fäden heftig entlädt. Wie es prasselt, läßt sich nicht sehen. – Gegenüber, im Osten, blauer Himmel, von einem weißen Band geteilt, das sich über den Schwarzwald hinzieht. Wieder unten im flachen Land, gegen halb neun, ist ein Ausschnitt des Horizonts golden geflammt wie in der Glorie, darüber die noch sichtbaren Drohgebärden vom Tage, vom eben gewesenen Tage, daneben die klare Silhouette des fahlen Nachbardorfs.

Rittershoffen, 22. Juni 2013
Plain-air-Studie, ab 18h
Der weite Himmel im Westen, vor der hellen, heißen Sonne, ist eine einzige Wolkenwand, vielleicht weil es vorgestern so heftig geregnet hat, daß die Knallsonne gestern und heute das Wasser nicht wegtrocknen konnte. Es steigt und steigt.
Die Wolken reichen bis ganz tief hinunter zum Horizont, der von den Konturen Betschdorfs gebildet wird. Ein Streifen Stratus über

dem anderen, über denen sich kleine Cumuli bilden, die größer werden, je näher sie in meine Richtung treiben. Dann direkt vor den Augen, wie die Kinoleinwand von den vorderen Reihen aus gesehen, gigantische Strato-Cumuli, die langsam gegen Norden ziehen. Weiße Haufen, die ins Grau wechseln, wenn die Sonne dahinter sie abschattet. Zackige Ränder, an denen manchmal eine goldene Linie entlangläuft, sie rahmt – stehenbleibende Blitze. Bizarre Formen: ein auf dem Rücken liegender Dinosaurier-Tausendfüßler, drei Bußpilger, wie die geologische Formation im Gebirge heißt, die sich dann gemeinsam nach rechts neigen, als hätten sie den Gegenstand ihrer Anbetung erblickt, bis sie in einer grauen Wolke der Zeugen verschwinden. (Ich beeile mich, wie Constable, das alles im raschen Vergehen festzuhalten.) Das kaum merklich, aber eben doch abgestufte Grau auf einem weißen Wolkenpaket (Graubner). Von einer Cumulus lösen sich kleine viereckige Päckchen – Windeln, die auf der Leine flattern.

Jetzt – 19.30 – sind nur noch Stratus, wie Linien in einem Schönschreibheft, zu sehen, darüber eine dicke Cumuluswalze, der Himmel darüber ist frei, die Sonne, noch weiter oben (sie hat noch zwei Stunden Zeit), strahlt wie eine Diva. Dafür steht jetzt

direkt über mir ein von Süden aufgezogener grauschwarzer Unhold, den Bauch voller ausgesoffener Meere, der aber gnädigerweise nach Osten, Richtung Hatten, abdreht.

Die Cumuluswalze, jetzt viel größer, grau, zweigeteilt in einen Ameisenbär und seine ebenso große amorphe Beute, wälzt sich der Sonne zu, die das Opfer mit einem Heiligenschein bekrönt. Dann ist auch dieser actus tragicus vollbracht und die Stratuslinien vervielfachen sich zu immer mehr Systemen übereinander: eine Partiturseite für großes Orchester, bevor ein Komponist sie beschrieb.

Rittershoffen, 11. August 2013
Später Nachmittag, Blick über das Maisfeld nach Betschdorf.
In der Ferne, über dem Horizont, tiefblau der See oder das Meer
mit langer runder Uferlinie vor kompaktem Land. Der Anflug auf
Tel Aviv oder Rejkiavik. Nach einer Zeit öffnet sich das Land, und
es erscheinen Fjorde mit steilen Klippen, statt des Ufers nur noch
offenes Meer. Norwegen. Ein paar Minuten topographische Sand-
kastenspiele eines gelangweilten Gottes. Dicht über dem Kopf, tief
hängend, die verschwommenen Wülste
eben erstarrter Lava. Die paradoxe
Umkehr perspektivischer Gesetze: die
Konturlosigkeit der unmittelbaren
Nähe, dagegen glasklar in Umriß,
Farbe und Gestalt die weite Ferne. Der
Kurz- und der Weitsichtige? Oder die
im Alter geschenkte Überdeutlich-
keit des Vergangensten gegenüber den
Verwischungen der Nähe?

Trüber Abend
Un quadro
Der Ausschnitt ins Freie wird von zwei Gebäuden der Moulin des
Sept Fontaines und dem Vordach der Terrasse, unter dem wir
sitzen, gebildet, ein perfektes Geviert, etwas breiter als hoch.
Eine Studie in Grau, die erst monochrom erscheint, bis einzelne
Verdichtungen unterscheidbar sind, von denen keine wie die andere
ist. Der Pinsel hat mal mehr, mal weniger Weiß oder Schwarz
gemischt, um sie der einen Idee des Grau anzunähern, die dem
Maler vorschwebte. So entsteht eine simultane Vieltönigkeit, die
jedes Fassungsvermögen eines integralen Hörens oder Sehens über-
steigt, nur Möglichkeiten wechselnder Aufmerksamkeit erlaubt.
Aber die schwebende Aufmerksamkeit als das eben Gewesene
und unmittelbar Kommende *hält* ›das Ganze‹, bis es vom Himmel
verschwindet. (Beispiele: die Freeman Etudes von John Cage,
Ballette von Merce Cunningham.) Das Material: die größere oder
geringere Nähe der Wassertröpfchen zueinander in einer Höhe von
sechs Kilometern bei einem Gewicht von vierzig Elefanten (das
Geviert war ja klein).

12. August 2013

Später Nachmittag. Über das ganze Gesichtsfeld breitet sich eine immer tiefer hängende schwarz-graue Nimbus, eine Damoklesdecke. Wer hat sie verhängt, wann fällt sie nieder? Baudelaire schreibt in einem Gedicht von einem Sargdeckel auf seinem Schädel, was die Klugen als Bild für seine Kopfschmerzen lasen. Daß es nicht schlimm werden wird, zeigen die Vögel, die weiter ihrem Geschäft nachgehen.

15. August 2013

Später Nachmittag, westlicher Himmel, kein Wind.

Das weite Blau wird senkrecht geteilt durch die Reste des Fischmahls eines Riesen: die weiße Mittelgräte bis zur Schwanzflosse, die kleinen Seitengräten mit den Kiemenverdickungen, anatomisch genau. Nach einer Zeit teilt sich die große Gräte und wird zu einem geöffneten Reißverschluß: über dem Essen ist es dem Riesen zu heiß geworden, so daß er die Strickjacke öffnet.

Noch etwas später, die Sonne steht schon tief.

Hauchzarte Schleier, als hätte ein leiser Abendhauch sie unmerklich eben bewegt, was sich daran zeigt, daß ihr Weiß manchmal grau getönt ist, verschwimmt. Minimale Veränderungen, während ich schaue, lausche. Nuancen. Ein Schwebezustand.

Darüber zieht mit einem Mal ein Flugzeug seine pfeilgerade Präzisionslinie in grellem Licht.

Adorno sagt in seinen Kranichsteiner Vorlesungen, Debussy habe für seine »Darstellung von Zwischenzuständen, vom Vagen … mit einer rationalistischen Härte, einer sehr französischen, sehr romanischen Härte jeweils die allerpräzisesten Mittel gewählt, mit denen man das Vage und das Schwebende ausdrücken kann«.

Am Himmel also: das Material und die Pranke der Ordnung. Jetzt müßte man sie nur noch komponieren können.

Die Sonne ist eben hinter das Maisfeld gerutscht, aber scheint durch die Lanzen noch hindurch. Ein mattglänzendes Grün auf den ledrigen Blättern des Birnbaums, die am Tag eher stumpf-bräunlich scheinen. Die Wiese in changierenden Tönen dunklen Grüns. Lichtes Grün erhellt die Maisblätter. »A green thought in a green shade.«

Helena

Als Menelaos auf der Rückfahrt von Troja auf Pharos Station macht, muß die wiedergewonnene Helena an Bord gewesen sein, auch wenn davon nicht ausdrücklich die Rede ist. Es gibt aber eine Variante der Mythe, nach der Helena erst gar nicht in Troja war. Entweder hatte Hermes sie auf Geheiß des Zeus – immerhin war sie seine Tochter – gestohlen, dem König Proteus in Ägypten übergeben und ein Phantombild Helenas aus Wolken nach Troja geschickt, oder Proteus selber hatte den Frauenräuber Paris in Pharos aufgehalten, ihm die Frau samt gestohlenem Schatz abgenommen und nur ihr Phantombild weiterreisen lassen. Wer das Bild herstellte, ist umstritten, neben Proteus wird Hera genannt, so von Euripides, einerseits als Beschützerin der Ehe, andererseits, weil Paris den Zankapfel nicht ihr, sondern Aphrodite gegeben hatte. Wenn Hera, dann hat sie Helena schon in Sparta verwandelt und Paris nur das Trugbild rauben lassen.

Die Quelle für die Variante ist der Chorliederdichter Stesichoros aus Sizilien (630–550 v. u. Z.). Er hatte ein Schmähgedicht auf die männermordende Helena geschrieben und wurde dafür von der Zeustochter mit Blindheit geschlagen. Darauf widerrief er seine Lästerungen in einem Gegengedicht, einer Palinodie, in der es hieß, sie sei gar nicht in Troja gewesen, sondern nur ihr Bild (eidolon), woraufhin er wieder sehend wurde. Das Gedicht ist verloren, aber viele, wie Platon, beriefen sich darauf. Was unter eidolon hier zu verstehen ist, wird nirgends erläutert. So muß es wohl bei der allgemeinen Bedeutung bleiben: Phantom, Schemen, Schattenbild wie die Gestalten im Hades, ein im Spiegel oder im Wasser reflektiertes Konterfei, »any unsubstantial form« (Liddell/Scott). So daß darunter gewiß auch eine Wolke verstanden werden kann, wie die in der Gestalt Heras, mit der Ixion verschmolz.

In der *Helena* des Euripides wird achtmal das Trugbild genannt. Dreimal (wenn ich richtig gezählt habe) mit dem Wort eidolon. Das erste Mal ist es näher bestimmt: eidolon empnun (v. 33), ein atmendes, belebtes Bild aus Himmel, aus Luft (apo uranu) gemacht. (»Sie – Hera – wob aus Himmelsluft mein Ebenbild, /Beseelte es und gabs an meiner Statt.« Ernst Buschor) Das zweite Mal steht eidolon allein: »nicht ich ging nach Troja, sondern ein Bild.« (v. 580), ebenso das dritte Mal: »Sie gab ihm statt dessen ein eidolon« (v. 739, Buschor: Trugbild, engl. Übers.: phantom). – Die anderen Male ist von der ›Materialität‹ des Bildes die Rede, Äther und Wolke. Menelaos fragt: »Wer fertigt Bilder mit des Lebens Blick?« (v. 583) Und Helena antwortet: »Der Äther: daher bekamst du diese gottgeschaffene Braut.« (»Aus Himmelsluft schufs eine Götterhand.« Buschor) Jetzt, da die lebende Helena vor ihm steht, hat sich das aus Troja mitgebrachte und in einer Höhle versteckte Phantombild in Luft (!) aufgelöst: »Dein Weib ist in den Schichten des Äthers verschwunden, im Himmel verhüllt.« (v. 605) Das sagt der alte Krieger, dem Menelaos erklärt: »Wir hatten nur das klägliche (lygros) Bild (agalma) einer Wolke in Händen.« (v. 705) Und der Krieger: »So war der ganze Kampf nur wegen einer Wolke?«

In dieser Frage klingt der ganze Jammer der Götterwillkür an, den zu äußern die anderen Tragiker nicht gewagt hätten: eine gekränkte Göttin, die dem Preisrichter seinen Lohn nicht gönnt und ihren Trick mit der Scheinfrau moralisch als Verteidigung der Ehe rechtfertigt, auch wenn ganze Völkerschaften daran glauben müssen. Dahinter steckt allerdings auch noch Zeus, der die Überbevölkerung der Welt durch einen Krieg reduzieren möchte! Um einen Krieg anzuzetteln, genügt der geringste Anlaß: eine Frau, von der sich herausstellt, daß sie es gar nicht ist, sondern ihr Phantom. Eine Wolke.

Was ist eine Wolke? Sie ist das, was wir in ihr sehen (Robben, Drachen, Kentauren), oder das, was man einen – Polonius – nötigt, in ihnen zu sehen (Kamel, Wiesel, Walfisch), bis sie wieder verfliegen, »sich auflösen in das »Zeug, wie das zu träumen«. Hätten sie eine Substanz, dann hätten Seher wie Kalchas sie durchschaut als das, was sie sind: Gespinste. Bild und Abbild sind für diese Seher eins. Eine Kategorienverwechslung. Auch das steht bei Euripides. Die Gegenfigur wäre Laokoon, wie El Greco ihn gemalt hat.

Ein Wort zum Unterschied von Äther und Luft (nach Liddell/ Scott): Aither ist die obere, reinere Luft, die Wohnstatt der Götter, auch: der blaue Himmel. Aer ist die untere Luft oder Atmosphäre, die dichte Luft oder der Dunst, der die Erde umgibt. (Bei Homer bewohnt Zeus – auch – die untere Luft, aus der er seine Blitze schleudert und es regnen läßt.) Pythagoras hat den Äther aus Dodekaedern zusammengesetzt gedacht. War das eine mathematische Fassung der Cirrus-Wölkchen? Der Eiskristalle? Wir wissen erst seit Kepler, daß Schneeflocken die Form von Hexaedern haben.

Alexander von Humboldt schreibt im 3. Band seines *Kosmos* (1850, S. 42f.):

»Dieser Aether (aither) war nach den Dogmen der ionischen Naturphilosophie, nach Anaxagoras und Empedocles, von der eigentlichen, gröberen (dichteren), mit Dünsten gefüllten Luft (aer), die den Erdkreis umgiebt,»und vielleicht bis zum Monde reicht«, ganz verschieden. Er war »feuriger Natur, eine reine Feuerluft, hellstrahlend, von großer Feinheit (Dünne) und ewiger Heiterkeit.« Mit dieser Definition stimmt vollkommen die etymologische Ableitung von *brennen* (aithein): die später sonderbar genug aus Vorliebe für mechanische Ansichten, wegen des beständigen Umschwunges und *Kreislaufes*, von Plato und Aristoteles wortspielend in eine andere (aei thein) umgewandelt wurde. Der Begriff der Feinheit und Dünne des hohen Aethers scheint nicht etwa Folge der Kenntniß reiner, von schweren Erddünsten mehr befreiter *Bergluft*, oder gar der mit der Höhe abnehmenden Dichte der Luftschichten gewesen zu sein. In so fern die Elemente der Alten weniger Stoffverschiedenheiten oder gar Einfachheit (Unzerlegbarkeit) von Stoffen als *Zustände der Materie* ausdrücken, wurzelt der Begriff des hohen Aethers (der feurigen Himmelsluft) in dem ersten und normalen Gegensatze von *schwer* und *leicht*, von *unten* und *oben*, von *Erde* und *Feuer*. Zwischen diesen Extremen liegen zwei *mittlere Elementar-Zustände*: Wasser, der schweren Erde; Luft, dem leichten Feuer näher.«

William Turner 1

Turner spielte Flöte. Ein Holzblasinstrument (*wood wind*) mit einem Loch, in das hinein und darüber hinweg der Atem strömt. Kein gestauchter, gepreßter Atem wie bei den Rohr- oder Doppelrohrinstrumenten (Klarinette, Oboe, Fagott), weshalb Athene die Syrinx von sich warf, weil sie ihr Gesicht entstellte, nein, ein gleichmäßiges Strömen wie das Einblasen des Odems. Die Finger auf den kleineren Löchern (später den Klappen, aber die gab es zu Turners Zeit noch nicht) regulieren den Strom und bringen die Luft in den gewollten Höhen und Tiefen zum Klingen. Laut und leise, Nähe und Ferne. Das Überblasen für höhere Höhen. Die Glissandi für die Skala der Zwischentöne. Das Vibrieren der tönenden Luft mit der Flatterzunge.

Niemand malte wie Turner die Luft. Kaum ›nach der Natur‹ wie die Niederländer, wie Constable. Er malte ihre Kälte- und Wärmeströme, flirrende Hitze und Eiskristalle, deren (Farb-)Töne er in der Kombinatorik der Pigmente suchte, die die vorstellbare Abbildlichkeit zum Verschwinden brachte. Vielleicht hat ihn sein Flötenspiel die Möglichkeiten des Atmens und der Luftströme physiologisch ähnlich erfahren lassen wie das Einfallen des Sonnenlichts in das ungeschützte Auge. Für den Betrachter scheinen die Bilder Kompositionen des späten Liszt, Debussys und Faurés näher zu stehen als der Wolkenmalerei der Zeit. Ein an den Partituren von John Cage geübter Musiker könnte sie vielleicht spielen. »Tönende Vergänglichkeit« hat Peter Gülke die Musik genannt: sichtbar / hörbar an Turners Himmeln.

Turners Dunkel

Wir sehen Wolken, sehen ihre Formen, die seit 1802 einen Namen haben, sehen ihre Gestalten, »von keinen Müttern geboren«, wissen von ihrer Zusammensetzung und ihrem aberwitzigen Gewicht, wissen von thermischen Strömen und von den Winden, die sie schieben und zausen.

Es ist alles ›da‹, wenn du hinschaust, mehr gibt's nicht, und wenn du wieder hinschaust, ist nichts mehr da. Leerer, blauer Himmel. Aber war da nicht vorher etwas dahinter gewesen, das sich nicht zeigen wollte oder durfte, etwas, das die Wolke verbarg und mit sich fortzog, ein Geheimnis? Das sind Kinderfragen. Aber sind sie es nur? Das Wissen von den Wolken kann unsere archaischen Residua nicht gänzlich stillen. Es gibt noch Ahnungen, vielleicht Ängste, so, wenn der ungläubige Joyce bei Gewitter unter einen Tisch kroch.

Bei Turner, zumal dem späten, findet sich das Spiel von Zeigen und Verbergen als Prozeß. Die Anlässe sind Küsten, Seen, Berge, manchmal Häuserzeilen, selten Landschaftsausschnitte (und wenn, dann in extremen Lagen: Hannibal in den Alpen), aber nicht, um sie unter welchem Licht auch immer zu beleuchten oder zu verschatten (wie bei Constable). Es soll nur ahnbar bleiben, daß da etwas ist oder war, das hinter den atmosphärischen Erscheinungen aus nuanciertesten Pigmenten, den Dünsten und Nebeln und Wolkenreduktionen auf ein paar Farbstriche verschleiert ist. Es bleibt trotzdem, bis auf die spätesten Bilder, noch ›geerdet‹, zeigt aber an, daß unter oder hinter der verdichteten Oberfläche Anderes verborgen ist, ein ›Offenbares Geheimnis‹.

Die Wolke als Zeichen des Verbergens, des Unsichtbarmachens, ist ein göttliches Mittel, das Zeus beherrscht, Hera, Athene, Hermes. Am Sinai spricht Gott zu Mose: »Siehe, ich will zu dir kommen in einer dicken Wolke.« (Ex 19,9) Und er kommt: »Da erhob sich ein Donnern und Blitzen und eine dicke Wolke auf dem Berge und ein Ton einer sehr starken Posaune.« (Ex 19,16) Als Mose zum Sinai hinaufsteigt, um die Gesetzestafeln zu empfangen, heißt es: »Da nun Mose auf den Berg kam, bedeckte eine Wolke den Berg, und die Herrlichkeit des Herrn wohnte auf dem Berge Sinai und deckte ihn mit der Wolke sechs Tage und er rief Mose am siebten Tage aus der Wolke.« (Ex 24, 15f.) Gott spricht aus der Wolke, zieht vor seinem Volk her in der Wolke, immer also ist sie zugleich das ganz Andere als die atmosphärische Erscheinung – eine verborgene Gegenwärtigkeit. So ist sie in die Bilder des Mittelalters und der Renaissance gewandert (manchmal unterschieden von ›natürlichen‹ Wolken), und so ist sie weitergewandert, an Claude Lorrain, Poussin, den Niederländern und Constable vorbei, zu Turner.

Turner interessierte sich für die Exzesse der Natur, die unbändige Gewalt der Elemente, ihre Zerstörungswut, wofür die Gletscher zeugten, die Vulkane, Teufelsschluchten und Fingalshöhlen, und die sich in der Gegenwart zeigten in den Katastrophen der Schnee- und

Seestürme, der Schiffbrüche immer wieder, des brennenden britischen Parlaments, selbst in der sengenden Kraft der Sonne. Er hat das alles gemalt, oft in physischen Attacken auf der Leinwand, mit dem Palettmesser, dem Schaber, dem legendären Daumennagel, wie man es seinen Bildern aus der Nähe ansieht. Und wenn man von hier aus auf seine ›ruhigeren‹ Arbeiten blickt, die Sonnenauf- und -untergänge, den Walliser Rigi zu verschiedenen Tageszeiten, dann soll einen die vielfältig gestufte Oberfläche der atmosphärischen Erscheinung nicht täuschen. Sie ist Ausdruck einer bewirkenden, ambivalenten Gewalt dahinter, die zwar physikalisch einigermaßen bekannt ist, deren verborgener Urheber aber immer noch nicht wegrationalisierbar war. Ganz im Gegenteil: er zeigt sich, indem er sich verbirgt.

Ruskin spricht vom »Geheimnis (mystery) der Klarheit« Turners und davon, daß er über »die Klarheit« hinausgewachsen sei (»he has risen past clearness«). »Freut euch nicht so sehr daran, daß ihr etwas klar seht und wißt, als vielmehr an dem Gefühl, daß es unendlich viel mehr gibt, das ihr nicht wissen könnt.«

Ruskin hat im 4. Band seiner *Modern Painters* (1856) zwei Kapitel dem Dunklen bei Turner gewidmet. (»Obscurity« ist ein vieldeutiges Wort.) Selbst die Wolken haben, heißt es, »auch bei klarem Blick und offener Seele« eine Unerschöpflichkeit, eine Unerfaßbarkeit, die auf den »noch versiegelten Seiten des ewigen Buches beruht«. Und höchste Kunst kann es daher ohne das Dunkle nicht geben (»... nothing can be right, till it is unintelligible.«). Am Ende eines Ringens um Klarheit, Erkennbarkeit, Abbildlichkeit kommt der Punkt, wo Städte und Landschaften, Berge und Meere von der höheren Klarheit (»Wahrheit«, heißt es bei Ruskin) der Wolken und Nebel verdunkelt werden. Schon im 1. Band der *Modern Painters* (1843) hatte Ruskin geschrieben: »In den späten Werken bezeugt sich die Dunkelheit, d. h. die Wahrheit, der Prophetie, die instinktive und feurige Sprache, die weniger ausdrückte, wenn sie mehr sagte, die undeutlich nur durch ihre Fülle ist und dunkel durch ihre überströmende Bedeutung.« (MP I, sect. VI, chap. II, § 6) Jetzt, dreizehn Jahre später und fünf Jahre nach dem Tod Turners, schreibt Ruskin: »...here and there, once in a couple of centuries, one man will rise past clearness, and become dark with excess of light.« (MP IV, 78)

Gott, der sich zeigt, indem er sich in der Wolke verbirgt.

Abendhimmel gegen halb elf
Ein zerschlissenes Kleid, in einer Bodenkammer beim Entrümpeln hochgehoben. Risse, Mottenlöcher, greisenalte Spinnweben mit verstaubten Fäden, aber noch die Geister verschossener Farben, ein Türkis, ein Rosenrot. Fünfzigerjahre und verklemmte Schulbälle. Auf einmal ein weiter Spalt, und es erscheint der makellos polierte Kreis, ein Silberknopf aus dem galanten Zeitalter.

Müde Wolke
Die tonloser werdende Stimme. Weit weg in den Ätherfirnen versikkernd wie das Wasser im Sand nach der Ebbe. Dieses Beinahe-Nicht-Mehr zwischen Da und Weg.

Radierung von Rembrandt

Der Wolkenhimmel
Stille spiegelglatt ziehend
In einer Pfütze.

Die Wolken, fremde Gäste,
hingegossen
auf unsichtbaren Fauteuils.
.

Im Wolkenschatten
dunkler als der Abendhauch
Schlagzeuge im Schnee.
.

Die Atemfrisur
wie die Helle eines Knies
als Abendbeuge.
.

Wir steigen und steigen,
wir jubeln
durchs Engelgefieder hindurch,
wir jubeln uns hoch
zum großen Jäger Orion.

Wäsche im Wind

Schon die Alten haben in den Himmelsgespinsten Tuchbahnen gesehen, gewirkt »am sausenden Webstuhl der Zeit«, Wirkware wie Kelims in der späten Sonne, kühle Bettlaken am trägen Augustnachmittag. Wer hat sie gesponnen, gewebt, geknüpft? Oft haben atmosphärische Erscheinungen zu Begründungssagen geführt, Mythen. Der hundertäugige Argos ist der Sternenhimmel, unter dem der Mond in der Gestalt der Io als Kuh dahintreibt. Die merkwürdige Amboßwolke erinnert an Zeus, der das schwere Eisen an den Leib der Hera hängte, damit sie ihm nicht entwischen konnte, als er sie vor aller Welt auspeitschen wollte, weil sie ihn hintergangen hatte. Die Blitze schießt Gott als Pfeile, auf einem Cherub reitend, hinab, oder Zeus hat ein ganzes Bündel, schlangenförmig von Hephaistos geschmiedet, in der Faust; er ist ja seiner ›Herkunft‹ nach, wie Jahwe, ein Wettergott. Sogar die drei Schicksalsgöttinnen, die Moiren oder Parzen, die Spinnerinnen, haben ihr Urbild am Himmel: Klotho, die den Faden spinnt, ist die Morgenröte, Lachesis, die den Faden durch die Finger laufen läßt, ist der Tag, Atropos, die ihn abschneidet, die Nacht.

Wassily Kandinsky: »Frühling«, 1905

Die textile Gestalt der Wolken in ihrem Zusammenspiel mit dem Wind hat auch die Maler inspiriert. Auf einem Frühlingsbild des jungen Kandinsky flattern drei Hemden an der Leine über einer Blumenwiese: weiß und vom Wind gebauscht wie Cumuluswolken, die Ärmel zu Rollen gedreht. Der Wind ist heftig, das heißt, der Maler erfaßt den einen Moment, in dem die Hemden *diese* Form annehmen. Man begreift auf einmal: Wäsche im Wind ist die einzige Gestalt, in der etwas Irdisches dem Himmlischen entspricht. Ihre Form, ihre Kontur ändert sich ständig, während wir sie betrachten, eben noch bauchig prall, ist sie schon zerrissen, zerflattert, eben noch weiß, dann für Sekunden ein Blau freigebend, kurz durch eine Wolke verschattet, dann wieder hell. Auf Kandinskys Wolken kann man sogar Fratzen erkennen, und ganz rechts hängt ein schwarzer Strumpf in Gestalt eines Amboß. Über den grünen, der Wiese entsprechenden Himmel, sind viele einzelne Wölkchen verteilt, in der Ferne winzig, im Näherkommen um ein Geringes größer, dann zusammengeschoben zum Moment der Cumuli in den drei Hemden, die der Wind gleich wieder zerstieben würde, hingen sie nicht an der Leine.

ZITATE

Percy Bysshe Shelley

Die Wolke

Der dürstenden Au bring ich Regenkühle
    Aus der Seen und Ströme Bronnen,
Und Schatten dem Hain, der in Mittagsschwüle   *Cumulus*
    Ruht von Träumen umsponnen;
Meine Schwingen mit hellem Thau überstreuen   *Stratus*
    Die süßen Knospen all,
Wie sie ruhn an der Mutter, der Erde, Brust,
    Die umtanzet der Sonnenball.
Mit peitschenden Hagels Geißel ich schlage   *Nimbus*
    Grüne Matten, sie weiß überziehend,
Dann schmelz' ich ihn wieder in Regen, und lache
    Im Donner vorüberziehend.

Auf der Berge Höh' mit dem Schnee ich spiele,
   Und die Föhren ächzen voll Bangen;
Ich ruhe des Nachts auf dem weißen Pfühle,
   Von den Armen des Sturmes umfangen.
Hoch oben auf meiner Burg luftigen Zinnen,
   Sitzt der Blitz, mein Pilot!
Und der Donner gefesselt im Kerker drinnen,
   Wie er grollend droht!
Der Pilot mich führet ob Meer und Schlund
   Vorüberschwebend,
Von Liebe bewegt zu den Genien, im Grund
   Des purpurnen Meeres lebend:
Ueber Klippen und Ebenen, und Strömen und Seen,
   Ueber Schlucht, über Steile,
Wo er nur meint, unter Bergen und Höhn
   Der Geist, den er liebt, verweile.
Ich gaukle, wo lächelnd der Himmel mir blaut,
   Während in Regen er niederthaut.

Der blutige Morgen, die Augen Meteore,
   Die Schwingen von Flammen umfaßt,
Springt auf mein Boot aus östlichem Thore,
   Wenn der Morgenstern erblaßt:
Wie auf dem Gipfel der Alpensteile,
   Die ein Erdkrampf schüttelt und bricht,
Ein mächtiger Aar ruht kurze Weile
   In der goldenen Schwingen Licht.
Wenn aus leuchtender See der Abend haucht
   Seine Gluthen voll Liebe und Ruh,
Und sein Leichentuch, in Purpur getaucht,
   Die Tiefen des Himmels deckt zu:
Ruh' ich droben im luftigen Himmelsreich
   Der brütenden Taube gleich.

Die Jungfrau umkränzet mit silbernem Feuer,
   Von Menschen der Mond genannt,
Gleitet schimmernd auf meinem wolligen Schleier,   *Cirrus*
   Gebreitet von Windeshand.
Und wo sie geht mit unsichtbaren Füßen,
   Deren Tritt hören Engel allein,
Und das Dach meines luftigen Zelt's hat zerrissen,
   Da lugen die Sterne herein.

Und ich lach', wenn wie goldener Bienen Kreise
    Sie schwärmend in Wirbeln sich drehn,
Wenn mein windgebautes Zelt ich aufreiße,   *Cirrocumulus*
    Bis die glatten Flüsse und Seen,
Gleich Stücken des Himmels von droben gefallen,
    Von Sternen voll unter mir wallen.

Meine Dünste mit Perlen den Mond umweben,   *Cirrostratus*
    Die Sonne mit Schimmer von Gold;
Die Vulkane bleichen, die Sterne erbeben,
    Wenn der Sturmwind mein Banner entrollt.
Von Cap zu Cap eine schwindelnde Brücke
    Bau' ich über den Ocean –
Einen Dom, nie durchdrungen vom Sonnenblicke
    Als Säulen, Berg und Vulkan.
Das Siegesthor, durch das ich mit Blitzesloh'n
    Und Sturmwind komm gezogen,
Wenn die Mächte der Luft zu meinem Thron
    Gefesselt – der Regenbogen.
Die Sphären droben mit milder Pracht,
    Unten erquickt die Erde lacht.

Ich bin von der Erd' und dem Meer geboren,
    Ein Pflegling der Luft: ich flieh
Durch des felsigen Strandes, des Meeres Poren,
    Ich wandle mich: sterbe nie.
Denn wenn nach dem Regen klar und rein
    Das Zelt des Himmels zu schaun,
Und der fegende Wind und der Sonnenschein
    Die luftigen Dome erbaun,
Lach' ich still meines Grabmals in blauer Luft,
    Und aus Regens Gruft kehr' ich wieder,
Wie ein Kind aus dem Schooß, ein Geist aus der Gruft,
    Zurück und reiße es nieder.

(›The Cloud‹ wurde 1820 veröffentlicht; die Übersetzung von Julius
Seybt erschien 1844. Die Zuschreibung zu den Wolkentypen stammt
von John E. Thornes. Er bemerkt dazu:»Der einzige Wolkentyp, den
Shelley nicht beschreibt, ist Cumulostratus, was interessant ist, weil es
die einzige Howardsche Wolkenform ist, die nicht überlebt hat.«)

Die Tonmalerei Richard Wagners

»Unendliche Melodie« und »Chromatik« sind Ausdrücke, die einem beim Anblick der Wolken einfallen mögen. Es ist keine Melodie, die wir nachpfeifen können; sie zieht sich in die Höhe oder Tiefe weiter und weiter, aber so, daß wir auf den Zug hinhören, hinsehen als »das stets voll und ganz *Gegenwärtige* in seiner höchsten ›Deutlichkeit‹« und dabei die Farbübergänge in winzigsten Schritten wahrnehmen. Beim Anblick der Wolken vergessen wir, was wir von Kälte- oder Wärmeströmen oder ihren Gestalttypen wissen – sie sind *da*, hier, jetzt, und versetzen uns in eine bestimmte Stimmung, die eine Saite in uns zum Klingen bringt, die wir vielleicht ahnen, aber nicht kennen. »Die Melodie ... ist das gewollte und dargetane Unwillkürliche, das bewußte und deutlich verkündete Unbewußte, die gerechtfertigte Notwendigkeit eines aus weitester Verzweigung zur bestimmtesten Gefühlsäußerung verdichteten, unendlich umfangreichen Inhaltes.« (*Oper und Drama*, 274) (Wagner spricht auch vom »unendlichen Gebärungsvermögen der Musik«.) Vom Miterklingen der Harmonie zur Melodie ist die Rede. Die senkrechte Kette »ist der harmonische Akkord, der als eine vertikale Reihe nächst verwandter Töne, aus dem Grundtone nach der Oberfläche zu aufsteigt. Das Mitklingen dieses Akkordes gibt dem Tone der Melodie erst die besondere Bedeutung«. (*Oper und Drama*, 289) Wir sehen in der Wolke nicht nur *diesen be- stimmten* Übergang, wir haben zugleich das Ensemble der prozessualen Dynamik der ›horizontalen‹ und ›vertikalen‹ Züge vor Augen, ihr Klangfarbenspektrum in den Übergängen. Wagner nannte »die Kunst des Ueberganges« »seine feinste und tiefste Kunst.« »Mein grösstes Meisterstück in der Kunst des feinsten allmählichen Ueber- ganges ist gewiss die grosse Scene des zweiten Actes von Tristan und Isolde.« (An Mathilde Wesendonck, 189)

»Der Gegenstand des Tongemäldes konnte nur ein Moment aus dem Naturleben oder aus dem Menschenleben selbst sein«, also Mo- mente, die im Fluß, in Zuständen der Veränderung sind. »Eine ferti- ge, geschaffene Melodie ... blieb uns unverständlich, weil willkürlich deutbar; ... wie die Natur uns unverständlich blieb, so lange wir sie als etwas Erschaffenes ansahen, wogegen sie uns jetzt verständlich ist, wo wir sie als das Seiende, d.h. das ewig werdende, erkennen, – als ein Seiendes, dessen Werden in nächsten und weitesten Kreisen uns stets gegenwärtig ist. Dadurch, daß der Dichter sein Kunstwerk uns im steten organischen Werden vorführt, und uns selbst zu organisch mitwirkenden Zeugen dieses Werdens macht, befreit er seine Schöpfung eben von allen Spuren seines Schaffens...« (*Oper und Drama*, 329f.) Das Kunstwerk ist also nicht das Fertige, es ist das Werdende.

Maler wie Delacroix, Turner, Constable haben gezeigt, daß Wolken sich auch als Werdende (und Vergehende) skizzieren, zeichnen, aquarellieren, ja in Öl malen lassen.

Was in Wagners Beschreibungen der Verfahren und Absichten seiner Musik sich als Wolkenmalerei vorstellen läßt, hat er in der Bühne des Bayreuther Festspielhauses selbst visualisieren lassen. Die Bühne hat zwei Proszenien, deren hinteres »die wundervolle Täuschung eines scheinbaren Fernerrückens der eigentlichen Szene zu versprechen hatte, welche darin besteht, daß der Zuschauer den szenischen Vorgang sich weit *entrückt* wähnt, ihn nun aber doch mit der *Deutlichkeit der wirklichen Nähe* wahrnimmt«. Zwischen dem Zuschauer »und dem zu erschauenden Bilde befindet sich nichts deutlich Wahrnehmbares, sondern nur eine, zwischen den beiden Proszenien durch architektonische Vermittlung gleichsam *im Schweben erhaltene Entfernung*, welche das durch sie ihm entrückte Bild in der *Unnahbarkeit einer Traumerscheinung* zeigt, während die aus dem ›mystischen Abgrunde‹ geisterhaft erklingende Musik, gleich den unter dem Sitze der Pythia dem heiligen Urschoße Gaias entsteigenden Dämpfen, ihn in jenen begeisterten Zustand des Hellsehens versetzt, in welchem das erschaute szenische Bild ihm jetzt zum wahrhaftigen *Abbilde des Lebens selbst* wird«. (›Festspieltheater von Bayreuth‹, X, 37 f., Hervorhebungen von K.R.) Es sind die Dämpfe unserer inneren Pythia, die zu den Wolken aufsteigen und in ihnen die eigenen Traumerscheinungen sich bilden lassen, die deutungsbedürftig werden.

»Der Gegenstand des Tongemäldes konnte nur ein Moment aus dem Naturleben ... sein.« Kleinste Übergänge, Deutlichkeit und Ferne zugleich, unendliche Ausdehnbarkeit, die Chromatik (ein Wort aus der Farbenlehre), die das System der (immer formal rückgebundenen) Tonalität sprengte – lauter Kriterien für Wolkenbeschreibungen.

Tambora

Am 5. April 1815 explodierte auf der kleinen Insel Sumbawa, im Westen Javas, der Vulkan Tambora, ein 4200 Meter hoher Berg, und blieb tätig bis zum 14. April, mit dem Höhepunkt am 10. Es gab insgesamt einen Ausstoß von 150 Kubikkilometern an vulkanischem Material. Dörfer, Städte, ganze Fürstentümer Indonesiens verschwanden unter der Lava; nur etwa ein Zehntel der Bevölkerung überlebte. Asche, Gase und Schwebeteilchen, sogenannte Aerosole, veränderten die Atmosphäre global, die sich zunehmend trübte, was zu einem Sinken der Temperatur, Dunkel und eigenartig glutroten Sonnenuntergängen führte.

Die Folgen des Tambora-Ausbruchs erreichten Westeuropa im Frühjahr und Sommer 1816: Dauerregen, dunstige Nebel, abgedunkelte Atmosphäre, verfaulte Feldfrüchte, Fischsterben, Hungersnöte. Goethe schrieb an Zelter von »unsrem cimmerischen Sommer«. 1816 wurde ›das Jahr ohne Sommer‹ genannt. Den Zusammenhang mit dem Vulkanausbruch sah man allerdings nicht, sondern vermutete als Ursache für das Wetter eine Zunahme der Sonnenflecken. Aber eine Folge war auch, daß man in Europa und Nordamerika das Wetter systematisch zu protokollieren begann.

Damit angefangen hatte Luke Howard, der Namengeber der Wolkenformen, der seit 1806 tagtäglich das Wetter in und um London aufzeichnete, nach Windstärke, Luftdruck, Luftfeuchtigkeit, Temperatur, Wolkenbildung, Regenfällen. Außerdem benutzte er Zeitungsberichte über den Wetterstand in anderen Teilen der Britischen Inseln und unterhielt ein Korrespondentennetz mit Informanten in Holland, Deutschland, Frankreich, Rußland, Nordamerika und den Westindischen Inseln. Seine Protokolle reichen bis zum Sommer 1819 und erschienen unter dem Titel *The Climate of London, deduced from Meteorological Observations, made at different places in the neighbourhood of the Metropolis.* Goethe, der sich seit 1815 mit Howards Wolkenlehre befaßte, ließ das Werk rezensieren.

Für ›das Jahr ohne Sommer‹ protokolliert Howard im Juni und Juli Raureif, Dauerregen, Kälte, ein Erdbeben in Schottland. Auf einer Reise von Amsterdam bis Genf sieht er die Überschwemmungen von Dörfern und Städten, geborstene Deiche und Brücken.»In der Schweiz sah ich den Schnee vom vergangenen Winter in großen Massen liegen, in den Senken der Jura-Kette und bei Genf, der üblicherweise im Sommer geschmolzen ist, und das in einer Zeit, als der neue Schnee bereits zu fallen begann.«(I, o.Ss., Table CXX)

Zur selben Zeit, im Juni 1816, flüchteten Percy Bysshe Shelley und Mary Wollstonecraft aus dem winterlichen London, um mit ihrem Freund Byron und dessen Arzt John William Polidori in einer Villa oberhalb von Genf einen warmen Sommer zu verbringen. Sie gerieten in Schnee, Kälte, Dunkelheit und konnten das Haus kaum verlassen. Sie lasen sich deutsche Gespenstergeschichten in französischer Übersetzung vor, der Freund Matthew Lewis, genannt ›Monk Lewis‹ nach seinem berühmten Schauerroman *The Monk*, kam vorbei und erzählte Gespenstergeschichten, die Shelley aufzeichnete, und so kam der Gedanke auf, jeder solle sich in dem Genre versuchen. Geblieben davon ist das Gedicht ›Darkness‹ von Byron, ein Gedicht Shelleys, ›The Vampire‹, aus dem Polidori eine Erzählung machte, vor allem aber Marys Roman *Frankenstein*, den sie als Mary Shelley veröffentlichte. Die große Anklage des Monsters gegen seinen Schöpfer hat sie in die Eiswüsten des Polarkreises verlegt. In Wirklichkeit sah sie die Gletscher wachsen und wachsen. P. B. Shelley hat in seinem großen Mont-Blanc-Gedicht (datiert vom 23. Juni 1816) das Zerstörungswerk der Gletscher beschrieben – »... sie kriechen / Wie Schlangen auf der Beutejagd...«– und vernichten in ihrem»perpetual stream« alles Leben, Wälder, Mensch und Tier. Shelley verdichtet das Eis zu den Lavaströmen des Vulkans, den er nicht kennen konnte, der aber die Ursache der ungewöhnlichen Gletscherbildung war.

Proust erzählt, daß der junge Marcel von seiner Großmutter die Photographie eines Bildes von Turner geschenkt bekam: den Ausbruch des Vesuvs. Das Original ist ein Aquarell, datiert 1817. Turner reiste aber zum ersten Mal 1819 nach Italien, er kann also 1817 keinen Vesuv-Ausbruch gesehen haben. Vermutlich haben die spektakulären Himmelserscheinungen der Tambora über England Turner zu seinem Bild inspiriert, das er nach den in Mode kommenden Vulkanbildern nach dem Vesuv benannte. Es war aber gerade dieses Bild, als Radierung, das die erste Begeisterung Ruskins für Turner auslöste. Proust, der unermüdliche Leser – und Übersetzer – Ruskins, mag bei ihm auf das Bild Turners gestoßen sein.

Rittershoffen, 9. Juni 2014
Auf dem Pfaffenschlick in den Vogesen: reiner, wolkenloser blauer
Himmel noch gegen 19 Uhr, immer noch sehr warm (um 30 Grad).
Von Osten, vom Schwarzwald her, eine weiße Wolkenschicht, die
den ganzen Himmel langsam überzieht, monochrom, einfach wie
der Wechsel von reinem Blau zu reinem Weiß aus der Tube. Über
dem Kopf werden kleinere, ausgefranste Schichtwölkchen sichtbar,
die aber bald in der Decke verschwinden. Als die Decke, sachte,
sachte, den Himmel vollständig überzogen hat, ist die Sonne
verschwunden. Sie hat sich die Decke über den Kopf gezogen und
sich zur Ruhe begeben. Am Fußende, über dem Schwarzwald,
erscheint das Himmelsblau wie zuvor. »Wie Spitzenunterwäsche
blaut die Weite.« (Joseph Brodsky)
Auf der Rückfahrt, über Lobsann und Soultz, im Westen rötliche,
übereinander geschichtete Streifen, ein ruhig gehender Atem. Im
Süden sanft treibendes weißes spöttisches Gewölk, zwischen dem
manchmal die bleiche schwangere Mondin sichtbar wird, ununterscheidbar ihr Weiß von den sie umgebenden Schleiern. Der Gott hat
sich eingerollt und überläßt die geschändete Jungfrau dem Spiel
und Gespött seiner Kreaturen.

10. Juni 2014
Gegen acht im Nordwesten eine riesige Cumulusversammlung,
gleißendes Weiß, in Gestalt einer Scholle, die das Maul aufsperrt,
darüber die Britischen Inseln, bevor sie die heutige feste Form
annahmen. (Die Welt im Werden.) Rechts des japsenden Schol-
lenmauls schwarze Scherenschnitte von noch nicht erfundenen
Tieren. (Gott probiert Formen aus.) Die Scholle macht Anstalten,
die ungeschaffenen Leiber zu verschlingen. Ein Beispiel für die
Entfernungen zwischen den Wolken: die Sonne erleuchtet die
Scholle, steht aber im Rücken der Britischen Inseln und der
Scherenschnitte.
Wieder eine Stunde später (nach neun, eine halbe Stunde vor
Sonnenuntergang) hat sich die weiße Wolke in eine orangerote
Feuerwand verwandelt, als brenne in der Ferne die große Stadt
Paris. England ist in den Flammen verschwunden, die nach Osten

abgeknickten Silhouetten sehen aus wie verkohlte Ruinen von Bäumen und Häusern.

Südwestlich von der rotglühenden Brandwand vier Mündungsfeuer an den Läufen langer Kanonen: das Geschützfeuer von der Festung Landau über die Maginot-Linie hinweg.

Im Süden ein bleicher einsamer verlorener Mond. Um Mitternacht beleuchtet er die Wolken vor ihm, so daß sie schwarz erscheinen. Sie ziehen ruhig vor ihm her, westwärts, und wenn sie ihn einmal partiell überdecken, wird sein Licht grünlich-fahl. Verwest. (Ein Turner-Effekt.)

11. Juni 2014

Gegen sieben im Westen ein langes breites Leintuch, fein gesponnen, fein gewebt, das in der Mitte leicht durchhängt wie ein noch so straff gespanntes Seil. Oder ein Wäschestück auf der Leine. Darüber eine mittelalterliche Burg mit Bergfried, Mauern, Zinnen, dem Schurgraben. Der Bergfried verwandelt sich in einen Riesen, der mild auf die Welt da unten mit ihren Spielzeughäusern herab-schaut. Von Südwesten nähert sich ein weißer Wirbel, der das Lein-tuch nach oben zieht, um den Lendenschurz des Herrn profanen Augen zu entziehen. Um so strahlender leuchtet das Licht der Welt in Westnordwest, das nur erst schwach durch das Tuch gedrungen war. Keine Abendkühle, nur ein schwaches Wehen in den Bäumen. Die Spatzen, Amseln und Finken beeilen sich, das Abendbrot zusammenzusuchen.

Die Sonne hatte den Himmel leergeräumt. Nur noch Himmelsbläue überall. Jetzt, gegen halb neun, nähert sich von Südwest langsam, horizontal zur Landschaft, ein weißer Engel: ein Lockenköpfchen, kurze Flügel, über der Brust verschränkte Arme, ein langes fließendes Gewand, wie bei Blakes Engeln oder denen Botticellis in den Dante-Illustrationen. Allmählich teilt sich der Engel quer: oben der Kopf mit den Puttoflügeln, darunter, kopflos, üppige Frauenbrüste, die aus dem langen Gewand herausragen. Der Doppelengel – oder die beiden Aspekte des Einen – halten Kurs auf die Sonne, die sich leicht, verschämt oder mißbilligend, umwölkt.

Noch um Viertel vor zehn, nach Sonnenuntergang, rötliche Federwölkchen im Osten und Süden. Die sichtbare Präsenz in der Abwesenheit. Zwischen dem fröhlichen Rosengewölk eine krankhaftbleiche Jungfernmondin: »Rühr mich nicht an!«

Rittershoffen, 8. August 2014
Am Abend Cumulostratus fractus, die erdbraune, dick gerippte Haut einer Schnecke, die, Fühler voraus, am Himmel entlangkriecht auf der Suche nach Salat. Das schwere Haus mitzuschleppen hat der Herr ihr für diesmal erlassen. (Aber es ist keine Nacktschnecke.)

Die Spitzen von vier Tannen im Garten der Nachbarin, darüber Altocumulus stratus – die fast genaue Replik eines Bildes von Constable, nur daß hier eine Tanne zuviel ist, wenn ich mich richtig erinnere. Um Mitternacht der gelbglühende Vollmond im Süden, an dessen linkem Rand ein oranger Streifen sichtbar wurde. Nach kurzem war der Mond von dunklen Flecken (Cirrostratus nebulosus) überzogen, deren Kristalle die Farbbrechung hervorgerufen hatten. Da fiel mir ein, daß dieser Wolkentyp schon nach Sonnenuntergang zu sehen war, orange-rot.

11. August 2014

Schon am Vormittag im Südosten Cirrus uncinus, die Turbulenzen anzeigenden Hakenschleier. Den Tag über Cumulusstratus-Verdichtungen über den ganzen Süd- und dann Südwesthimmel, die sich durch den starken Wind in der Höhe in kleine Päckchen teilen und unten zu riesigen Regenwolken verdichten, die direkt über dem Kopf zu hängen scheinen. Als ein einmotoriges Flugzeug sich ihnen nähert, sehe ich, daß sie weit entfernt sind. Zwischendurch wieder Cirri uncini, frei hängende Kommas am Himmel ohne Text, ein heilloses Durcheinander. Bei Sonnenuntergang gegen neun ein langer goldener Streifen über den Maislanzen, darüber eine sich hochziehende, fast monochrome hellviolette Fläche wie auf Bildern Friedrichs oder Jan van Goyens. Vermutlich rührt die Erscheinung von den kristallinen Cirri her. Der trügerische Eindruck einer abgeklärten, priesterserenen Abendstimmung, horchende Stille wie bei einer *galene*, der Meeresstille, auf die bald ein wütender Sturm folgen wird.
Die Turbulenzen kündigten sich am gestrigen Mond schon an, die sich in der Nacht in heftigen Güssen entluden. Den Tag über war es hier unten friedlich, oben wilde Jagd.

12. August 2014

Elf Uhr vormittags. Von Osten her eine Armee von Stratocumulus-Wölkchen-Päckchen im Anmarsch, geordnete, gradaus gerichtete Reihen. Im Westen niedrige, kompakte Cumulostratus, noch ohne Tendenz zu Nimbus. Ich hatte befürchtet, daß das östliche Heer dem westlichen auf den Fersen ist, aber je näher sie sich kamen, desto eiliger hatten sie es, sich gemeinsam im Äther dünnzumachen.

14. August 2014

Chaotische Wechsel, blauer Himmel, dann plötzlich heftige, kurze Schauer. Gegen Abend Altostratus translucidus – verschleierte, orange Sonne, darüber breite lila (violette) monochrome Fläche. Die Altostratus scheint sich in der Nacht zu Nimbostratus verdichtet zu haben, jedenfalls die Nacht über Dauerregen.

15. August 2014

Eine einzige graue Wolke in allen Himmelsrichtungen. Dauerregen. Um Mittag reißt der Himmel auf, erst noch eine verschleierte Wolke, die aber entferntere Cumuli weiß erleuchtet. Um eins schafft sie sich Platz, und sofort entsteht eine *feuchte Wärme*. Kurz darauf ist alles wieder dicht, und heftiger Regen setzt ein.

MYTHEN 4

Io, die Wandelnde

Jupiter verliebte sich in die Tochter des Flußgottes Inachos, die Naiade Io, zu Argos. Sie aber floh vor ihm, weit über die Meere und Länder der bekannten Welt. »Da verhüllte der Gott mit dunklen Wolken auf weite/Strecken das Land, hielt auf ihre Flucht und raubte ihr Magdtum.« (Ovid, Metam. I, 599 f.) Ovid benutzte nicht das geläufige Wort für Wolke, nebula, sondern caligo, worunter bedeckender, verdüsternder Dunst zu verstehen ist, dichter Nebel, Dampf, Rauch.

Genau diese Wolke, caligo, Wolkendunst und Nebeldampf, läßt Correggio auf die Schöne sich senken, auf sie einstürmen. Er zeigt Io als makellosen, durchbebten Rückenakt, die weit offenen Arme, das schimmernde linke Bein – keiner, heißt es, hat Haut so täuschend-verführerisch gemalt wie Correggio – , die ahnbar geöffneten Schenkel, das durchscheinende, vorgewölbte Becken, den zurückgeworfenen Kopf im Halbprofil mit den leicht geöffneten verlangenden Lippen, rötliches frisiertes Haar, eine Dame von Stand. Die Finger der rechten Hand am aufgestützten Arm sind gespreizt, Daumen und Index, nicht in Abwehr, eher als Zeichen »Achtung! Jetzt!«, während die Linke die Tatze eines unholden Wolkengetiers sehnsüchtig umfaßt und an sich / in sich zieht. Die ganze Gestalt reckt sich Ihm entgegen, dessen Gesicht, kaum sichtbar im Nebel, mit dunklen Augenhöhlen und spitzer Nase, das ihre berührt. Es ist der Augenblick, in dem die Sinne schwinden, in dem ein feuchter Traum noch festgehalten werden will, bevor er sich auflöst wie ein Dunst. Und das Feuchte, das Dunstige, das Wolke werden will, ist zugleich das Element, dem Io, die Naiade, entstammt. Sinnlicher und zugleich dämonischer ist Verführung selten dargestellt worden. (Correggio malte ›Jupiter und Io‹ um 1530 für den Herzog von Ferrara.)[1]

Aber die Geschichte geht weiter. Die immer lauernde Juno bemerkt in der Landschaft ein Nebelgebilde, für das es

Antonio da Corregio : »Jupiter und Io«, um 1530

1 Im Kupferstich nach Correggio von Francesco Bertolozzi (Paris, BN, Kupferstichkabinett) sieht man mehr: die Tatze wird zu einer Hand, die den Leib umfängt, und statt der spitzen Nase ist ein ganzer Kopf da mit Kraushaar und Stirn, aber die Konturen bleiben trotzdem umwölkt, die Mädchenträume einer Gerty MacDowell.

meteorologisch keinen Grund gibt, und verdächtigt den Gatten auf Abwegen. Der wiederum merkt, daß sie ihm auf die Schliche gekommen ist, und verwandelt Io – durch eine *Berührung* – in eine Kuh. Sie ist so schön, heuchelt Juno, daß sie sie als Geschenk fordert. Um des lieben Friedens willen willigt der Ertappte ein.

Da aber Juno argwöhnt, der Göttliche könnte die Kuh auch in Gestalt eines Stiers begatten (was er später in der Geschichte auch tut), bindet sie die Kuh an einen Ölbaum und läßt sie von dem hundertäugigen Argus bewachen. Da schickt Jupiter den Merkur, um den Wächter zu töten. Es kostet den verschlagenen Götterboten einige Mühe, hundert Augen gleichzeitig zum Schlafen zu bringen, aber es gelingt.

Der junge Nicolas Poussin hat die Szene gemalt. (Berlin, Gemäldegalerie) In der Bildmitte, über einer Baumgruppe, eine große weiße Wolke, die Merkur eilig flüchtend bestiegen hat, um sich aus dem Staub zu machen. (Merkur bedarf zum Fliegen natürlich keiner Wolke, denn er hat Flügel am Helm und an den Füßen. Sie ist hier das Erinnerungszeichen für die Verführungswolke, göttlicher Samenschaum.) Unter der Wolke, unter der Baumgruppe steht die weiße Kuh – der Schwanz hochgereckt, der Kopf gesenkt, mit verklärtem Blick sich die Lippen leckend, die vier Beine gestreckt, wie um davonzustürmen. Daneben Juno, kniend vor dem toten Argus. Stillstand und Bewegung. Trauer und Befreiung. Der kurze Moment der Gleichzeitigkeit der Gegensätze.[1] Im nächsten Moment wird Io, die Kuh, losrasen, wird Juno aus ihrer Trauer erwachen und ihr eine Pferde- oder Ochsenbremse ins Fell setzen. (Myops, die Bremse, der Stachel; in dem Wort steckt ›myeo‹, die Augen schließen: es gibt also in den Wörtern die Verbindung zwischen der Ermöglichung des Mordes durch den Schlaf und der Strafe durch den Stachel der Bremse, der Io wachhält: Io, von ienai, gehen, die Wandlerin.

Io rennt, von rasendem Schmerz getrieben, durch den Erdkreis, von Dodona, dem ältesten Orakel, aus über das Ionische, nach ihr benannte Meer, zum Donaudelta, ums Schwarze Meer, die Krim bis zum Kaukasus, wo sie den an einen Fels geschmiedeten Prometheus trifft. Damit sind wir ein halbes Jahrtausend vor Ovid zurück bei Aischylos.

---

1 Zum Vergleich: Turners Bild ›Tötung des Argus‹ mit drei (!) Kühen.

Io (*kommt in wilder Heftigkeit daher gestürmt*):
Weh mir! Weh mir!
Es sticht mich Arme, mich die Bremse wieder!
Des erdgebornen Argos Schatten scheucht mich
Ich seh' den Tausendäugigen, meinen Hüter,
Und er umschleicht mich, [...]
...
Was denn an mir, o Kronos Sohn, was denn an mir
Hast du Ursach' erkannt, daß du solch Qualenjoch
Auf mich gelegt, wehe!
Mit dieser wahnsinngeißelnden Angst
Mich Qualzerrüttete also marterst?

(*Der gefesselte Prometheus*,
übers. Johann Gustav Droysen, v. 567ff.)

Io erzählt ihre Geschichte:
In wahren Worten sollt ihr, was ihr wünscht,
Vernehmen, ob mich gleich Schaamröth' umwallt,
Wenn ich des Unglücks gottgesandten Sturm
Erzähl', und die Zerrüttung der Gestalt,
Woher sie mir, der Jammerhaften kam!
Es schwebten nächtliche Gesichte stets
In mein Gemach, und flüsterten mir zu
Mit glatten Worten: O Glückselige,
Wie lange bleibst du Jungfrau, da der Glanz
Der größten Hochzeit dich erwartet? Zeus
Entbrannte gegen dich vom Pfeil der Lust
Und wünschet in Kypris Bunde dich zu frein.
Verschmäh', o Jungfrau, nicht das Bette Zeus!
Lustwandle hin nach Lerna's tiefer Au',
Wo deines Vaters Schaaf' und Rinder weiden,
Dort stille seiner Augen Lüste Zeus.

(*Prometheus in Banden*,
übers. v. Friedrich Leopold Grafen zu Stolberg (1802), S. 37f.)

Nächtlich wird sie von den gleichen Träumen erschreckt, beglückt,
die sie endlich dem Vater erzählt. Der schickt nach dem Orakel: ja, er
solle die Tochter aus dem Haus und auf die Weide treiben:

Nun ward die Bildung mir, und ward der Sinn verkehrt,
Ihr seht, ich bin gehörnt; mit scharfem Stachel
Stach mich die Brems', in Sprüngen kam ich, von Wuth
Getrieben zu Kenchreia's schönem Strom
Und bis zur Quelle Lerna's. ...
.... mich verfolgt
Mit gottgegebner Geißel immer noch
Die Brems' aus einem Land' in's andre Land.

(Stolberg, 38)

Was auffällt, sind die Lücken. Kaum hat der Vater sie ausgesetzt, werden ihr *sofort* (euthys) Gestalt und Verstand verrenkt, wird sie gehörnt. Es gibt kein Liebesspiel mit der Begehrten. Und im Moment der Verwandlung, im selben Satz, treibt sie der spitze Dorn der Bremse zur Raserei und in die Flucht. Woher die Bremse kommt, ist nicht gesagt, Heras Name wird nicht genannt, aber sie ist im Ablativ versteckt: nastigi *theía*,»mit göttlicher Geißel« (v. 682).

Io will von Prometheus, dem Vorhersehenden, wissen, wann ihre Qual enden wird. Sie wird rasen müssen, gepeitscht, durch alle Länder und Meere der bekannten Welt – Europa, Asia, Arabia, Africa –, bis sie zum Nildelta gelangt:

Dort gibt dir Zeus des Geistes klare Kraft zurück,
Berührend nur, liebkosend dich mit linder Hand;
Dort wirst du den dunklen Epaphos gebären, der
Nach Zeus' geheimer Kraft genannt, die ihn gezeugt,
So weit der flurentränkende Nil fließt, ernten wird.

(Droysen, v. 848 ff.)

Es ist ein sprechender Name, den der Sohn trägt: Epaphos, der durch Berührung, durch Handauflegen Gezeugte. (Wie anders läßt sich eine Wolke schwängern?) Aus dem fünften Geschlecht nach ihm wird dann durch Danaos »ein kühner Held entspringen, der Held des Bogens«, Herakles, der Prometheus erlösen und die Herrschaft des Zeus beenden wird.

Eine merkwürdige Mythe: die Hetze einer gehörnten weiblichen Gestalt durch den gesamten Erdkreis. Die Alten haben sie, wie so oft, als Verbildlichung eines Naturphänomens verstanden: Io, die Gehende, als die wandelnde Mondin mit den Sichelhörnern des zu-

und abnehmenden Gestirns unter den Augen des Argos Panoptes, des Sternenhimmels. Nicht recht ins Bild paßt das Rasen, das Gehetztwerden der Io (»…im Kreis rollt wild das verwilderte Aug'. / Von der Bahn mich hinweg reißt Wahnsinns Sturm.« Droysen, v. 386), denn der Mond zieht gelassen seine Bahn. Ein gehetzter Mond ist vorstellbar nur im Gewölk, womit das, was sie ins Unglück brachte, ihr Fluch, immer um sie ist, als wären sie die sie verfolgenden Furien. In der Io-Szene des *Prometheus* kommt die Wolke nicht vor, weil sie nicht vorzukommen braucht – sie ist allgegenwärtig als ›Hetzmeute‹ (Canetti). Jedem Zuschauer war der Anfang der Geschichte in der Wolke bekannt, denn Aischylos hatte sie in einer früheren Tragödie, den *Schutzflehenden*, als Auslöser generationenlanger Verwicklungen nacherzählt. Später, im *Prometheus*, erfährt die lokale Episode ihre Erweiterung in den die Kontinente überspannenden Raum. Ohne die rasenden Verdunkelungen durch die Wolke, im Wahn, ist Io als Mondin nicht vorstellbar.

In den Schutzflehenden, den *Hiketiden*, ist die Nachgeschichte der Io das Thema. Der Enkel des Epaphos hat zwei Söhne, Danaos und Aigyptos, von denen der eine fünfzig Töchter, der andere fünfzig Söhne hat. Nach dem Sittengesetz ›gehören‹ den Söhnen die (rechtlosen) Töchter, ihre Cousinen, die sich ihnen aber durch die Flucht nach Argos entziehen. Hier setzt die Tragödie ein, und der Chor der Danaiden trägt ihre Rückkehr zum Ursprung vor:

> …zu landen am Argosstrande, woher
> Ja unser Geschlecht, das der schweifenden Kuh
> Vom Berühren, vom sanft anwehenden Hauch
> Des Kroniden sich rühmt zu entstammen.
> (Droysen, v. 16ff.)

(Mit dem Berühren ist der Name des Stammvaters, Epaphos, gesetzt, aber mit dem Anhauch, epípneua, kommt noch ein anderer Schopfungsvorgang ins Spiel: der göttliche Atem einerseits, das Schnauben, epipneo, des Stiers andererseits. Wie ist er denn nun entstanden, der Io-Sohn, und wo? In Argos oder in Ägypten?) Wie auch immer, der Fluch der Göttin verfolgt die Nachkommenschaft über Generationen – durch jagende Gewitterwolken:

O Zeus, der Io Qual, Götterzorns Geißel war's!
Heras Last fühl' ich, der Himmelbesiegenden!
Denn ein schwerer Sturm
Sendet mir diese Schloßen!
(Droysen, v. 163 ff.)

Die Vorgeschichte des Mythos wird anders erzählt: Es ist Hera, die
das Mädchen, ihre Priesterin, in eine Kuh verwandelte und der sich
Zeus »als kuhbrünst'ger Stier von mächt'gem Wuchs« näherte. (Wie
klug-frivol hat Ovid davor die Wolkenumarmung gesetzt!) Dann Argos und danach die Bremse, dann, in einem Chorlied, das Rasen über
Länder und Meere, gehetzt wie Wolkenzüge, »Halb Kuh, halb Weib«,
die Kentaurin am Himmel. Dann die erlösende Rückverwandlung in
menschliche Gestalt durch »göttlichen Anhauch« und deren Frucht,
»des Hauches Sohn«, das Wind- und Wolkenkind.
Zwar hat der Fürst von Argos die Mädchen zu schützen versprochen,
aber er ist fern in der Stadt, und es kommen die Schiffe der Aigyptos-
Söhne, sie zu entführen. In ihrer Angst suchen die Mädchen Zuflucht
ausgerechnet bei dem Wetterbild, das einst das Unheil über die Ur-
mutter brachte:

O stieg ich als schwärzlicher Rauch
Den Wolken nah empor zu Zeus,
Ja ganz unkenntlich, weggeweht, unsichtbar,
Wirbelnd wie Staub, flügellos, o verging' ich!
Und:
O gäb es eine Stätte hoch im Äther dort,
An der die nebelfeuchte Wolke wird zu Schnee.
(Droysen, v. 779 ff.)

Der tiefere Sinn dieses Wunschbildes mag aus der alten Vorstellung
stammen, daß nur der Stoff, der das Unheil brachte, es wieder heilen
kann. Nur der Pfeil, der die Wunde schlug, kann sie schließen. Das
Pharmakon: Gift und Heilmittel. Similia similibus.
Und Io? Sie umkreist noch immer Jupiter, ohne je zu ihm gelan-
gen zu können. Als Mondin am Nachthimmel. Galilei hat sie 1610
mit dem Fernrohr entdeckt, und dazu drei weitere Geliebte des Gottes: Europa, Kallisto, Ganymed.

Io ist die dem Jupiter nächste Mondin. Ihre Vulkane stoßen Sauerstoff- und Schwefelionen ins All aus, die vom Magnetfeld des Planeten eingefangen werden und seine Polarlichter zwanzigmal stärker leuchten lassen als die auf der Erde. Die Raumsonde Juno, seit fünf Jahren unterwegs, wird bei Erscheinen dieses Buches das Magnetfeld des Jupiter sondieren. Immer noch.

MALER 4

William Turner 2

Regulus

Unter Turners Bildern zu Themen aus der römischen Geschichte gibt es eins, das den Namen eines für seine Tugend legendären Konsuls trägt: Regulus. Dieser Marcus Attilius Regulus hatte im Ersten Punischen Krieg die Karthager besiegt, war dann, auf Grund einer politischen Kurzsichtigkeit Roms, von den Karthagern gefangengenommen und unter Eid nach Rom zurückgeschickt worden, um über einen Gefangenenaustausch zu verhandeln. Er riet als loyaler Römer dem Senat davon ab, kehrte aber als ebenso loyaler Eidpflichtiger nach Karthago zurück und wurde zu Tode gemartert. Nach der gängigen Überlieferung wurde er in ein mit Nägeln gespicktes Faß gesteckt und ins Meer gerollt.

Was genau Turners Bild darstellt, ist umstritten. Gewiß, ein Hafen. Rechts hohe Gebäude, deren Architektur sich nicht identifizieren läßt. Davor Menschengruppen am Ufer, deren Blicke über einen Streifen Wasser hinweg sich an die gegenüberliegende Anlegestelle heften. Dort, im Vordergrund in der linken Ecke, steht am Bug eines Kahns ein Mann, der seine erhobenen Arme dem Licht entgegenstreckt. Hinter ihm Männer mit einem geöffneten, liegenden Faß. Ist der Mann Regulus bei der Einschiffung von Rom (mit dem mitgemalten Ausgang der Geschichte) oder bei der Ankunft in Karthago mit dem Marterwerkzeug zur Hand? Die Forschung streitet. Nicht strittig ist, daß das eigentliche Thema des Bildes das Licht ist. Das grelle, schreiende Licht, das Häuser und Schiffe im Dunst verschwimmen läßt.

Turner malte das Bild 1828 in Rom, auf einer Grundierung von Bleiweißschichten in Kreide und Öl. Er übermalte es 1837 während einer Ausstellung in der Royal Academy mit den Pigmenten Zinnober, Krapp (dem Färberrot), Chromorange, Gelb, Kobaltblau, Ultramarin, Beinschwarz. Ein Maler, der dabei war, hat berichtet, wie er über die feurigen Rot- und Gelbtöne Weiß aus der Tube quetschte, bis die Sonne über diesem Grund ein weißer Klumpen war, der herausstand wie der Buckel eines Schildes. Darunter strahlte das vieltonige, blendende Licht, das in den Augen schmerzte. Warum malte er, geradezu rauschhaft besessen, diese Intensität?

Der Blendung durch Licht liegt eine Legende zugrunde, die sich um die Frage nach der Folterung des Regulus gebildet hatte. Das gespickte Faß reichte wohl nicht. In einer Rede Ciceros gegen Piso heißt es, Regulus sei durch Schlafentzug (*vigilando*) auf Grund »weggeschnittener Augenlider« (*resectis palpebris*) gefoltert worden. Da muß diese Bestialität, zweihundert Jahre nach dem Tod des Konsuls, schon lange bekannt gewesen sein, sonst hätte Cicero sie nicht so beiläufig erwähnt. Im ersten Jahrhundert u. Z. schrieb Valerius Maximus in seiner vielgelesenen *Sammlung merkwürdiger Reden und Thaten* (übersetzt 1829): »Die Karthager schloßen Atilius Regulus, nachdem sie ihm die Auglieder abgeschnitten hatten, in eine Maschine ein, welche überall mit spitzigen Nägeln ausgeschlagen war, und tödteten ihn so durch Wachen und stete Erneuerung der Schmerzen.« (S. 561) Boccaccio widmete in seinen in viele Sprachen übersetzten *De casibus virorum illustrium libri novem* (etwa 1368) dem Konsul ein eigenes Kapitel, in dem es heißt:»Sie schnitten ihm die Augenlider ab und stellten ihn so, daß er gegen die Sonne schauen mußte.« Die brennende nubische Sonne. Zuletzt hat Oliver Goldsmith die Geschichte in seiner oft nachgedruckten *Roman History* (1769) erzählt.

In einer der Quellen wird Turner auf die Geschichte von den abgeschnittenen Augenlidern gestoßen sein. (Mit Cicero hat er sich beschäftigt, Szenen aus seinem Leben gemalt. In einem Traktat des Optikers George Adams, *An Essay on Vision*, 1789, konnte er lesen: »…the Carthaginians cut off the eye-lids of Regulus, and then exposed him to the bright rays of the sun, by which he was very soon blinded.«) Turner hat aber den Horror nicht gemalt (wie der sonst so behutsame Rembrandt die Blendung Samsons). Gemalt hat er das Folterinstrument selbst: die gleißende, grelle, blendende Sonne, die ihm, Turner, die Augen verbrannte, weil er ungeschützt in sie sah. Immer und immerzu. Bis der Betrachter in seinen Bildern nichts mehr sah als Farbflächen, von gesunden Augen nie gesehen. Das kann zweierlei heißen: das kranke Auge sah in der Trübung Farben, denen ›in der Welt‹ nichts entsprach, oder die Auseinandersetzung mit dem Licht als Farbe hatte sich so weit entwickelt, daß sie bei der Abstraktion ankommen mußte. In beiden Fällen: ein Exzeß, ein Darüberhinaus, ein oltraggio, ein outrage. Turners *Regulus* ist ein Selbstporträt: das Bildnis des Künstlers als Geblendeter. (Und der Mann am Bug schaut zum ersten- oder zum letztenmal ohne Lider ins Licht, bevor er ins Faß gesteckt wird.)

»Den 13ten October 1810« veröffentlichte Kleist in den *Berliner Abendblättern* den Essay ›Empfindungen vor Friedrichs Seelandschaft‹. Der Text ist die drastisch redaktionell gekürzte Fassung einer für die Abendblätter geschriebenen Arbeit über Friedrichs ›Mönch am Meer‹ von Brentano und Arnim, die Kleist zugleich durch eigene Sätze ergänzte. Der wichtigste lautet:»Das Bild liegt, mit seinen zwei oder drei geheimnißvollen Gegenständen, wie die Apokalypse da, als ob es Joungs Nachtgedanken hätte, und da es, in seiner Einförmigkeit und Uferlosigkeit, nichts, als den Rahm, zum Vordergrund hat, so ist es, wenn man es betrachtet, als ob Einem die Augenlieder weggeschnitten wären.« Man hat diese kühne, geradezu physisch peinigende Metapher für eine typisch Kleistsche Erfindung gehalten, bis der Germanist Peter Bexte in einem detektivischen Meisterstreich Kleists Quelle freilegte: Cicero und Kosegartens Bearbeitung der *Römischen Geschichte* Goldsmiths für den Schulgebrauch.

Aber Kleists Umbesetzung trifft ins Zentrum seiner eigenen Kunst.

Turners Regulus oder er selbst starren ins blendende, tötende Licht. Friedrichs Mönch oder Kleist vor dem Bild schaut auf die Schwärze des Meers, den rauchdunklen Dunst, den grauen Himmel. Leere und Verlorenheit sind so grauenvoll, daß der Betrachter vor Entsetzen die Augen aufreißt, die er nicht mehr schließen kann. Wie der Mund auf Munchs ›Schrei‹, der sich nie mehr schließt.

Am Ende sehen Regulus und der Mönch das gleiche: das schwarze Nichts.
·

William Turner: »Sunrise with Sea Monsters«, 1845

Constables Himmel sind mit der genauest möglichen Wetterkundig-
keit gemalt, so wie sie dem Betrachter aus der Nähe und Ferne erscheinen. Turner dagegen geht in die Erscheinungen hinein wie ein
Ballonfahrer und malt, was sich in ihrem Inneren abspielt – die Tu-
multe und das thermische Geschiebe der atmosphärischen Schichten in wechselndem Licht.

Zwei Lesarten des hier abgebildeten Sonnenaufgangs: Der Geist
der Wolke und des Meers, der den Betrachter anstarrt mit entsetzten
Menschenaugen, vor Schreck aufgerissenem Maul, Traumreste einer
schrecklichen Nacht, zu denen das Licht der aufgehenden Sonne,
die sich zaghaft im Wasser spiegelt, nicht vordringt. Der *eine* Moment des Grauens, den der nächste Windstoß verwischt.

Oder: Der Transitus der abgeschiedenen Seele durch das Meer der
abscheulichen Monster, der Seeschlangen und Krakenfratzen, die sie
heimholen, die Seele, zu einem letzten Strafgericht in ihre ewige Un-
terwelt, oder freigeben für die elysischen Gefilde. Wer weiß, wohin
die letzte Reise geht. Bilder der Agonie. Tausendfach dargestellt auf
den Sarkophagen, den fleischfressenden, der Alten.

Turner war siebzig, als er das Bild malte.

Ruskin spricht von der »Unschuld des Auges«, die man bräuchte, um Turners Bilder zu verstehen – »wie ein Blinder sie sähe, wenn er plötzlich sehend würde.«

»Man müßte wiedergeboren werden, um seine Bilder zu verstehen.« (William Beckford)
Constable über Turner: »Er malte mit gefärbtem Dampf.«
Über ›Brighton Beach‹: »Er reißt den Betrachter ins Meer.«

SPLITTER I

Nie vorher gesehen. Nie wieder danach.

·

Wolken: lauter Selbstzitate.

·

Das Sichtbare, das das Unsichtbare verdeckt. (Delacroix)

·

Die Vor-Stellung zertrümmerter Zusammenhänge, die sich eilen, ihren Schutt aufzuräumen.

·

Bilder der Zerstörung am Abend nach einem Sturmtag. Schwaden, wenn sie sich zurückziehn, um neue Kräfte zu sammeln.

·

Einmal, da ließen sie sich noch hören – Echos von Schlachten aus fernen Kontinenten und Zeiten.

·

Die Stille als eine unendlich langgezogene Fermate, zum Platzen gespannt, als würden Große Trommel, Becken, herrenlose Hämmer gleich losschlagen.

·

Sie treiben etwas vor sich her wie Delacroix die Farben: große blaue Schatten peitschen die Menge der orangenen und zartrosa Töne – fernes, abgeschwächtes Echo eines Lichtes.

·

Sie in ihrer Einmaligkeit anhalten wollen wie einen nie gehörten, etwas schrägen Akkord, bevor er sich auflöst, wie eine Liebe, bevor sie verfliegt.

·

Die Furien eilen zu ihrem nächsten Opfer.

Heraklit

»Wir steigen nicht zweimal in denselben Fluß.« Hätte ein anderes Bild nicht nähergelegen? Wir sehen nicht zweimal dieselbe Wolke? Oder die ›dialektische‹ Fassung des Gedankens: »In denselben Fluß steigen wir und steigen wir nicht.« Wir könnten dann sagen: Da ist die ›Form‹ Wolke, aber die Anschauung wechselt, je nach Wetter und ›meiner‹ Gestimmtheit. Wolken sind in vieler Hinsicht ergiebig, aber philosophisch schwer zu fassen. Doch man muß davon ausgehen, daß Heraklit sie täglich vor Augen hatte wie die fußbreite Sonne.

Ephesos lag am Meer, in das der breite Fluß Kaistros mündete, so breit, daß zwei künstliche Häfen im Flußbett gebaut wurden, deren einer bis an das Artemision reichte. Südlich der Stadt floß das Flüßchen Kenchreios. Berge an einer Seite, hohe weite Himmel. Anlässe für Wolkenbildungen.

Daß er Wolken studiert hat, ist überliefert: »Der Donner entsteht aus dem Zusammenprall von Winden und Wolken und aus dem Einfall von Luftströmen auf die Wolken, die Blitze aus Entzünden der Dünste, das Wetterleuchten aus dem Brennen und Verlöschen der Wolken.« (A 14, übersetzt von Bruno Snell) Die Gleichzeitigkeit von Werden und Vergehen, seine Lehre von der *Einheit* der Gegensätze, ist sichtbar nur am Himmel. Warum also hat er sich nicht auf ›die Wolke‹ bezogen? Vielleicht hat er es getan und ist verloren wie die Wolken über seinem Kopf in der Bläue. Oder – er verstand das Feuer als oberstes kosmologisches Prinzip, das auch das Aggregat ›Wolke‹ hervorbringt – er wollte das Geheimnis nicht für die Unverständigen profanieren. Er schrieb: »Physis kryptesthai philei«, »Die Natur liebt es, sich zu verbergen«, oder in der Übersetzung Snells: »Das Wesen der Dinge versteckt sich gern.« (B 115) Da war der Fluß das verständlichere Bild.

Bruno Snell hat die Philosophie Heraklits, des Dunklen, resümiert: »...es gilt wach zu sein, um die Rätselhaftigkeit des Kosmos zu verstehen, um die Doppeldeutigkeit dieser Welt, die doch Eine ist, zu begreifen. Im Kosmos herrscht das feinste, das geistähnlichste Element, das Feuer, das da ist, indem es vergeht, dessen Leben – wie alles Leben – sein Sterben ist, das Vergänglich-Ewige.«

Jean Paul

»Auf einmal wurd' es in einem Wäldchen finsterer und doch über den Gipfeln nicht dunkel im Blau. Plötzlich war in Osten ein schwarzes feuerspeiendes Ungeheuer von Gewitter erwacht und spie auf der Schwelle des Tages sein wildes Feuer neben der stillen blassen Sonne. Zur Freude für beide Menschen stand das Wetterhorn nicht weit vom Wäldchen. Henrion sah mit entzückten Augen in den feurigen Morgensturm, in die auflodernde Wolkenschlacht, zwischen deren Feuer die Sonne als Heerführerin vorleuchtete. ›Dort im Osten – rief er begeistert – seh' ich das Wetterleuchten der griechischen Waffen und höre den Kanonendonner der Griechen über ihre Tyrannen rollen und niederfahren.‹ – Ein Sturm jagte aus dem weitgelagerten schwarzen Gewitterheerhaufen eine lange Wolke näher heran, die sich unaufhörlich entlud und lud, bis sie über der blitzlockenden Kugel des Gewitterableiters stand. – ›O könnt' ich einst sterben für die Freiheit, sobald ich nicht mehr streiten kann für sie! O Gott, wie schön ist der Tod, Selina, wenn er vom Himmel kommt als ein weißer blitzender Todesengel!‹ Da schoß eine Feuerschlange in zwei Sprüngen aus dem Schwarz auf die nahe Goldkugel, und der Himmel strömte und alle Wolken donnerten unersättlich nach.«
(*Selina oder Über die Unsterblichkeit der Seele*, 37f.)

›Alten Jahres Abend‹
»Unter dem Mond vorbei wurden zerstükte Wölkgen gerissen und gepeitscht, durch den ungehörten Sturm hinter ihnen, und wo sie den Himmel offen und zerlöchert liessen, sah ein Dunkles hervor, das über die Welten hinüber rückwärts reichte.«
(*Ideen-Gewimmel*, 237)

»Die Wolken liegen an meinem *Herzen* … Ich lebe *in*, nicht über den Wolken, bei dem Wetter, die Wolken gestalten mir die überirdischen Mächte und darum lieb' ich sie.«
(245)

»Die Kunst hat die Gieskanne, aber die Natur hat die Wolken.«
(252)

Van Goghs Klangfarben

Stifter wünschte sich eine Wolkenmusik, Wagner hatte mit seiner
›unendlichen Melodie‹ und seinen kleinsten Übergängen eine Ent-
sprechung hörbar gemacht, auch wenn er das nicht beabsichtigte,
und Vincent van Gogh malte Farben*klänge*.
Er entdeckte die »unendlichen Variationen vom Grau« und zählte
sie auf, das Grau als Ton der Luft bei seinen holländischen Lands-
leuten, er fand 27 verschiedene Schwarztöne bei Franz Hals. Später
studierte er die Farbenlehre Delacroix' und kannte dessen Farbdrei-
eck mit den drei Grundfarben (Rot, Blau, Gelb), den Mischfarben
(Violett aus Rot und Blau, Grün aus Blau und Gelb, Orange aus
Gelb und Rot) und den Komplementärfarben (Rot zu Grün, Blau zu
Orange, Gelb zu Violett). Natürlich ›schwingen‹ bei den Mischfarben
die angrenzenden Grundfarben ›mit‹, und bei den Komplementären
das gemischte Gegenüber, so daß komplexe Beziehungen entstehen,
die man erst ›versteht‹, ›hört‹, wenn man die Zusammensetzung
der Mischfarben kennt, die man ja nicht sieht. Van Gogh hat dafür
vom Mitschwingen der Obertöne gesprochen. Außerdem haben die
›Typen‹ in sich naturgemäß eine variationsreiche Bandbreite: »Farben, die wie Viertel- oder Achteltöne über und unter den Tönen der
allgemein gebräuchlichen Skala der konventionellen 7 Farben liegen.« (Kurt Badt, 42) Die Nuancen arbeiten zusammen »wie von
verschiedenen Instrumenten gespielt«: *sichtbar* gemachte Klangfar-
ben. So finden sich auf dem ›Stilleben mit Kaffeekanne‹ sechs verschiedene Blau und vier oder fünf Gelb und Orange. Er verstand das
Bild als Farb*komposition*, in der die dargestellten Gegenstände am
Ende zweitrangig waren. Ein anderes Bild beschreibt er selbst einem
Freund: »Sonnenuntergang. Mondaufgang. In jedem Falle Sommer-
sonne. Violette Stadt, gelber Stern, Himmel blaugrün. Das Getreide
in allen Tönen von Altgold, Kupfer, grünem oder rotem Gold, goldgelb, bronzegrün, grünrot.« (Arles, 1888) Dabei waren die Farben
zwar in sich noch abgestuft, aber »scharf voneinander abgehoben
durch Ton und Helligkeitsgrad«. »Da gab es nirgends unbestimmte
Zwischentöne noch eine allgemeine Tönung, die die Einzelheiten zu
tragen gehabt hätte. Eine Verwandlung des Bildes in lauter farbig

sprechende, klingende, tönende Farben war gelungen, von denen keine eine subalterne Funktion hatte.« (Badt, 76f.)

Um 1888 begann van Gogh, in Bilder-*Serien* zu denken. Das hieß nicht, einen Gegenstand in verschiedenen Farben oder in wechselndem Licht zu malen (wie Monet seine ›Heuhaufen‹), das meinte sich ergänzende Komplementär-Arrangements, »die den vollständigen Farbenkreis, ›die ganze Tonleiter des Saitenspiels‹, wie er das nannte, darstellen sollten, um »eine Leinwand durch eine benachbarte zum Klingen zu bringen«. Eine Symphonie. Er riet dem Bruder, in seiner Galerie ›La Berceuse‹ (»eine kleine Farbenmusik«) in die Mitte und die beiden Sonnenblumenbilder links und rechts davon zu hängen: »So hast Du eine Art Triptychon.«

Van Gogh brauchte für seine Bilder ein ›Thema‹ – Bäume, Felder, Blumen, einen Stuhl, ein Café bei Nacht, Menschen – aber sein eigentliches Thema war immer die Farbe und die Farb*komposition*. In ihr malte er die Gegenstände, wie er sie in ihrer gleichsam inneren Besonderheit sah, nicht, wie sie in der Wirklichkeit erschienen. Walter Benjamin hat einmal geschrieben: »Nichts gibt vielleicht von der echten Aura einen so richtigen Begriff wie die späten Bilder van Gogh's, wo an allen Dingen – so könnte man diese Bilder beschreiben – die Aura mit gemalt ist.« In einer Notiz von Anfang 1890 formuliert van Gogh einen Vorsatz: »…noch mehr von der Wirklichkeit abzugehen und etwas wie eine Farbenmusik zu schaffen.« (Badt, 135)

Van Gogh war kein Wolkenmaler. Die wenigen, die er gemalt hat, haben nichts damit zu tun, wie Maler Wolken malen, ›realistisch‹ oder ›symbolisch‹. Nicht Abbildbarkeit ist das Problem, sondern die Übertragbarkeit in sein Klangfarbensystem.

Über sein Bild ›Landschaft mit Olivenbäumen‹ (1889) schreibt van Gogh an den Bruder: »Die Konturen sind wie auf alten Holzschnitten. Ich versuchte, die Stunde zu malen, wo man in der Hitze die Zikaden und die grünen Metallkäfer fliegen sieht… Da, wo die Linien kräftig und gewollt sind, fängt das Bild an, selbst wenn sie übertrieben sind.« Nähe und Ferne sind nicht unterschieden. Wo hängt die Wolke? Über den Felsen hinten oder über dem gelb-grünweißen Acker vorn, dem sie farblich korrespondiert? Krumme Linien stehen im Mittelgrund, die sich zu den dargestellten Dingen (Ölbäumen, Feldern, Bergen) verdichten. Kurt Badt spricht von ihrer »Verkrampfung, Gewalt und Ungelöstheit«, die den »sich windenden,

leidenden, von Menschen (um des reicheren Ertrages willen) miß-
handelten Olivenstämmen« entsprechen,»deren stürzende Züge sich
auf die gepflügten Äcker und auf die zerklüfteten Berge, ja sogar auf
die Wolken übertragen haben«. (131) Aber das Verkrüppelte, Verque-
re, Zerquälte kontrastiert mit dem Fließenden der Schlangenlinien
unten (im Bach? im Acker?) und oben in den Wolken. Dem krummen
Baum links unten mit seinem dunkelblauen Schatten steht die mit-
tagshelle gelbe Wolke gegenüber, die sich mit einer himmelblauen
Schlange zu luftig durchwehten Wirbeln entwickelt.

Auch bei diesem Bild läßt sich sagen, daß die Farben thematisch
sind: die Grundfarben Blau und Gelb mit der Mischfarbe Grün dazwischen, in vielen Tönen durchgespielt, aber ohne Komplemen-
tärfarbe. Daher vielleicht die Ruhe und Mittagsstarre auf der Erde.
Doch da ist noch etwas, das aus der Komposition herauszufallen
scheint wie eine Signatur: das weiße Wölkchen mit der Himmels-
schlange wie ein Hoffnungswimpel: Weiß, das van Gogh als vierte Grundfarbe verstand. Und warum soll die Wolke nicht die flirrend verfließende Sonne sein in einem Licht, das nicht von dieser
Welt ist?

KATASTROPHENWOLKEN 4

Skaptár-jökull

Als Elfjähriger (1783) hatte Luke Howard seltsame Erscheinungen
am Himmel gesehen –»trockene Nebel«, Höhenrauch (haze), glühende Sonnenuntergänge –, die anders waren als das, was er sonst am
Himmel zu beobachten liebte. Die Erscheinungen wiederholten sich
über Wochen und Monate in diesem Sommer und beeindruckten ihn
so stark, daß er sein künftiges Leben der Erforschung des Wetters
und der Atmosphäre widmen wollte.

Die Ursache für die ungewöhnlichen Anblicke war der Ausbruch
des isländischen Vulkans Skaptár-jökull (auch Laki genannt) und
vermutlich auch des gleichzeitig explodierenden japanischen Vulkans Asama, von dem man aber damals in Europa nichts wußte. Die
Folge war eine verheerende Veränderung des Klimas mit Schwefel
in der Luft, Atembeklemmung, Faulfieber, frühem Laubfall, Auro-

ra borealis und Panik unter der Bevölkerung Nord- und Südeuropas (der Westen bekam davon nichts mit).

Gilbert White, ein Landpfarrer aus Selbourne in der Grafschaft Southampton, der sein Leben lang die Tier- und Pflanzenwelt seiner Gegend beobachtete und in Briefen an Freunde minutiös beschrieb, ein englischer Henri Fabre, erinnerte sich später: »Der Sommer des Jahres 1783 war merkwürdig und bedrohlich und voller grauenhafter Erscheinungen, denn neben den alarmierenden Meteoren und entsetzlichen Gewittern, die die verschiedenen Grafschaften dieses Königreichs in Furcht und Schrecken versetzten, war der eigenartige Dunst oder Rauchnebel, der viele Wochen lang auf dieser Insel und in jedem Teil Europas und sogar über seine Grenzen hinaus herrschte, ein ganz außerordentliches Phänomen, das seit Menschengedenken nichts seinesgleichen hatte. In meinem Tagebuch finde ich, daß ich dieses merkwürdige Vorkommnis vom 23. Juni bis zum 20. Juli festgehalten habe. Während dieser Wochen wehte der Wind wechselhaft aus allen Richtungen, ohne jedoch in der Luft irgendwelche Veränderung herbeizuführen. Die Sonne sah zu Mittag so bleich aus wie ein wolkenverhangener Mond und warf ein rostfarbenes, eisenschüssiges Licht auf die Erde und die Zimmerböden, war aber gespenstisch und blutfarben beim Auf- und beim Untergang. Die ganze Zeit über war die Hitze so heftig, daß das Metzgerfleisch am Tag nach der Schlachtung kaum mehr genießbar war; und die Fliegen schwärmten derart auf Feldwegen und Hecken, daß sie die Pferde in Panik versetzten und das Reiten beschwerlich war. Das Landvolk schaute in abergläubischer Furcht zum roten, finster drohenden Anblick der Sonne hoch, und tatsächlich gab es ja selbst für den aufgeklärtesten Menschen Grund zur Besorgnis, denn während der ganzen Zeit wurde Kalabrien und ein Teil Siziliens von Erdbeben zerrissen und erschüttert; und um diese Zeit brach ein Vulkan vor der Küste Norwegens aus dem Meer aus. ...«
(Gilbert White, *The Natural History of Selbourne*, 1788-89, Letter LXV)

Poetisch gestaltet wurden die nicht endenden Zeichen am Himmel von William Cowper (1731–1800), dem Bildner ländlicher Genügsamkeit, in seinem Langgedicht *The Task* (1785):

...Wann hatten denn die Winde
Solche Vollmacht zu zerstören?
Wann übersprangen Wellen voller Hochmut
Die alten Grenzen, Trocknes flutend?
Feuer von unten, von oben Meteore,
Verhängnisvoll und unerklärlich, beispiellos.
Leuchtfeuer an den Himmeln und die alte
Verruchte Erde kriegt öfter Zitterkrampf,
Vorbei die schöne Ruhe, die sie hatte.
Ist's eine Zeit des Haders, wenn die Stützen
Und Säulen unseres Planeten stürzen wollen
Und die Natur mit trübem kaltem Aug
Auf aller Ende wartet?
...
Es sind Zornzeichen und sie sprechen
Von Seinem Mißbehagen, der die Erde
Straft oder heilt, schmachten läßt oder beglückt...«

Es ist der strafende Gott der Psalmen und Propheten, den Cowper in
der Zerstörung am Werk sieht. Sein Gedicht wurde über Generationen gelesen. Vielleicht findet
es sich noch in Turners Katastrophenhimmeln wieder.

ELSÄSSISCHE TAGEBÜCHER

2. April 2015

19.45 = 14 Minuten vor Sonnenuntergang.
Vom Fenster an der Wiese aus Blick nach Betschdorf: Die ganze
Horizontlinie entlang eine goldgelbe Linie, darüber ein hellblauer
Streifen. Darüber geradezu das Urbild einer massigen Cumuluswolke in üppigem Orange, das sich in wenigen Minuten in ein
sattes Purpurrot verändert. Beide – Orange und Purpur – wirken
monochrom und wie mit dem Palettmesser geschoben oder einem
Spachtel aufgetragen. Im Moment, als das Purpur sich durchge-
setzt hat, leuchtet die Wiese in kräftigem Grün. Goethe hat auf
ebendiesen Wechselbezug von oben und unten (Purpur und Grün)
besonders hingewiesen. (Ich habe es erst gar nicht bemerkt, weil
ich bei der Purpurfläche an das aus der Ferne gesehene Neben-

einanderstehen der zahllosen Kardinäle auf dem Petersplatz bei
der Totenfeier für den Polenpapst denken mußte.) Als die Sonne
verschwunden ist, sind die Wolken grau, nur nach oben zu noch
rosa-streifig.
Soviel Farbe stand für mich nie am Himmel.
Gegen eins hoch oben ein weißer Mond, ohne Gewölk. Sternklar mit
ein paar Schleierwolken.

Ostern, 5. April 2015
Gestern Dauerregen. Kein einziger Sonnenstrahl. Grau in Grau.
In der Nacht verdeckter Mond, hinter dichter Wolkenschicht. Auf
der weiten Fläche blitzt in großen Entfernungen voneinander für
Bruchteile von Sekunden ein Licht: ein Stern, wenn die Decke
momentan aufriß und vermutlich wieder ein Erlöster aus den
Klauen der Hölle gerettet war.
Heute morgen strahlende Auferstehungssonne auf leergeräumtem
Himmel, bis auf eine Lerche, die sich jubilierend in die Höhe
schraubt. Auf dem Gang übers Feld zeigen sich einzelne weiße
Wölkchen – die Nässe der Äcker und Wiesen wird durch die Sonne
vom Grund gelöst und von starkem Wind in die Höhe geblasen.
Jetzt, gegen Mittag, haben sich dichte Cumuli fast schon wieder
zu einer großen Fläche zusammengeschoben, hinter der die Sonne
verschwindet. Deutlicher kann man die Zirkulation nicht miter-
leben. Kaum Hoffnung, daß der Wind die Haufen weitertreibt – es
ist auf allen Seiten zu viel Wasser oben.
In der Nacht im Südosten ein freier gelber Mond auf leerem
Himmel, unter ihm zwei Streifenwölkchen. Aber in der Gegenrichtung hängen niedrig, fast das Hausdach berührend, aufgeplusterte
Haufen wie riesige Nachtcremewattebäusche, mit denen sich die
himmlischen Heerscharen den irdischen Staub aus den Augen
wischen könnten.

6. April 2015
Ein Tanz toter Wolken, als die Sonnenstrahlen sie verlassen und der
Westwind sie vor sich hertreibt wie welkes Laub.

16. Juli 2015

Vor Sonnenuntergang an einem tropischen Tag (39 Grad)
Auf einem sonst leeren hellblauen Himmel ein langes blütenweißes
Tuch Altocumulus stratiformis, etwas geriffelt wie ein nicht geradegezogenes Laken. Daneben, in gleicher Höhe, eine Schar Wattebäu-
sche, Stratocumulus-Wölkchen, d.h. Päckchen kalter Luft, die zu
sinken beginnen.

Darunter, tief, ein schmaler Streifen blauer Himmel, und darunter
ein breites langes braunes Band, das die Sonne verdeckt, so wie die
Juden den Kopf bedecken, um sich nicht ungeschützt der Kavod,
der göttlichen Licht-Präsenz, auszusetzen. Aber die Anwesenheit
wirkt aus dem Verborgenen: Der untere gezackte Rand der Altocumulus über den blauen Streifen hinweg ist von gleißendem Gold
gesäumt, und unter dem braunen Band erscheint orangerot und
gelb, grell, kochende Lava, aber stillgestellt, ›fixiert‹ wie auf Vulkanbildern des 18. und frühen 19. Jahrhunderts. Langsam lugt ein
Strich des roten Feuerballs unter dem braunen Band hervor, eine
helle Explosion, und verwandelt die Lava in mildes Purpur.
Langsam zerschleißt das geschlossene braune Tuch, nachdem es
seine Aufgabe erfüllt hat, und formt sich um zu einzelnen Cumuli,
die in nördlicher Richtung davonziehen.

Um Mitternacht taghelle Erleuchtung über den Vogesen und über
dem Schwarzwald, auch im Süden – Gewitter, die aber so fern sind,
daß nicht einmal ein Grollen zu hören ist. Die Wolkendecke über
dem Haus huscht so rasch dahin, daß immer wieder einzelne Sterne
kurz aufblitzen.

21. Juli 2015

Bei Sonnenuntergang gegen 21 h
Im Westen ein riesiger grauer Hecht, das Raubtiermaul mit den
klingenscharfen Zähnen weit aufgerissen, der Bauch prall und voll,
darüber der Rücken schon skelettiert und darüber ein paar Fisch-
grätmuster-Flecken. Am Schwanzende eine kleine Schar Stichlinge,
weiß-grau, es könnten auch tanzende, in der Bewegung fixierte
Quallen sein, wie Valéry sie beschrieb.

Der graue Hecht steht reglos am Himmel wie in Teichen, wenn er
auf Beute lauert. Allmählich, ganz langsam, rötet er sich, bis er in
ganzer Länge und Breite in sattem Purpur strahlt, der fette Bauch

auf dem Rost über den glühenden Kohlen. So steht er lange, eine nature morte vivante, ein Vanitasbild. Auf einmal, sehr rasch, wie vom unverhofften Schnitt der Parze, ist alles Rot verschwunden, und es bleibt eine verkohlte graubraune Masse, fahl und in Fetzen zerfallen, Altocumulus stratiformis. Hoch über der Ruine ein paar rote Cirrenstreifen und weit im Westen wenige mit dem Lineal gezogene hauchfeine Striche. Nur die Stichlinge oder Quallen schweben noch fixiert in ihrem weißgrauen Element unter der gelber werdenden Mondsichel.

23. Juli 2015

Im Garten, halb neun abends.
Am Horizont schmales Stratusgewölk, darüber ein Streifen Lichtblau. Die Sonne ist verdeckt.
Über mir und vor mir bis hinunter zum Lichtstreif eine geschlossene Wolkendecke in einer vollen Palette von Grautönen aller Schattierungen. (Van Gogh hat einmal an seinen Bruder geschrieben, es gebe 27 verschiedene Graus.) Man kann sie flächig sehen wie ein Bild, man kann sie sich erklären aus der unterschiedlichen Dichte und der dahinter stehenden Sonne, man kann sich aber auch vorstellen, in die Tiefen und Weiten des Himmels zu blicken, die meilenweiten Schichten dazwischen bei gleichzeitiger (gleich*räumlicher*) Nähe. Ein Zugleich von nächster Nähe und fernster Ferne. Ein Nunc stans wie die Bäume um mich her, an denen sich kein Blatt regt. Totenstille.
Auch die Wolke steht minutenlang. Erst langsam, allmählich zeigen sich feine Haarrisse, die dann breiter werden, Teile aus der kompakten Masse abspalten wie Eisschollen und ein weiches Himmelblau freigeben.
Wie beim Auftritt eines Stars wird jetzt die Aufmerksamkeit von der Sonne gefangengenommen, die die sie verhüllenden Wolken verbrannt hat. Sie ist noch einmal so grell, daß sie blendet, und »tönt in alter Weise« gegen die Reglosigkeit. Hinter der vorgehaltenen Hand sind kurze Rubinstreifen zu sehen und eine goldgesäumte Strandlinie mit Lagerfeuern vor Sanddünen in weiter Ferne. Die graue Wand hat sich in viele weiße Haufenformen geteilt, die noch einmal Sommerhimmel spielen und miteinander konkurrieren. Monets Heuhaufen. Als das Licht geschwunden ist, färben

sie sich gleich schwarz und verlieren ihre Konturen. Einige werden verwischt, ausgewischt von der Schultafel, andere entwickeln in verschiedenen Höhen Zapfen, Regensäcke. Aber es bleibt windstill.

24. Juli 2015

Extrem heißer Tag, so daß man nicht aus dem Haus treten mag. Der Sonnenuntergang ist grau bewölkt, die verhüllte Sonne zeigt sich kurz und grell, bestrahlt ein paar höhere Haufen weiß, färbt aber nicht ihre Umgebung und verschwindet lustlos hinter grauen Schleiern. Der Himmel über uns ist frei.

Gegen halb elf Wind, der schnell stärker wird, ein paar unverhoffte Tropfen, so daß ich alle Fenster schließe, obwohl es stickig in den Stuben ist. Im Handumdrehn ist aus dem Wind ein Höllensturm geworden, der ums Haus rast und die Läden aus den Verankerungen reißt, ein Orkan mit Sintfluten von tonnenschweren stürzenden Wassermassen, die durch geschlossene Türen und Fenster dringen, so daß wir nicht schnell genug aufwischen können. Unter einem Fenster im Salon schwimmen zehn Bücher, darunter der Brehm. Moni stürzt nach oben und sieht im Arbeits- und Schlafzimmer die Bescherung: das Fenster, das ich geschlossen hatte, ist aufgerissen, wie von der Wilden Jagd, die sich gewaltsam Zutritt verschafft hat, die vielen Zettel, sofern der Wind sie nicht weggewirbelt hat, sind eine nasse Masse, die Notizbücher aufgequollen, ebenso die Bücher – Goethes Meteorologie, Schönes Abhandlungen, Bashō, Jaccottet –, deren Einbände sich auflösen. Aufgeweichtes Geld, ein triefendes Handy und ein vom Wasser schwerer Kelim. Das alles ist das Werk weniger Minuten, und die Elemente wüten fort.

Wie ein beschaulich geordneter Arbeitsplatz in einem Nichts von Zeit zerstört wird, ist das eine. Das andere ist, daß ich ja eben dieses Zerstörungswerk – die mehr oder weniger gewaltsame Auflösung des Geformten – tagtäglich am Himmel sehe, aus sicherer Distanz, und in interesselosem Wohlgefallen aufs Papier zu bringen versuche. Jetzt ist der Himmel am Haus und in den Stuben persönlich vorstellig geworden und hat seine Instrumente hautnah gezeigt.

Nach einer Stunde ist die Wut des Sturms verbraucht, und in einem sanften Landregen besehen wir die Schäden. Der hohe Rosenbusch an der Wand neben der Haustür, über und über voller Blüten, liegt am Boden, der Budleia-Baum, am Tag noch bunt schillernd von

Schmetterlingen und Hummeln, ist aus der Wurzel gerissen und nicht mehr zu retten, die wenigen Äpfel und Birnen liegen im Gras.

30. Juli 2015

Gestern ein unspektakulärer Abgang der Sonne wie nach der Aufführung eines überflüssigen Stücks in der zweiten oder dritten Besetzung. Kein Flitter, nicht der Hauch von einem Wölkchen, einfach weg und aus. Später ein blankgescheuerter Himmel, auf dem in reinem Weiß der fast perfekte Kreis des Mondes steht inmitten der Vollzähligkeit der Sterne. Das versprach einen schönen Tag. In der Nacht Regen, die gegen sechs aufgehende Sonne kann sich hinter dem dichten Vorhang nicht zeigen. Der Vormittag verhangen. Es ist kalt. Am Nachmittag lichtet es sich, es wird wieder warm, duftige weiße Sommerwolken, nicht groß, nicht klein, Kinder des Morgenrauchs, stehen verloren und wie sich entschuldigend da und sind bald nicht mehr da, ohne daß man's gemerkt hat.
Der Sonnenuntergang heute war hinter den Vogesen verdeckt, so daß nur ein paar orange Streifen zwischen und über den Bäumen ihn meldeten. Kein Purpur. Dafür, in der Gegenrichtung, der jetzt volle runde weiße Mond.
Später vom Fenster aus erst eilig ziehende schwarze Striche über den Trabanten. Irrige japanische Pinselstriche, weil sie horizontal verlaufen. Dann, darunter, die Photographie einer erloschenen Kraterlandschaft mit Kavernen, Flanken, Spitzen, schwarzbraun diffus verschattet, unter der wer weiß wie viele Kulturen verschüttet liegen. Dann, als Bewegung in die geballten Haufen kommt, eine Landschaft Böotiens, in der lüsterne Satyrn die jungfräuliche Göttin jagen, die ihr rundes weißes Gesicht manchmal in einer Höhle zeigt und mit myrthengeschmücktem Haupt sich wieder auflöst.
Wie haben die großen alten Dichter solche Erscheinungen gesehen, die ja wußten, wer auf sie herabblickt?

Berlin, 8. August 2015

Nach Sonnenuntergang ein breiter, blaugrauer Streifen – an der langen Oberkante ausgefranst –, der in einen ebenso breiten

Purpurstreifen übergeht – Stoff für sämtliche Kardinäle, die je in Rom eingekleidet worden sind. Darüber, vor hellblauem Himmel, lichtes Weiß in unentschiedenen Schleierformen, die als selige Geister nach oben entschweben.

MALER 5

William Turner 3

In Venedig

Hotel Europa

Turner wohnte im August 1840, bei seinem letzten Besuch in Venedig, zwei Wochen im *Europa*, einem der ersten Häuser der durch Byron bei Engländern beliebten Stadt. Unter seinem Fenster floß das Ende des hier breiter werdenden Canal Grande, gegenüber lag die den Blick beherrschende Santa Maria della Salute mit der monumentalen Kuppel und den dahinter gesetzten beiden kleineren Türmen, davor, bis zur Spitze der kleinen Landzunge, die Dogana. Dann weitete sich der Blick zum großen Hafenbecken, dem Bacino, in dem sich der Canal mit dem hinter Salute und Dogana fließenden Giudecca-Kanal vereinigte, an dem frei, wie ausgeschnitten, Palladios San Giorgio stand. Hinter dem Bacino, in der Ferne, die feine Linie der niedrig aussehenden Häuser von Castello mit den anschließenden Giardini. Wieder näher, links, schräg angeschnitten, der Dogenpalast, die beiden Säulen der Piazzetta, die Bibliothek und ganz links, am Rand des Bildausschnitts, der Campanile. Eine Weitwinkelperspektive. So hat er den Blick gemalt. Viele Male. Wobei er den linken Teil der Ansicht, vom Dogenpalast bis zum Campanile, von keinem der Fenster des *Europa* aus hätte sehen können. Ein Palast dazwischen verriegelte die Sicht. Er hat sie also immer aus der Erinnerung ergänzt, und Genauigkeit beim gegenständlichen Detail interessierte ihn ja ohnehin nur selten und dann aus besonderem Grund.

Studien vor immer dem gleichen Objekt. Oder dem immer nichtgleichen. (Wie Monet vor seinen Heuhaufen, Cézanne vor dem Mont Saint Victoire, Morandi vor den Flaschen und Kannen.) Denn Licht

William Turner: »Venezia all'alba dall'albergo Europa,
con il campanile di San Marco«, 1840

und Luft, das Wasser und seine Spiegelungen waren ja in beständigem Fließen, außerdem morgens, mittags und abends anders. Deshalb die zweihundert Zeichnungen und über hundert Farbstudien, die eiligen Aquarelle, später in den Londoner Ölbildern die nur noch traumhafte Erinnerung.

Von seinem Fenster aus links konnte er über der Horizontlinie von Castello den Sonnenaufgang sehen: eine hellgelbe Lichtfläche über den Himmel hin, die sich in der Bildmitte golden verdichtet über den ersten brandroten Sonnenflecken, purpurn verwaschen darunter die Häuserzeilen der Riva degli Schiavoni entlang bis zum hinzugedachten Dogenpalast und dem Campanile, davor, im ganzen unteren Bilddrittel, das breite Bacino im matten flüchtigen Weißgrau der Morgennebel, die frühe Schiffe ahnen lassen.

Mittags und nachmittags läge seine Kanalseite in der prallen Sonne, so daß Dogana und Salute gegenüber schwarz erschienen, mit vielleicht farbigen Schatten auf dem Wasser, wenn die Sonne schräg stand. Aber den Sonnenuntergang, den konnte er von seinem Fenster aus nicht sehen, nur die Veränderungen des Lichts auf dem Wasser und an den Gebäuden. Wollte er ihn sehen, mußte er mit der Gondel um die Spitze der Dogana herumfahren oder den Canal Grande hoch bis zur Einfahrt in den kleinen Rio San Vio, um auf ihm zum Giudecca-Kanal durchzustoßen. Von da, vom blendenden Wasser in der Gondel aus oder von der Promenade der Zattere, hat er den Sonnenuntergang über Mestre oft skizziert und später, wieder in seinem Zimmer, aquarelliert.

Die wenigen Nachthimmel, die Seufzerbrücke, den Schlangenblitz über dem Campanile, mit niedrigen Fluchtpunkten und Untersichten, hat er wohl vom Boot aus gemalt. Ob er manchmal aufs Dach des *Europa* gestiegen ist, um die weite Pracht des Mondes auf dem Bacino zu sehen? Man kann nicht mehr hinaufsteigen. Wegen Baufälligkeit gesperrt.

Tintorettos ›Eherne Schlange‹

Auf seinem jahrelangen Zug durch die Wüste, der Vernichtung vieler ansässiger Stämme und weil es auch die ewige Mannadiät satt hatte, murrte das Volk zum wievielten Male wider Gott und wider Mose.»Da sandte der HErr feurige Schlangen unter das Volk; die bissen das Volk, daß viel Volks in Israel starb.« Da krochen die Menschen wieder zu Kreuze und baten um das Ende der Plage.»Da sprach der HErr zu Mose: Mache dir eine eherne Schlange und richte sie zum Zeichen auf; wer gebissen wird und sieht sie an, der soll leben.« (4.Mose 21,4–9)

Das Thema hat Tintoretto zu einem seiner großen Formate inspiriert. Es ist das Mittelstück der Deckenbilder in der Sala Grande im ersten Stock der Scuola Grande di San Rocco, 27,7 x 17,1 m. Man hat Mühe, das Gemälde ›in Ruhe‹ zu betrachten, denn man verrenkt sich den Hals, und der wackelnde, seitenverkehrte Spiegel in der Hand hilft auch nicht viel. Am besten man legt sich mit einem Fernglas auf den Terrazzoboden. In der unteren Bildhälfte eine schiefe Pyramide übereinander geschichteter, liegender oder halb aufgerichteter meist nackter Körper, in Zuckungen verdreht – ein Lazarettlager von Kriegszitterern oder, zeitgemäßer, vom Veitstanz Befallener. Tot sind sie nicht, sie winden sich noch. Je länger man hinschaut, vermehrt sich der Horror: überall Schlangen, mit langen oder kurzen Peitschenleibern, hackenden Helmköpfen, Flugapparaten. Großgemästete Moskitos, wie unter einem noch nicht erfundenen holländischen Mikroskop gesehen. Die Gruppe der sich windenden Leiber liegt im Licht, obwohl ich unter ihnen nur drei Gesichter sehe, die den Blick nach oben wenden. Links davon liegt eine andere Gruppe im Dunkel, in umgekehrter, nach unten weisender Pyramide: die Verworfenen.

Die Gruppen der dem Tod – oder ihm vielleicht doch nicht – Geweihten sind nah, körpernah, in einer immer wieder von eingeschleppten Seuchen heimgesuchten Stadt. Fern, perspektivisch fern ist, was eigentlich nah sein sollte. In der Bildmitte, klein, entrückt, mit entblößtem Nabel, eine nach oben weisende weibliche Gestalt. (Wer? Eine Prophetin? Aber Mirjam, Moses Schwester, ist ja schon tot.) Die Gestalt weist auf einen buchstäblich Höheren, Mose auf einem Fels, der in einem offenbar jähen Körperschwung mit dem linken Arm, der Hand, auf etwas weist. Es ist die Schlange, aber sie sieht aus wie ein züngelnder Lindwurm Carpaccios, und sie windet sich um den Querbalken eines schräg gestellten Kreuzes. Das Kreuz ist ehern, nicht die Schlange. (Vom Kreuz ist im Buch Numeri nicht die Rede; Johannes 3,14 f. hat es ›ergänzt‹, was von da zur christlichen Bilderfindung führte.) Dem Kopf Moses schwebt ein weiß durchlichteter Engel entgegen, auch er mit geöffneter linker Hand. Von dem Engel gehen goldgelbe Strahlen aus – auf Mose, die zeigende Frau, die Leiber im Krampf –, aber der Hintergrund des Lichtes ist grün, und grün ist auch das Tuch, das von Moses Lenden flattert – das heißt, es ist eine Mischfarbe, nicht himmelblau und noch nicht gottesgelb. (Es ist das Grün, das sich, nach Goethe, komplementär zum Purpur des Sonnenuntergangs zeigt.) Der strahlende Engelkopf bricht aus einer schwarzen Wolke heraus. »Es ist nicht der übliche Glorienschein«, schreibt Ruskin, »es ist eine durchsichtige Himmelskugel, wie eine Blase, die nicht nur den Engel enthüllt, sondern auch die Mose-Gestalt kreuzt und ihren oberen Teil in einen gedämpften bleichen Ton taucht, als werde er von einem Sonnenstrahl durchquert. Tintoretto ist der einzige Maler, der diese Tricks mit durchsichtigem Licht spielt, der einzige, der die Wirkungen (effects) von Sonnenstrahlen, Nebeln und Wolken in der weit entfernten Atmosphäre wahrgenommen zu haben scheint, und was er bei Türmen, Wolken oder Bergen sah, benutzt hat, um die Erhabenheit (sublimity) seiner Figuren zu erhöhen.« Die schwarze Wolke, aus der die Sonnenstrahlen brechen, ist ein Vortex aus ziehenden Wolken, Licht und Schatten, Dienstengeln und einem Gottvater rechts mit erhobenen Armen und geöffneten Händen. Die Wolke, drohend und verheißend, ist nah, über unserem Kopf, nah, wie die Gestalten der Gequälten. Fern, perspektivisch in die Ferne des Raums gerückt, ist Mose, der Mittler, ist die Schlange am ehernen Kreuz.

Ruskin schreibt, Tintoretto sei der einzige Maler, von dem er sicher sei, daß Turner ihn mit Hingabe (*devotion*) studiert habe, zugleich wisse er nicht, was genau es denn gewesen sei, was ihn jeweils fasziniert habe. Das gilt gerade für die ›Eherne Schlange‹, die Turner bei seinem letzten Venedig-Besuch intensiv studierte. Waren es die vibrierenden Farbtöne? Die Meisterschaft der Schattensetzungen? Es kann sein, daß den kritischen Leser der Farbenlehre Goethes die Frage beschäftigte, ob das Licht, nach Newton, die Farben enthalte oder ob sie erst durch sein Auftreffen auf Schatten erschienen. Das ungewöhnliche (nur ›symbolische‹?) Grün der Wolken, ohne Purpur, mag ihn beschäftigt haben. Wir wissen es nicht.

1843 malte Turner zwei quadratische Bildpendants: ›Schatten und Dunkelheit – Am Abend der Sintflut‹ und ›Licht und Farbe (Goethes Theorie) – Am Morgen nach der Sintflut – Moses schreibt das Buch Genesis‹. Beide Bilder sieht man von Goethes Polarität der Plus- und Minusfarben bestimmt, den Abend von den Minus-, den Morgen von den Plusfarben. Die Minusfarbe ist Blau und steht für »Beraubung, Schatten, Dunkel, Schwäche, Kälte, Ferne, Anziehen«; die Plusfarbe ist Gelb und bedeutet »Wirkung, Licht, Hell, Kraft, Wärme, Nähe, Abstoßen«. Aber davon, daß Turner Goethe habe illustrieren wollen, kann keine Rede sein; es ist eine Auseinandersetzung mit ihm. Der Abend hat nur wenig Blau und der Morgen nicht nur Gelb. Der Morgen ist ein Schöpfungswirbel, das ewige Kreisen der Sphären in der Quadratur des Formats – Tintorettos Blase aus Licht zum Bildganzen vergrößert – , woraus die Farben[2] – chromatische Harmonien von Kühl und Warm – abstrahlen: ein intensives oder weiß gehöhtes Gelb in vielen Schattierungen mit durchscheinendem Blau und Grün, links und unten die Rottöne des Sonnenaufgangs. Aus Dunst und Nebel werden wie Wellenkämme Gesichter der Frühe hochgewirbelt, das Geisterheer der künftigen Menschheit. Etwas oberhalb der Bildmitte sitzt zentral ein durchlichteter Mose und schreibt auf, was das Bild zeigt: »Licht ist dein Kleid, das du anhast;

---

2   Die Wissenschaft hat die Farben unterschieden: Karmin, Zinnober, Kokkusrot, Marsorange, Bromalaun (Chrome Yellow, Turners Lieblingsfarbe), Smaragdgrün, Chromgrün, Preußisch- und Kobaltblau über mehreren Schichten Bleiweiß.

du breitest aus den Himmel wie ein Tuch; du wölbest es oben mit Wasser; du fährst auf den Wolken wie auf einem Wagen und gehst auf Fittichen des Windes; der du machst Winde zu deinen Engeln und zu deinen Dienern Feuerflammen.« (Psalm 104, 2-4) Vielleicht sind die braunen gratigen Schatten die Berge, die aus dem Wasser »hoch hervor« gehen. (Vers 8) Rätselhaft auf dem Bild ist nur das – gegenüber allem sonst Verwischten – scharf konturierte Geschling in der Mitte, grau gepunktet. So prominent unter Mose gesetzt, kann es sich nur um die Eherne Schlange handeln, wie Turner sie aus Tintorettos Bild kannte. Da war sie ›erhöht‹, geflügelt, und schlang sich um ein ehernes Kreuz, das Zeichen der Erlösung vom Übel. Bei Turner aber schwebt sie, deutlicher gemalt als die Mose-Figur, frei im erst erstehenden Raum. So läßt sie auch an die andere Schlange denken, die aus dem Buch, an dem Mose gerade schreibt. Das Übel ist von Anfang an in der Schöpfung mitgesetzt, kann das heißen. Vielleicht ist die Doppelschleife aber auch als ein Zeichen gesetzt, das rätselhaft bleiben soll. Ein Geheimnis. Die Geschlossenheit des Tintoretto-Bildes ist auf ein paar Elemente reduziert – Wirbel, Blase, Licht, Schlange, Mose – und erschafft aus ihnen eine neue Welt von Anfang her.

Turners Shakespeare-Umkehr
Luftigen Nichtsen, sagt Puck, gäbe der Dichter »a local habitation and a name«. Und aus benannten Orten macht der Maler wieder »airy nothings«.

»Turner ist mehr darauf bedacht, die Farbnuancen in Dunstschleiern festzuhalten, als die Tiefe am Himmel, durch die die Wolken sich erstrecken, zu markieren. Constable lenkt den Blick auf die Wolken als geradezu plastische, dreidimensionale Gestalten. Bei Constable tragen die Wolken *als Körper* die Bewegung. Bei Turner sind es die feinen Schattierungen des Tones und der Farbe, die sein unglaublich scharfes Auge wahrnimmt.«
(Graham Reynolds, *Turner*, 174)

Manche Bilder Turners, zumal die nicht ausgestellten Aquarelle, hat die Kritik ›unfinished‹ genannt. Dabei ist gerade das Infinito die Pointe der Atmosphäre und der Wolken im besonderen. (Vgl. die offen gehaltene Tonart der ›Trüben Wolken‹ von Franz Liszt.)

111

Die verschwimmenden Berge, Häuser, Türme, Schiffe sind Anspielungen, die Turner einmal einen Ansporn (spur) nannte, um zum Verständnis eines Bildes vorzudringen. Aber selbst Ruskin hat den Gegenstand des Dargestellten oft nicht verstanden. Doch hilft es zum Verstehen, wenn ich weiß, was ›gemeint‹ ist? Die Dunkelheit eines Gedichts von Góngora, Hopkins oder Celan hat eine Helle, die jedes Aha überstrahlt und löscht. So Turners Bilder.

Turners Kippe

Was ist noch genaueste Beobachtung atmosphärischer Vorgänge, die, wie unendlich schwierig auch immer, in ihren chromatischen Differenzierungen zu malen wären (wie bei Constable), und was ist eine völlig (?) frei behandelte Leinwand, die der Maler wie im Action Painting attackierte, Farben aufstrich, wegschabte, einkratzte, mit dem Palettmesser schob, mit dem Finger verwischte, ohne daß ihn Primär- und Komplementär- und Lokalfarben, Perspektive oder Form noch zu interessieren schienen. Und dann, beim Varnishing Day in der Royal Academy, mit halb zugekniffenem Auge, ein einziger Farbkleks, ein Strich, die der Fläche Form und Balance gaben. Da konnten die königlichen Akademiker sagen: »Aha, eine Boje!« Und die Welt war wieder in Ordnung.

Turners Lektüre in Venedig

»Mein Venedig«, schreibt Ruskin, »wie das Turners, ist hauptsächlich das von Byron für uns geschaffene gewesen.«

XXVII

Der Mond steht da, und doch ist noch nicht Nacht –
Die späte Sonne teilt mit ihm den Himmel – ein Meer
Glorioser Ströme längs der Alpenhöhe
Der blauen Berge des Friaul; der Himmel wolkenlos,
Doch alle Farben zu einer einzigen verschmolzen,
Weite Iris, westlich, wo der Tag mit der
Vergangnen Ewigkeit sich trifft. Zugleich
Schwimmt der Diana sanfter Kamm
Durch die azurne Luft – Insel der Seligen.[3]

---

3 (Anmerkung Byrons:) »Die obige Beschreibung mag jenen, die nie einen orientalischen oder italienischen Himmel gesehen haben, fantastisch oder übertrieben erscheinen, doch es ist nichts als eine buchstäbliche und kaum

XXVIII

Ein Stern, ein einziger, zu ihrer Seite und
Beherrscht mit ihr den halben Himmel, während hell
Noch das besonnte Meer sich hebt und senkt und schlingernd
Am fernen Gipfel Rätiens steht, solange
Tag und Nacht sich streiten, bis endlich die Natur
Einforderte die alte Ordnung –: sanft fließt
Die tiefgefärbte Brenta, wo ihre Töne einträufeln
Den duft'gen Purpur einer neugebornen Rose,
Ein Strom auf ihrem Strom, der drin gespiegelt glüht,

XXIX

Erfüllt vom Himmelsantlitz, das von weit
Herabkommt auf die Wasser. Alle seine Töne,
Vom Sonnenuntergang zum Abendstern,
Vermischen ihre zauberische Mannigfalt.
Und jetzt der Wechsel: ein blasser Schatten wirft
Den Mantel auf die Berge. Der alte Tag
Stirbt wie der Delfin, den jeder Stich
Mit neuer Farbe färbt wie er verhaucht,
Die letzte noch die schönste, dann aus – vorbei – und alles grau.

(Byron, *Child Harold's Pilgrimage*, Canto IV, 1818)

Byrons Manfred beschwört die Tochter der Luft in der Abendsonne.

»Du herrliche Erscheinung mit dem Haar aus Licht,
Der Strahlenaugen Blenden, der Gestalt, in der
Die höchste Anmut sterblicher Geschöpfe
Unirdische Form in reinerem Stoff gewinnt,
Ätherischem, indes der Jugend Farben —
Die Rosenwangen eines Kinds im Schlaf,
Gewiegt vom Herzschlag seiner Mutter,
Die rosa Tönung, die das Sommerzwielicht
Auf jungfräulichen Schnee des Gletschers wirft,
Wie die Erde errötet, die den Himmel umfängt —
Den Götteranblick färben, und zähmen
Des Sonnenbogens Schönheit über dir geneigt.
Du herrliche Erscheinung, auf deiner klaren Stirn,
Darin sich Heiterkeit der Seele spiegelt,

hinreichende Schilderung eines Augustabends (des achtzehnten), bei manchem
Ritt an den Ufern der Brenta bei La Mira betrachtet.«

Die in sich selbst unsterblich ist,
Les ich, daß du dem Erdensohn vergibst,
Der sich von Zeit zu Zeit mit dunklen Mächten trifft,
Wenn er die Zaubermittel nutzt, dich anzurufen,
Um einen Augenblick lang dich zu sehn.«
(Byron, *Manfred, a dramatic poem*, London 1817, II. Akt, 2.

Szene) Goethe, der Byron sehr schätzte, hat einige Passagen der faustischen *Manfred*-Tragödie übersetzt, die Anrufung der Tochter der Luft zwar nicht, er hat sie aber gewiß gelesen. Ob er sich daran erinnerte, als er die ›Hochgebirg‹-Szene (*Faust II*, 4. Akt, Anfang) schrieb, die mit der Erscheinung einer großen Wolke einsetzt? Auch Manfred steht im Hochgebirg, in den Walliser Alpen, auch er hat eine Geliebte verloren und den Tod einer anderen verschuldet. Die Wolkengestalten beider Dichter sind freilich grundverschieden.

Cumulus
»Die wahre Cumulus, die majestätischste aller Wolken, ist großenteils windlos. Die Bewegung ihrer Massen ist feierlich, bedächtig, unerklärlich, ein stetes Vorwärts oder Zurück, als wären sie von einem inneren Willen belebt oder von einer unsichtbaren Macht dazu gezwungen. Sie scheinen besonders mit der Wärme verbunden, erreichen ihre perfekte Form erst am Nachmittag und schmelzen am Abend dahin. ... Es ist mir nie gelungen, eine Cumulus zu zeichnen. Die Unterteilungen der Oberfläche sind grotesk und endlos wie die eines Berges – perfekt umrissen, von einer Helligkeit jenseits der Möglichkeiten der Farbe und vergänglich wie ein Traum. Selbst Turner versuchte nie, sie zu malen, genauso wenig wie er die Schneearten der Hochgebirge malte.«
(Ruskin, *Modern Painters V*, 122)

Regenwolke
»Eine schwere Regenwolke hetzte uns zehn Meilen weit, beugte sich über uns, stahl sich dabei den blauen Himmel Inch um Inch, bis sie nur noch einen Streifen Ambrablau[1] hinter dem Apennin übriggelassen hatte, die nahen Hügel in tiefdunklem Purpurschatten, der Schnee dahinter erst flammend – das einzige starke Licht im Bild –, dann im Schatten, dunkel gegen den reinen Himmel; das Grau dar-

1 »Bleichstes durchsichtiges Blau, zu Gold sich wandelnd.«

über warm und fahl – stellenweise leicht vom Regen getuscht; darunter ein Weidengehölz, das sich gegen die Purpurtöne abhob, fast reines Indischgelb, ein wenig mit Rot versetzt.«

(Ruskin, *Praeterita*, II, 69f.)

Königin der Luft

»Die Tiefe der Luft vereinigt sich mit der Erde an ihrer Oberfläche und in ihren Wassern. …Sie spinnt und webt ihr Vlies zu einer wilden Tapisserie, zerreißt und flickt es wieder, flattert und flammt und flüstert zwischen den goldenen Fäden, die sie mit dem Plektrum fremden Feuers elektrisiert, das sie hin und wider quert, vor und zurück, und sie selber, Luft, wohnt ihnen ein; wie im Leben.«

(Ruskin, *Queen of the Air*, 101 f.)

PROSAGEDICHTE 4

Alternde Wolken

Der Charme sehr schöner Frauen, wenn sie verblühen – die Duftigkeit, das Pastell, die Heiterkeit gewesener Schönheit, für Augenblicke von letzten Strahlen getroffen, der ergreifende Zauber von Ruinen, bevor er im Äther verfliegt.

Zerlumpte Wolken

Bettler mit ihren aufgegebenen Hoffnungen, kaum noch die Erinnerung an ein besseres Leben, das schmutzigrote Bändchen am Handgelenk war einmal ein Liebeszeichen, kaum noch die Erinnerung an Versäumnisse im leeren Blick, der eine falsche Abzweig, einmal zu mutig gewesen oder zu feig, Kränkungen, Demütigungen, ausgeträumt der Traum, die Luftschlösser, der siebte Himmel, stolze Cumuli, einzelne helle Sommerwölkchen. Vorbei, vorbei. Nur noch der weiße Plastikbecher mit ein paar klappernden roten und gelben Münzen. Danke.

Der Rausch· Diese unverhofft über der Schlucht gesehene, vollkommen gefügte, vom Morgenglanz erleuchtete Wolke. Ich will sie festhalten wie die Reste eines Traums, aber sie schmilzt wie das Manna unter dem ersten Sonnenstrahl – wir sollen nichts festhalten wollen, ich weiß.

Aristophanes, DieWolken

Unter den vielen Darstellungen des Sokrates – meist der faunische Glatzkopf mit struppigem Bart und Stupsnase – gibt es eine Kleinplastik, kaum einen halben Meter hoch, der ganzen Gestalt: der rechte Arm ist kerzengrade hochgereckt, der ausgestreckte Zeigefinger weist nach oben. Oben, da sind die Dinge *supra nos*, da ist das Reich der Spekulation, der Meta-Physik, über die sich trefflich streiten läßt.

Dieser Sokrates scheint einer Komödie des Aristophanes entsprungen, den *Nephelai*, den *Wolken*, einer Satire auf die Modephilosophie der Sophistik. Der Sokrates der Komödie hat das Phrontisterion, das Grübelistikum gegründet, eine Denk- und Debattierschmiede, in der man lernt, aus schwarz weiß, aus Unrecht Recht zu machen. Hier werden die Wolken als Göttinnen verehrt, und Sokrates ruft sie an, zu erscheinen:

> »O gebietender Fürst, erdtragender Gott, unermeßlicher
> himmlischer Luftkreis,
> Und du leuchtender Äther und Göttinnen ihr, blitzdonnernde heilige
> Wolken,
> Steigt auf und erscheint, ihr Gebietenden hoch zu den Häuptern des
> irdischen Weisen!«

So eilen sie aus allen Weltgegenden – vom Nil bis zum Assowschen Meer – herbei, »leichthinschwebend in tauigem Schmuck weitschimmernd« und singen:

> »Schütteln wir also von unserm unsterblichen
> Nacken das Regengewölk und besichtigen
> Fernschauenden Auges das Erdreich!«

Sokrates erklärt seinem Schüler die Bedeutung der Wolken:

> »Sie, die den Verstand und die Redegewalt und den Witz uns
> Menschen verleihen
> Und das Blendwerkspiel und die Wortfechtkunst und den Hieb und
> die schlagende Wendung.«
> (Übersetzung: Johannes Minckwitz, 1881)

Die Wolken sind Göttinnen, die die Macht haben, sich wie Proteus in jede beliebige Gestalt zu verwandeln – Kentaur, Pardel, Wolf und Stier –, so wie der Sophist, wenn er sein Geschäft versteht, eins ins andere hext. Mehr noch: die Wolken allein sind Götter, »ein jegliches weitere Schnickschnack!« Wer läßt es denn regnen, wenn nicht Zeus? fragt der Schüler. Die Wolken. (»Selbst stand ich bislang in dem festesten Wahn, Zeus harne herunter in Siebe.«) Der Donner? Der Blitz? Sokrates beschreibt meteorologisch genau, wie die Wetter zustandekommen, wie die Wolken zusammenkrachen, nicht von Zeus bewirkt, sondern durch Wirbel des Äthers, die die Wolkenmassen »taumeln« lassen. (Aristophanes will hier ein besonders schlagendes Beispiel für das verdrehte Denken der Sophisten geben, weiß aber gewiß, daß die Annahme von Ätherwirbeln, die die Luftbewegungen bewirken, von dem wenig älteren Anaxagoras stammt, den auch Platons Sokrates im *Phaidon* zitiert. Eine kleine Spitze mag darin liegen, daß das Wort für Wirbel, Strudel, dinos, den Genetiv von Zeus, Dios, mitklingen läßt. So wäre der Wolkenversammler denn doch mit von der Partie.) In der Unterweisung fortfahrend, heißt Sokrates, mit dem erhobenen Zeigefinger der Kleinplastik, den Schüler, *die* »Götter allein anbetend zu verehren«: »Den chaotischen Raum und die Wolken der Luft und die Zunge, die heilige Dreizahl.« (Glosse, die Zunge, aber auch die Redegabe.)

Am Ende der Komödie ist die Welt freilich wieder ›in Ordnung‹, die wahren Götter werden wieder in ihr Recht gesetzt, die Wolken verfliegen, wie es ihre Natur ist. Alles nur eine Philosophensatire? Vielleicht doch nicht nur. Jahre später wurde Sokrates, dem Alleszermalmer, der Prozeß unter anderem wegen Gotteslästerung gemacht, mit bekanntem Ausgang. Nicht lange davor wurde schon einmal einem Philosophen, aus dem nämlichen Grund, der Prozeß gemacht, weil sein Himmel aus Ätherwirbeln und Luftaggregaten bestand. Anaxagoras, der Schützling des Perikles, kam mit knapper Not mit der Verbannung davon. In der Frühzeit hatte wieder ein anderer Philosoph den Kopf zu lange in den Wolken gehabt und fiel in den Brunnen, ausgelacht von einer thrakischen Magd.

ZITATE

Charles Baudelaire

»Die Farben senden sich gegenseitig ihre Reflexe zu, und indem
sie ihr Aussehen durch eine *Lasur* transparenter und entlehnter
Eigenschaften verändern, vervielfältigen sie ihre melodiösen
Verbindungen ins Unendliche und erleichtern sie. Wenn der große
Feuerball in die Fluten hinabsinkt, ertönen von allen Seiten rote
Fanfaren; eine blutfarbene Harmonie bricht am Horizont hervor,
und das Grün färbt sich in reichem Purpur. Alsbald aber treiben
große blaue Schatten in rhythmischer Kadenz die Menge der
orangenen und zartrosa Töne vor sich her, die gleichsam ein fernes,
abgeschwächtes Echo des Lichtes sind. Diese große Symphonie
des Tages, die ewige Variation der Symphonie von gestern, diese
Folge von Melodien, bei der die Verschiedenheit immer aus dem
Unendlichen hervorgeht, dieser vielstimmige Hymnus ist die Farbe.
Man findet in der Farbe die Harmonie, die Melodie und den
Kontrapunkt.«

(›Über die Farbe‹, aus: *Der Salon 1846*)

Stefan George, ›Entrückung‹

Ich steige über schluchten ungeheuer ·
Ich fühle wie ich über lezter wolke

In einem meer kristallnen glanzes schwimme –
Ich bin ein funke nur vom heiligen feuer
Ich bin ein dröhnen nur der heiligen stimme.

(Die letzten Verse des Gedichts aus dem »Siebenten Ring«)

Arnold Schönberg, II. Streichquartett, letzter Satz

»Schönberg überläßt sich rein dem Augenblick, reiht in buntestem
Wechsel Gestalten aneinander, die zu formulieren er in der strengen
Schule der variativen Arbeit gelernt hatte. Die Kontraste, die auf
knappstem Raum sich zusammendrängen, werden größer, als man
sie je kannte...«

(Th.W. Adorno, ›Zum Verständnis Schönbergs‹, GS 18, 440)

Ferruccio Busoni

»Musik, die durch das Weltall zieht.«

Busoni hat seinem *Entwurf einer neuen Ästhetik der Tonkunst* (1906/1916) einen Satz aus Hofmannsthals *Chandosbrief* vorangestellt, in dem es heißt, er, der Schreiber, könne kein Buch in einer der ihm geläufigen Sprachen schreiben, sondern höchstens in einer Sprache, »von deren Worten mir auch nicht ein einziges bekannt ist, einer Sprache, in welcher die stummen Dinge zu mir sprechen…« Busoni hat in seinem Entwurf Winke gegeben für diese noch unerhörte Sprache, die oft in ihren Bildern wie von den Wolken inspiriert erscheinen als den sichtbaren Zeichen der dauernden Verheißung eines Künftigen.

Die Musik ist, verglichen mit den anderen Künsten, noch ein Kind (»kaum vierhundert Jahre alt«). »Das Kind – es schwebt! Es berührt nicht die Erde mit seinen Füßen. Es ist nicht der Schwere unterworfen. Es ist fast unkörperlich. Seine Materie ist durchsichtig. Es ist tönende Luft. Es ist fast die Natur selbst. Es ist frei.« Aber ihm, dem Kind, werden Fesseln angelegt. »Das schwebende Wesen muß geziemend gehen … kaum, daß es hüpfen darf – indessen es seine Lust wäre, der Linie des Regenbogens zu folgen und mit den Wolken Sonnenstrahlen zu brechen.« (11)

Wie ein Kind, das ohne Maßregeln aufwächst, soll die Musik der Zukunft sein: »Frei ist die Tonkunst geboren und frei zu werden ihre Bestimmung. Sie wird der vollständigste aller Naturwiderscheine werden durch die Ungebundenheit ihrer Unmaterialität. … sie kann sich zusammenballen und kann auseinanderfließen, ohne an Intensität nachzulassen, die regloseste Ruhe und das lebhafteste Stürmen sein, sie hat die höchsten Höhen, die Menschen wahrnehmbar sind … und ihre Empfindung trifft die menschliche Brust mit jener Intensität, die vom ›Begriffe‹ unabhängig ist.« (11f. und 58)

»Die Musik kann sich erhellen, sich verdunkeln, sich verschieben und endlich verhauchen wie die Himmelserscheinung selbst.« (13)

»Wir haben die Oktave in zwölf gleich voneinander entfernte Stufen abgeteilt, weil wir uns irgendwie behelfen mußten. Und die

Natur schuf eine unendliche Abstufung – unendlich!« (47) Da ist die Mikrotonalität schon erahnt, die bald erfunden werden würde und später die serielle Musik. (Von Newton stammt die Einteilung des Spektrums in 7 Farben, obwohl er wußte, daß es »eine unendliche Abstufung« gab. Warum also 7? Weil es die Lücken zwischen den Stufen der Oktave waren. So wollte er den kosmischen Zusammenhang zwischen den Ton- und den Farbempfindungen festlegen.) »Die Aufgabe des Schaffenden besteht darin, Gesetze aufzustellen, und nicht, Gesetzen zu folgen.« (40) Die Wolke *folgt* nicht Luke Howard, indem sie seine Typen erfüllt und zugleich umspielt, sie *bricht* sie von einem Augenblick zum nächsten, und die Übergänge hängen von so vielen Faktoren ab, daß sie kaum vorhersehbar sind. Das Gesetz, das die Wolke aufstellt, ist, daß sich keine Gesetze aufstellen lassen. Das wußte Goethe, als er nach jahrelangen Versuchen, sie nach Howard zu systematisieren, es schließlich aufgab.

Am Ende seines Entwurfs findet Busoni für die Analogie von Himmelserscheinungen und Musik die Bestätigung von eines anderen Hand: »Tolstoi läßt einen landschaftlichen Eindruck zu Musikempfindung werden, wenn er in ›Luzern‹ schreibt: ›Weder auf dem See, noch an den Bergen, noch am Himmel eine einzige gerade Linie, eine einzige ungemischte Farbe, ein einziger Ruhepunkt – überall Bewegung, Unregelmäßigkeit, Willkür, Mannigfaltigkeit, unaufhörliches Ineinanderfließen von Schatten und Linien, und in allem die Ruhe, Weichheit, Harmonie und Notwendigkeit des Schönen.‹ Wird diese Musik jemals erreicht?« (60)

Das letzte Wort in Busonis *Entwurf* hat eine Fußnote: »Ich glaube gelesen zu haben, daß Liszt seine Dante-Symphonie auf die beiden Sätze ›Inferno‹ und ›Purgatorio‹ beschränkte, ›weil unsere Tonsprache für die Seligkeiten des Paradieses nicht ausreichte.‹« Dante kommt selbst im ›Paradiso‹ auf dessen Unbeschreibbarkeit zu sprechen, weil unsere, das heißt seine Sprache (»il parlar nostro«) dem Unerhörten (»a tanto oltraggio«) nicht gewachsen sei. So weicht er, wenn ihm die Worte fehlen, ins Lateinische aus, so wie wir beim Anblick der Wolken unsere Zuflucht vor dem Unbeschreiblichen in Bildern suchen.

Im Zug Hamburg-Berlin, 24. Juni 2004
18.30 Ungeheuerliche Wolken, majestätisch, Ehrfurcht gebie-
tend. Pralle, sich auflösende Maillol-Figuren, dann fetzig, daß die
weiten Höhenunterschiede sichtbar werden. Weiß, etwas Grau.
Dazwischen hellblaue Strecken, in Gletschereis eingelagerte
Seen. Manchmal Sonnenstreifen, bis sie dann selbst gebieterisch
erscheint.
19.00 Breiter Streifen Grau, monochrom, darüber ein schmales
Band hellgrauen Himmels über langem Waldstück. Der breite
Streifen läuft nach oben aus in von hinten erleuchtete runde
Noppen – die Felsbrocken auf Caspar David Friedrichs Hamburger
›Mondaufgang am Meer‹. Ganz hoch oben jetzt Krisseliges, Fettge-
webe, darüber reines, unberührtes Blau.
19.30 Abendlich besonnte Wiesen und noch grüne Kornäcker. Sehr
hoher Himmel, darauf hingetupft gefiederter Flaum.

Rügen, 8. August 2005
Nach Sonnenuntergang eine lange flache Wolkenwand von Kap
Arkona aus nach Osten dicht über dem Meer. Rötliche Farb-
schichten wie ein in die Länge gezogener Mark Rothko, als wollte
Gott sagen: So sollst du malen, Menschenskind, nicht in die Verti-
kale zeigen wollen, die Höhe, wie die Frevler von Babel.
Am nächsten Tag doch noch ein Sonnenuntergang, nachdem am
Abend der Himmel verhangen war, zugewölkt. Die Wolken waren
von hinten rot erleuchtet wie die Hölle Boschs. Ganz langsam lich-
teten sich die Wolken, wurden noch röter, und auf einmal gaben

sie einen riesigen, rotschreienden Feuerball preis, vor dem man die Augen schließen mußte. Der Weltenbrand des Muspili. Dann die Dramatik des schrägen Abgangs. Man sah die Sonne sekündlich absteigen (oder die Erde sich wölben) und mit primadonnahafter Verbeugung unter tief herabgezogenem Hut hinter der Horizontlinie verschwinden. Applaus.

Wien-Schwechat, 25. November 2007
Es ziehen über den Himmel freie Verse, langzeilige, in gemessenen Daktylen, dann abgerissene wie auf Papyrusresten, dann Verse stoßweise gehechelt, gerappt. Die Verse wechseln die Farben, je nachdem, wie sie von hinten erleuchtet werden. Wenn die Sonne darüber stark ist, legen sie sich schwarz auf die Erde und verdunkeln, was eben noch hell war. Schau nicht mehr, lies.

Nach Leipzig, 11. Dezember 2008
Im Kunstmuseum ein kleines Bild von Caspar David Friedrich: Vollmond, der hinter schwarzen Wolkenfetzen versteckt ist. Zwischen dem zerflatternden Schwarz kräftige lichtblaue Streifen. Auf dem dunkel geriffelten Wasser unten hell leuchtende Lichtstücke hintereinander – ein Heringsgewimmel – von der unsichtbaren Quelle. Der Mond – geborgtes Licht; auf dem Wasser ein doppelt geborgtes.

Nach Wien, 6. Februar 2009
Gerhard Richter in der Albertina. Sils Maria: dichtes graues Gewölk über Marmoré, an einer Stelle aufgerissen, einen Blick freigebend auf ein Stück reinen blauen Himmels. Das Stück hat aber selbst die Form einer Wolke oder könnte eine lichtblaue Rauchfahne sein, die von einem Haus unter Marmoré (Platta?) aufsteigt. Was ist Wolke, was freier Himmel?

Sils Maria, 21. Juli 2009
Von Maloja aus steigen wir hoch zur Innquelle. Über Matten und Almen, Zäune entlang, an Tränken und Hütten vorbei. Dann Geröll, Grus, Glimmer, noch einzelne Arven. Am Weg grüne Versteinerungen von Hölzern, die in den Rucksack kommen. Ziegenpfade, dann auch die nicht mehr. Wir müssen Stellen suchen, wie wir

höher kommen, einen Halt für Hände und Füße finden. Es ist steil,
Steine bröckeln, die fest schienen. Irgendwann löst sich die Hälfte
der Sohle von einem Schuh, so daß festes Auftreten unmöglich wird.
Oben ein weites Hochplateau mit der Markierung für die Quellen,
deren Flüsse am Ende ins Mittelmeer fließen, ins Schwarze Meer, in
den Atlantik. Wir sitzen auf einem Stein und schauen unter klarem,
wolkenlosem Himmel in die Ferne. Unter uns liegt spielzeugklein
der Silser See, liegt Maloja mit den Gletschermühlen, liegen die
Paßkehren ins Bergell, links vor uns Marmoré mit dem Bernina-
gletscher dahinter, direkt gegenüber das Massiv des Margnakegels.
Es kommt über uns Sprachlosigkeit, eine, ja, erhabene Stille wie
manchmal in Wüsten, Zeitlosigkeit, von leichten Winden gestreift.
Das Gefühl, etwas festhalten zu wollen, stellt sich nicht ein. Da ist
nur bewußtlose Ruhe. Erfüllte Leere.
Ein zufälliger Blick hinunter ins Bergell zeigt, daß etwas Weißes
heraufquillt, kein Nebelstreif, eine kompakte Masse. Und wie wir
noch sehen, sehen wir nichts mehr. Das Weiß stieg weiter hoch,
verhüllte Maloja und bald den Berg, auf dem wir saßen. Es wurde
kalt und klamm. Unheimliche Stimmung, auch im Nicht-Wissen,
ob die weiße Masse sich heben oder wenigstens lichten würde.
Wir machten uns auf, die lose Sohle mit einem Schal am Schuh
festgebunden, Zentimeter um Zentimeter, tasteten mit den Füßen,
schätzten ab, ob eine senkrechte Wand nur ein paar Meter lang wäre
oder ein Abgrund. Die Hand vor den Augen noch, aber nicht Schritt
und Tritt. Der Rucksack mit den Steinen beschwerte den Tritt
noch dazu und drückte nach unten. Sollte ich sie wegwerfen? Wir
wissen nicht, wie lang die Schlange noch Kraft hat, sich kalt um uns
zu winden, wie lang wir tappen und tasten wie Blinde. Rutschiges
Geröll, rissige Hände. Irgendwann Gras unter den Füßen, irgendwann fast sichtbar ein Pfad.

Sils Maria, 22. Juli 2009
Vom Fextal steil hinunter nach Isola und am Silser See entlang nach
Maloja unter bezogenem Himmel. Zurück nach Sils mit dem Schiff.
Dort beginnt es heftig zu regnen. Wir werden aber nach oben mit
dem Auto gebracht.
Nach dem Essen dramatischer Himmel. Wir steigen auf eine
gemähte Wiese hinter der Pension Crasta und sehen einen Hexen-

kessel: die Maloja-Schlange, in der wir gestern verschwanden, hat die ganze gegenüberliegende Bergwand eingehüllt – manchmal tauchen Grate und Spitzen dazwischen auf – und treibt rasend schnell über den See, jagt einerseits weiter Richtung Silvaplana, dreht andererseits ab und hoch ins Fextal, wo Marmoré schon ganz verschwunden ist. Ein Spuk, ein stummes Brodeln, ein sichtbares Brodeln, als könnte etwas, das eigentlich nur hörbar – polternd, rüttelnd – vorgestellt wird, in einem anderen ›Medium‹ – dem Stummen und Nur-Sichtbaren – noch größere Effekte hervorrufen. Brodelnde. Über dem Spektakel ein blauer Himmel mit ein paar Federwölkchen, die amüsiert zuschauen.
Als ich nach einer Stunde wieder hinausgehe, zieht das Gewölk noch immer geschäftig über den See. Marmoré dicht eingeweißt. Im nächsten Nu ist alles weg, als wäre nichts gewesen.

23. Juli 2009
Auf dem Korvatsch. Blick über die ganze Seenplatte von Maloja bis St. Moritz. Blick nach oben zu den kahlen Spitzen. Wasserfälle, Schuttkegel, heruntergerollte gigantische Brocken. Bizarre Verwerfungen, dann viele Meter hohe, gleichmäßige Schichtungen wie gemauert. Heftigster kalter Wind, der es schwierig macht, die Balance zu halten, und uns zweimal buchstäblich umwirft. Alpenastern, Nester von Schusternägeln, die ›bayerischer Enzian‹ heißen (D.H. Lawrence hat ein langes Gedicht über das Pflänzchen geschrieben), Alpendost, echter Enzian.
Ich sitze und bin auf Augenhöhe mit den gezackten Berglinien gegenüber. Darüber die dahineilenden Wolkenballungen, die im Flug schon zerfleddern. Die Berge: Bild des Ewigen. Die Wolken: Bild des Flüchtigsten. Beide gleichzeitig *da* seit Jahrmillionen. – Spätabends am wolkigen Himmel: wie ausgeschnitten, freigeschlagen aus dem ihn umgebenden Material – Arktur.

Fextal, 23. Februar 2010
Bei herrlichster Sonne mit den Skiern über den See bis Maloja, zurück durch den Wald. Ich blicke lange zwischen Bäumen auf einen Schneeausschnitt – 3x3 Meter –, auf dem die Sonne liegt. An verschiedenen Stellen blinken und glitzern die Kristalle, immer dieselben. Ich bleibe so lange stehen, bis andere Kristalle

aufblitzen, das heißt, die rasende Erde hat sich, bis die Strahlen endlich das Schneefeld erreichen, um ein Winziges weitergedreht. Der Schauer: das kosmische Geschehen direkt vor Augen.

Beim Imbiß in Isola wird Maloja eingehimmelt von der Malojaschlange. Alles dicht. Der ganze See hinter uns dicht. Das hält aber nicht lange, die Wolken ziehen weiter oder hoch und lassen dann darunter einen Waldstreifen sehen. Verwischte Grautöne – Schnee, Bäume, von Nebel und Gewölk überzogen, Sonne, vielfältig gebrochene Mikrotöne –: Bilder von Gerhard Richter, die ja oft von den hiesigen Lichterfahrungen inspiriert sind.

Frankfurt, 22. Oktober 2012
Später Nachmittag gegen halb sechs. Regelmäßige, parallele weiße Streifen am Himmel – eine sorgfältig, Zeile für Zeile ausgewischte Schiefertafel aus der Zwergschule für Giganten. Was mag da gestanden haben? Der stumpfe Griffel eines Jets streicht das Gelöschte noch einmal quer durch.

24. März 2013
Im Fenstergeviert nach Westen eine Lithographie von Zoran Music: unförmige vereinzelte, graubraune Tuffsteinbrocken an einem Strand der Adria oder der Ostsee. Sie liegen, sie stehen da, übriggebliebene Fundstücke in einem Junk Shop, nicht umschlossen von Sand oder Meer, dafür rot an den Rändern durchschossen von der untergehenden Sonne.
Erinnerung an eine Wolkenzeichnung Alban Bergs in einem Brief an Schönberg: kleine neben- und untereinander ausgestellte verschnürte Päckchen, die die Gnade des Himmels von den Kordeln entbunden hat.

13. Juni 2014
Mittlerer Nachmittag, vor dem Fenster zum Westen: ein riesiges altmodisches Telefon mit Wählscheibe und auf der Gabel abgelegtem Hörer, von Meret Oppenheim in den dreißiger Jahren ganz mit weißem Pelz überzogen.

19. Juni 2014

19.15. Der ganze westliche Himmel (mehr sehe ich nicht vom Fenster im zweiten Stock) unter einer dichten Decke, weiß, manchmal etwas mit Blau gemischt, wenn die Decke ausfranst. Die Sonne steht in einem Neigungswinkel von 45 Grad. Vor der nicht sichtbaren Wolke drei riesige Ballen vertikal, grau-schwarz verschattet, da von der Sonne angeleuchtet. Sie werfen fahles Licht auf Bäume und Häuser. Auf einmal verschieben sie sich so, daß sie einen tiefen Kessel oder Zylinder bilden, dessen Wände rundum ausgeleuchtet sind. Die Sonne direkt im Zentrum ist von einer Wolke verdeckt, und nur so läßt sich die fast – aber eben nur fast – blendende Helle des Zylinders überhaupt sehen, dessen Ende (Tiefe?) nur ahnbar ist. (Ich wollte schreiben, der Zylinder sei »bodenlos«. Gibt es für diese Himmelserscheinung ein Wort, das annähernd dem entspricht, was wir mit »bodenlos« meinen?) Der Kosmos besteht nach Parmenides aus konzentrischen stephánai (Kreise, Ringe, Kränze; Hopkins übersetzt spheres or *cylinders*), mal Feuer, mal Nacht, mit einem Daimon in der Mitte. »This spirit was the cause of he gods, creating Love first.«

21. Juni 2014

Sonnenwende

Im Westen hohe Sonne (60 Grad), die von zwei aufrecht stehenden, schwarz-grauen Großkatzen mit fluffigem Fell an den Seiten ganz verdeckt wird. Sie sehen aber eher liegend aus, in der Haltung, als schlürften sie am großen Wasser der Sonne. Vorstellung, die liegenden Löwen seien in die Senkrechte gekippt. Sie drehen in wenigen Minuten ab nach Süden, verlieren ihre Bildgestalt und werden zu einem kompakten Haufen (Wäschekorb), hellweiß an den Rändern.

Zwei Stunden vorher – die Sonne im Südwesten – eine meilenhohe lotrechte Wolke vor der Sonne, der linke gezackte Rand von oben bis unten in so gleißendem Licht, daß man zwinkern mußte. Ein stehender Blitz. Oder eine Goldlitzenbordüre vom Tischtuch der Götter.

Die Wolke gab die Sonne frei und zog nach Westen, wie um eine gleichgestaltige Kollegin einzuholen. Reines Himmelsblau zwischen beiden. Die Ränder geformt, als paßten sie ineinander, die rückgängig gemachte Kontinentaldrift – Afrika und Südamerika wieder eins.

Nach neun ist der Himmel leergefegt. Die Sonne steht noch in West-nordwest, aber ich kann sie von meinen Fenstern aus nicht sehen, nur einen orange-sauermilchigen Schein über den Dächern. Zwei Flugzeuge sehr hoch oben mit den kurzen Schweifen von Kometen. Querwanderer.

22. Juni 2014

Den ganzen Tag ist der Himmel von riesigen vertikalen Haufen-wolken (Alto-Cumulus) überzogen, die sehr ruhig, gemessen in südlicher Richtung zu ziehen scheinen, würden nicht zerfetzte Ränder hoch oben stärkere Winde anzeigen.

Zwischen den Massen, wenn sie sich teilen, glatter, wasserblauer Himmel (*galene*) oder das diktatorische Sonnenauge, »vor dem du das Haupt bedecken mußt«.

Gegen acht leert sich der Himmel und übrig bleibt, gegenüber den Monstern, eine kleine Wolke, ein fransiges Tüchlein, das auf der Wäscheleine flattert. Dem Wölkchen nähert sich ein Flugzeug, das in ihm verschwindet – das Wölkchen ist mindestens tausendmal so groß wie das Menschenwerk.

Die Sonne sinkt westnordwest vor fast blankem Himmel, nur drei helle Sandbänke liegen quer, waagrecht, übereinander gestapelt.

Die perspektivische Verkürzung beim Anflug auf einen Archipel.

Ich muß jeden Tag von neuem versuchen, die Wolken im Raum – nicht wie auf einer Leinwand – zu sehen, um eine Ahnung von den Entfernungen zwischen ihnen zu bekommen: perspektivisches Sehen, allerdings nicht im Sinne der Zentralperspektive, eher wie die der Maler, die mit dieser ›Idealform‹ nichts anfangen konnten wie die Niederländer. Hilfreich sind Flugzeuge, deren Routen man einigermaßen kennt und die in den Wolken verschwinden oder nicht verschwinden.

Die Wolken*höhe* ist weniger ein Problem, weil hier die Formen klarer unterscheidbar sind.

Nach dem Sonnenuntergang gestreifte, weiß-rosa Pfühle der Kind-heit. »Ade nun zur guten Nacht...«

26. Juni 2014
Im Zug Frankfurt–Berlin
Zwischen Hanau und Fulda dichte Wolkendecke in abgestuften
Schichten, Grau-weiß-Töne, lange Bänke hintereinander bis zum
Horizont, übereinander bis zum Zenith. Dahinter eine unsichtbare
Sonne, die sich in Schattenwolken zu erkennen gibt. Ein weiter
Theaterraum. Auf Kassel zu lösen sich vor dem Einheitsgrauweiß einzeln
geformte Haufen in reinem Weiß heraus. Die vielen Oberleitungs-
drähte um Kassel – Notenlinien vor einer verwischten Partitur.
Nach Hildesheim im Westen eine Parade von Heuhaufen hintereinander am Himmel. Jeder Haufen anders wie bei Monet. Das Heu
wie von Rauhreif überzogen: Dezember im Juni. Heller Himmel
im Westen, weiß auf weiß: Damast. Im Osten dunkler, bläu-
liches Milchweiß und fahles Licht auf den Feldern. Der Zug fährt
zwischen zwei Welten hindurch – ein geteilter Himmel.

Gegen fünf im Garten des Wiko.
Die Sonne ist umgeben von unregelmäßigen Paketwölkchen,
darüber weite Eisfelder mit Graten, Schluchten, Isthmen dazwischen, die sich zu einem weiten blauen Meer mit Archipelen
öffnen.
Die Pakete an der ›Schauseite‹ werden dunkel (Schatten), als hätten
sie in einer Pfütze gestanden.
Die Sonne wird jetzt zu grell, um hineinzusehen. Keine Farbigkeit an den Wolkensäumen. Weiter weg von der Sonne, über dem
Halensee, weite Tücher, zerwühlte Bettlaken. Jetzt öffnen sie sich
und bilden ein Loch – ein von oben gesehener See mit gebuchteten
Ufern. Vor dem hellen Himmel sind die hohen Bäume schwarz, nur
ihre eigenen Silhouetten. Dann steht die Sonne hinter den Wipfeln,
und die Bäume werden transparent, filigrane helle Pünktchen.

28. Juni 2014, Berlin–Frankfurt
Nach tropischer Hitze in Berlin große, nahe und ferne Wolkenge-
birge. Nach Hildesheim ein graues Band mit einer waagrechten
Reihe von einem Dutzend Eutern.
Seit Kassel steigen aus den Mittelgebirgstälern Nebel nach oben
und über die Bäume, erst in ziehenden Gazeschwaden, dann stehen

sie in geballten Haufen über dem Wald oder hängen wie schlaffe Lumpen von der Leine.

Ende Juni 2014
Tagelang Türme über Türme, Schatten hinter Schatten treibend mit unermeßlichen Distanzen dazwischen vor unsichtbarer Sonne. Schatten, die »in unergründlichen Falten herabhängen« (V. Woolf, *Die Wellen*, 228) oder gerefft werden, um dahinter nichts zu offenbaren oder nur neue Schatten.

Die Türme teilen sich und halten zwischen sich eine gigantische Waldarbeitersäge (Schrotsäge) – das Blatt glatt poliert, im Bogen unten die Sägezacken aufgereiht, eine akkurat an der anderen. Die Säge verschwindet, und an ihrer Stelle erscheinen vier dicke Drahtseile, in Abständen wie Notenlinien, aber durchhängend wie Wäscheleinen.

6. Juli 2014
Sehr schwüler Tag, heiße Sonne noch gegen acht, als wir im Holzhausenpark sitzen. Ein paar vereinzelte Cumuluswolken tauchen auf, nach einem wolkenlosen Tag. Wir essen im windstillen Garten in lastender Schwüle gegen neun. Nach dem Essen lese ich noch die Zeitung, bis ich merke, wie es sehr rasch dunkel wird, obwohl die Sonne noch nicht untergegangen ist. Ich schaue hoch, und da ist eine riesige schwarze Wolke mit ein paar weiß-grauen Einschlüssen über dem ganzen Gesichtsfeld – Cumulonimbus. Wie ich noch schaue, fährt ein heftiger Sturm in die alten Bäume und sofort fällt heftiger Regen. Ich sause ins Haus, um mit Moni die Wäsche vom Balkon ins Haus hereinzunehmen und die Fenster zu schließen, beobachte vom Balkon aus weiter die Wolke, die nicht weiterzieht, bis sie ihre ganze Fracht abgeladen hat. Am rechten Rand der Wolke, die sich zu teilen beginnt, erscheint ein schwefelgelber Streifen, vertikal, strack, vom Himmel durch die Erde zur Hölle. Wenn ich nur mit dem linken, vor einer Woche operierten Auge schaue, sehe ich ihn nicht, nur mit dem noch nicht operierten rechten (die andere Lichtbrechung durch den grauen Star), so wie ich oft um den Mond den Spektralfarbkreis sehe, den gesunde Augen nicht sehen. Das wird mir künftig fehlen.

15. Juli 2014

Nach einigen Tagen mit schweren Unwettern, viel Regen, seit gestern wieder blauer Himmel mit sauber gewaschenen Ungetümen. Gegen fünf sehr dichte Cumulus vor der Sonne, so daß es dunkel wird. Die Sonne scheint aber so fern von der Wolke zu sein, daß sie weiß bleibt, nicht schattig wird. Als die Wolke tiefer zieht, bekommt ihr Rand auf einmal eine grellweiße Borte, die bald zerschlissen ist – die verfitzten Fransen an einem alten, geerbten Tischtuch, der Stoff im Laufe der vielen Jahrzehnte verzogen, und wie die Wolke lichter wird, der Himmel durchscheint, sieht man wie fadenscheinig das Tuch geworden ist von den vielen Festen und Feiern. Nur die Fransen leuchten triumphierend, weiß gestärkt, als Erinnerung an den alten Glanz. Gegen sieben erscheinen Wischtücher. Bald ist der Himmel leergeputzt, sind die Erinnerungsspuren gelöscht. Nur noch eine gnadenlos grelle Sonne.

Nach Mitternacht, gegen eins, ist der Himmel bezogen von dicken hellen Haufenwolken: große Frau-Holle-Kissen, Weißwäsche, Pakete, dazwischen der Nachthimmel, der wegen der Weiße nicht schwarz, sondern dunkelblau wirkt, nachtviolenblau, wie ich es noch nie sah. Im Südosten hat sich der abnehmende Mond hochgekämpft, sehr hell, geradezu strahlend zwischen ruhig daliegenden Wolkeninseln oder moorigen Gebirgsseen, bräunlich. Es ist klar, daß es der (spät entdeckte) aufziehende grelle Mond war, der die Wolken von unten erleuchtete. Er war hinter Bäumen und Häusern verborgen. Ein paar *dunkle* Wölkchen in seiner Nähe hätten mich aber auf ihn schließen lassen können.

16. Juli 2014

Am Nachmittag grelle weiße Wolken, und das Licht der Sonne auf dem Papier bereitet den Augen Schmerzen. Zwischen die Augen und das Weiß schiebt sich ein Schleier aus winzigkleinen schwarzen Kreisen, der nach oben und unten, nach links und rechts zieht, rasch und tänzelnd wie ein Mückenschwarm in der Sonne. Wenn ich kurz die Augen schließe und sie dann wieder öffne, ist er noch da. Eine Folge der OPs?

16. September 2014

Spätsommernachmittag im Garten. Ein Schwarm winziger Fliegen, die vor mir in der Luft einen eiligen Tanz aufführen. Sie bilden einen Kreis oder eher eine Kugel, deren Mittelpunkt sich ständig verschiebt, nach rechts, nach links, nach oben, nach unten, wobei der Umfang der Kugel, des Kreises gleich bleibt. Das Auf und Ab hält sich in einer bewundernswerten Homöostase. Sie fliegen dicht und streifen sich doch nicht. Sie sind auf keinen Fang aus und werden auch keine Beute. Was tun sie? Teilen sie sich etwas mit? Wie haben sie zusammengefunden? Warum?

Ich sehe sie so scharf, weil sie vor einer weißen Wolke am hellen blauen Himmel tanzen. Der Kreis und die Wolke korrespondieren in ihrem Gleichgewicht, ihrer vom Wind getriebenen Balance und in ihrer Zusammensetzung – hier die winzigen Fliegen, dort oben die Myriaden Moleküle, von der Luft dazwischen zusammengehalten. Zweimal Winzigstes, einmal als Mikro-, einmal als Makrokosmos.

Die Verlagerung des Mittelpunkts ist verursacht durch hauchfeine Winde, die ich nicht spüren kann, so wie die fast unmerklichen Gestaltwandlungen der Wolke (die langsamen Ausfransungen an den Rändern) durch Winde ausgelöst sind, von denen ich nur »weiß«, ohne sie sehen zu können.

23. September 2014

Der Blick über die Dächer nach Westen, ein Sonnenuntergang, der nicht zu sehen ist. Neben der Spitze eines Baums ein brandroter konvexer Halbkreis vor hellem Himmel, grell fixiert wie ein aus sicherer Entfernung gemalter Vulkanausbruch. Mündungsfeuer, stechender Schmerz in den Augen, aber ich bin dankbar, daß die Detonation länderweit weg ist. Rechts von der Grelle – Westnordwest – die lotrechte, himmelhohe Ballett-Truppe zweier Haken- oder Komma-Cumuli (cirrus uncinus) in ihren aufgestellten Tütüs aus weißer Gaze, die reglos vor dem Blau auf den Einsatz warten. Vielleicht sind es auch die Engel, die auf der Himmelsleiter nicht mehr auf- und niedersteigen, die schlicht stehengeblieben sind, harren. Zwischen der krallen Grelle und dem sanften Tüll steigt auf einmal, schräg, wie der Stift an einem Lineal, langsam, stetig ein weißer Strich ins Gewölk. Unbeirrt. Soll die Natur doch zackern. (»Stirring still.«)

Eine halbe Stunde später, es ist dämmrig, fast dunkel, fährt von Nord, von rechts oben im Bildausschnitt nach links unten, ein blutroter Pfeil durch den Himmel, den er entzwei teilt. Er schießt nicht, er ›fährt‹ in kerzengeraden, kaum merklichen Rucken wie ein Beweis der Illusion der Bewegung in Zenons Paradox.

2. Oktober 2014
19 Uhr
Dünne Stratusstreifen (»Fieberlinnen«) über der untergehenden Sonne. Darüber breite Cumuluspolster für abwesende Engel, weißgolden gehöht.

Lotrecht davor erhebt sich eine schmutziggraue Salzsäule, an einer Seite gefiedert von Wind aus den Städten der Tiefe, und dann knickt sie ab in der Höhe wie der Rauch aus einer Esse, und aus den Federn sind verdreckte lange Darmzotten geworden. Dahinter, übereinander gestaffelt, weiße Himmelsbögen. Filmschnitt – aus den grauweißen Figuren ist im Repentir eine hellrosa Fläche geworden, die sich nach Nord-West zu Scharlach verdichtet. Links Turner, rechts süßliche Präraffaeliten. Dahinter aufsteigendes Grauschwarz wie der Rauch eines gigantischen Feuers aus fernen Städten.

Die raschen Veränderungen deuten auf scharfe Winde in hoher Höhe. Hier unten ist es still, es regt sich kein Blatt. Rabenscharen kreuzen gemessen in südlicher Richtung und bringen Elias sein Brot.

26. November 2014
Mit dem Zug nach Salzburg. Hinter Nürnberg sehr breite weiße Wolkenfläche, Angorawolle, durch die eine grelle Sonne ihren Kopf steckt. Etwas später kleine, deutlich konturierte (abgesetzte) Stücke: das Schuppenkostüm der Blätzlebuben bei der alemannischen Fasnet, Fischmänner, im Eiswinter 1971 beim Narrentreffen in Konstanz gesehen, als der Bodensee zugefroren war.

Noch später eine Sonne wie von sehr hoch oben geschaut, gleichzeitig wie der Blick in die glosenden, glühenden Krater zwischen Schnee- und Eisfeldern. Ätna. Der Blick nach oben als Blick in tiefste Tiefen.

In München Schneehauch auf den Dächern. Richtung Salzburg grauer Einheitshimmel, dämmrig schon um zwei, Nebel, die Landschaft nur noch ein Schemen. In der Gegend des Chiemsees dunkle Flecken, die die Geister der Inseln sein könnten oder auch nur Baumgruppen: Turner.

MALER 6

William Turner 4

Tizians Verkündigung
Das Bild ist eines der verstörendsten des späten Tizian, und nicht nur, wenn man die Unzahl der innigen Darstellungen der Szene, auch seiner eigenen, mitdenkt. Hier ist nichts innig, nichts anmutig, nichts mädchenhaft-naiv. Kein lichter Engel schwebt in die Kammer. Gabriel, übergroß, bräunlich, in einer Art Reisekleid, stapft grob in ein Irgend- oder Nirgendwo, um mit gerecktem Hals unter der geröteten Wange, mit verschränkten Armen etwas auszurichten. Vielleicht hat er auch schon gesagt, was er sagen soll, denn Maria, in dumpf leuchtendes Blau und Terracottarot gekleidet, hat wie im Disput den Arm erhoben, und der Engel sagt ›Weiß ich?‹ und verschränkt dann erst die Arme. Es ist eine rätselhafte, dramatische, auch gewaltsame Szene, in der das Ungeheuerliche der Verkündigung ernst genommen ist.

Von oben bricht ein Dutzend kindlicher Engel in den Raum, der kein Raum mehr ist. Keine Wände, keine Decke. Die bekannte Welt, in der das Auge irgendeine Orientierung fände, ist nicht mehr da. Die Konturen der Körper sind verwischt in einem Furor, der auch die Abgrenzung der Farben gegeneinander aufgegeben hat. Dominant sind die Brauntöne, wie beim späten Tizian überhaupt, also das Erdige, die Schöpfungsmaterie – ›Adam‹ heißt ›der von Erde Genommene‹ –, in die sie sich wieder auflöst. Aber die Materie ist durchlichtet von den Gelb und Goldtönen aus einer anderen Sphäre als der materiellen. Unter dem Braungold tauchen andere Farben auf – rot, blau, grünlich – in einem dunklen, brodelnden Dämmer des Mysteriums, Schicht über Schicht. Man fragt sich auch nicht, ob es Wolken sind und woher sie kommen könnten. Ursache und Wirkung sind ununterscheidbar. Da ist etwas *da*. Jetzt. Eine vibrierende Farbfläche, die nichts mit einer erkennbaren Welt oder ›der Natur‹ zu tun hat.

Ein Turner-Himmel, von dem man nicht weiß, ob er ein Gewitter darstellen soll, was man aber auch nicht zu wissen braucht. Nur die kleine transparente Glasvase mit ein paar weißen Rosenblüten, rechts unten in der Ecke, klar wie von van Eyck gemalt, steht unberührt da, die Erinnerung an eine frühere Welt und Zeit.

(Venedig, San Salvador)

Erinnerung an Tizians Laurentius
Turners rotschwarze Rauchhimmel: als sei der Feuerrost des Gemarterten an die Atmosphäre aufgestiegen. Man ahnt den Marterknecht mit dem muskulösen Rücken, der die Glut schürt, oder den anderen, der mit dem von der Anstrengung durchgebogenen Bratspieß den Heiligen auf den Bauch drehen will. Eilige Figuren im finsteren Hintergrund. Auch das Fett spritzt und fleckt Turners Himmel. Aber nicht einmal verstohlen der Hauch eines anderen Lichts.

(Santa Maria Assunta, Gesuiti)

SPLITTER 2

»Jede Form ist so empfindlich wie ein Rauchwölkchen: das unmerklichste geringste Verrücken jeder ihrer Teile verändert sie *wesentlich*.« (Kandinsky)
.

»Aufsteigende Wolken als Quellengebete.« (Novalis)
.

»Von der Bundeslade kamen sie, die Cherubim, in die Wolken, denn da sich dort auf ihnen die Herrlichkeit Gottes niederließ: so mußten sie auch hier die Herrlichkeit Gottes tragen.«
.

»Wer hat den Wolkenzügen Sinn gegeben? Den Luft=Erscheinungen Verstand?« (Gott zu Hiob, nach Herder)
.

Spätwinter. Manchmal sind Lehrlinge am Werk, die das Material verhunzen.
.

Federwolken, die sich losreißen von der Erde, wie Korbblüten des Schierlings, die davonfliegen möchten.

134

Durchs Zugfenster gesehen: der gerahmte Sonnenuntergang
Delacroix'.
.
Du erfaßt die Wolke mit einem Blick wie einen Raum, den du zum
erstenmal betrittst, wie ein Bild im Museum, das du nicht kennst.
Sobald du Einzelheiten erkennen, dich ›vertiefen‹ willst – in dieses
Weiß, dieses Grau –, sind die Dinge nicht mehr an ihrem Platz. So
wie im Traum die Möbel umgestellt, die Spiegel verhängt werden;
so wie der Maler mit einem Ton sich korrigiert, mit einem zweiten,
einem dritten. Repentir. (13. 4. 2013)
.
Es gibt Wolken keß wie Exhibitionistinnen –»Sieh mich an in meiner
Schamlosigkeit«. Und wenn du hinschmelzen willst, ist sie schon
weggeschmolzen. Ein anderes elektronisches Bild.

ESSAYS 6

Hopkins' Wolken

Gerard Manley Hopkins (1844–89), der ungewöhnlichste Dichter der
viktorianischen Ära, benutzte zwei Wörter für den Angelpunkt seiner Poetik, die es im Englischen nicht gibt: *inscape* und *instress*. Das
erste ist »landscape«, »seascape« usw. nachgebildet und kommt von
Angelsächsisch scip, sceap, scieppan, das heißt schöpfen, schaffen,
Form geben, dann das Geschaffene, das Ge-schöpf. (Von der gleichen Wurzel stammt scop, der Dichter, der Sänger.) Hopkins' *inscape* meint etwas, das mit ›innerer Form‹, ›Inbild‹ (Waterhouse) oder
gar ›Gestalt‹ nur unscharf zu fassen ist und das nicht nur im Gedicht
verwirklicht werden soll. Es ist etwas, das ›sich zeigt‹. Sich zeigt vor
allem in den Erscheinungen der Natur, wenn man ein offenes Auge
hat, wenn man sich das »primitive eye«, von dem Ruskin spricht, be-
wahrt oder es wiedergewonnen hat, um das Besondere, das Eigene
einer Erscheinung, eines Gegenstands, eines Kunstwerks zu sehen
und ihren Zusammenhang, ihre Einheit, ihr Einssein zu erkennen,
ob in einer Blume, einem Stein, in Wolke und Welle. Über die Knos-
penbildung heißt es einmal: »a new world of inscape« oder ein ander-

mal:»how deep the inscape in things is«. Hopkins hat das Ensemble, die Fülle, den Reichtum des je Einzelnen im Sinn, die sich dem Blick offenbaren, die anschießen wie das Eiskristall auf der Fensterscheibe.»Inscape«kommt der Joyceschen»Quidditas«nah, in der die Washeit eines Dings sich in einem jähen Erkenntnisakt manifestiert: es ist genau dieses Ding und kein anderes. Joyce nannte diesen Sprung Epiphanie.

Der *inscape* flankierende Begriff, *instress*, bezeichnet in Hopkins' Verslehre die aus griechischer Chorlyrik und Alltagssprache abgeleitete Betonungsverteilung nach emotionalen oder Erkenntnisaggregaten innerhalb eines metrischen Gerüsts. (Dabei können durchaus drei oder vier Ikten aneinanderprallen.) *Instress* ist die Energie, die das IN-Bild (*inscape*) aus Statik und Dynamik hält, bündelt und auf den Wahrnehmenden überträgt, ihn inscape erkennen läßt. Mit *instress* (»Inwucht« in der Übersetzung von Waterhouse) liegt Erkenntnis, das heißt Wahrnehmung, im Akt, im Zugriff, nicht im benannten Objekt.

Beide für seine Poetik entwickelten Kernbegriffe überträgt Hopkins auf die Beschreibung der Wolken in seinen Tagebüchern. Vielleicht war es auch umgekehrt: er las am Himmel, wie seine Gedichte zu gewichten wären. Einmal sah er eine Esche »als sonettgleiches *inscape*«. Ein andermal, in der Nacht:»Ich sah vom Galeriefenster einen scheckigen Himmel, der Mond bloß markiert durch einen blauen Punkt der seinen Weg bahnte durch die dunklere Bewölkung, unterhalb und an den Säumen des Treibens prägnante lange Flocken geweißt und geschwellt wie Federn, darunter / der Garten mit den Köpfen der Bäume und Sträucher pelzig grau: ich las ein breites gelassenes Inbild alles durchströmend (inscape flowing throughout).« (23. Februar 1872) Das Gesehene im Fluß und gleichzeitig im Schreiben fixiert wie gemalt.

Wie jeder Wolkenbeschreiber sucht er nach Worten ohne Bildlichkeit:»Ich zählte in einem leuchtenden Regenbogen zwei, vielleicht drei / vollständige Oktaven, das heißt / drei, vielleicht vier / Anschläge des Grundtons oder niedersten Rot, gezählt von der äußersten rohen Einfassung: dieses ist selbstverständlich ganz unabhängig von einem Doppelbogen, der dieser zufällig auch war.« (14. September 1873) Einmal nennt er den kleinsten Übergang in einer Wolke nicht in ein (erwartbares) Kreuz (sharp), sondern in ein B (flat): also nicht in das fis zum Beispiel, sondern in das ges. In der temperierten Stimmung klingen freilich die Töne gleich, notiert aber gehören sie zu verschiedenen Tonarten. Läßt sich die Modulation, wie er es nennt, subtiler fassen? Der nur um eine winzigste Idee sichtbare, hörbare Unterschied, der den Wechsel von einer Wolkenform in eine andere benennt? (8. Juli 1868)

Nicht immer ist es möglich, *inscape* und *instress* so zu behalten, wie sie wahrgenommen wurden. (Das wußte Constable; Turner setzte sich darüber hinweg und malte, was ›das Bild‹ verlangte.) Einmal schreibt Hopkins:»Was man fest anschaut, scheint fest zurückzuschauen, daher der wahre und falsche *instress* der Natur. An einem Tag früh im März als lange Striemen über Kemble End stiegen schien eine große Flocke in Schlingenform, keine Strieme aber zum Strang gehörig, zu langsam unterwegs für das Auge, den Zenit mit einem weißen Distrikt aus Wolken zu schirmen und füllen. Ich sah lange hinauf dazu bis die steile Höhe und Pracht der Bildung – regelmäßig gelockte Knoten die wenn ich nicht irre in feinen Stielen entsprangen, wie Blätterschmuck aus Holz oder Stein – große Macht über mich gewonnen hatten. Sie wandelte schöne Wandlungen, sie wuchs mehr zu Rippen und einer Strecke der Verzweigung wie Koralle. Außer man erfrischt den Geist von Zeit zu Zeit kann man nicht immer erinnern oder glauben wie tief das Inbild (*inscape*) in den Dingen ist.« (Anfang März 1871)

Oft hängen die Wolken nicht in der Luft, sondern sind mit der Landschaft gesehen. So entstand dieses Prosagedicht:»So liebliche Damaszierung im Himmel wie heute habe ich nie zuvor empfunden (!). Das Blau war aufgeladen von einfachem *instress*, der höhere, Zenithimmel ernst und mißbilligend, der tiefere lichter und süß. Hoch oben wieder, hauchend durch wollene Wolkenmäntel oder auf den Konsolen und Ästen der fliegenden Stücke war es der wahre Austausch von Karmesin, näher der Erde / vor der Sonne / war es Türkis und in der gegenüberliegenden südwestlichen Bucht unter der Sonne war es wie klares Öl aber ebenso voller Farbe, überstreut von obliquen blitzenden ›Reisenden‹, alle im Flug, einer hinter dem anderen schreitend, ihre Ränder zerpeitscht von leuchtenden Fetzen, wie wenn weiße Servietten in die Sonne emporgeworfen würden aber nicht ganz im selben Augenblick so daß sie alle in einer Skala wären die Luft herab fallend eine nach der anderen zu Boden.« (22. April 1871)

137

Nach einer Beobachtung, wie der Wind den Schnee zu Wehen und Wächten, Wellen und Kehlen formt und umformt, heißt es: »Die ganze Welt ist voller *inscape* und der Zufall hat die Freiheit, eine Ordnung und Absicht zu finden.« (24. Februar 1873) Das war auch Ruskins tiefe Überzeugung: daß hinter allen Erscheinungen der Natur, wie ›einzig‹ sie sein mochten, die ordnende Hand des Schöpfers am Werk war.

ZITATE

Rainer Maria Rilke

>»*Ein* Mal
>jedes, nur *ein* Mal. *Ein* Mal und nichtmehr. Und wir auch
>*ein* Mal. Nie wieder. Aber dieses
>*ein* Mal gewesen zu sein, wenn auch nur *ein* Mal:
>*irdisch* gewesen zu sein, scheint nicht wiederrufbar.«
>
>(9. Duineser Elegie)

William Wordsworth, The Excursion

Im Gebirge, nach einem Gewitter, über den Wolken

>...nach einem Schritt, nur einem,
>der mich vom Saum des blinden Dunsts befreite,
>sah ich, was niemand wachend oder träumend sah,
>Glanz über allen Glanz. Eine Stadt, mächtig, eine kühne
>Wildnis von Gebäuden, die sanken weit
>und selbstverloren in Tiefen wunderbar,
>weit sinkend in ein Strahlen ohne Ende.
>Gewirkt schien das aus Diamant und Gold,
>mit Alabasterkuppeln, Silbertürmen,
>flammend Terrasse auf Terrasse hoch-
>gezogen. Hier helle, heitre Sommerhäuschen
>an Alleen aufgestellt; ein Wehrturm dort,
>die Zinnenmauern Sterne, edelsteinern funkelnd.
>Das hatte irdische Natur gewirkt
>auf des Gewittersturmes dunklem Stoff,

der jetzt befriedet. Darauf und auf den Pässen,
den Bergesgipfeln, Hängen, auf die die Dünste
sich zurückgezogen, da war
die Bühne des Spektakels unter blauem Himmel –
nicht vorstellbar war, was ich sah!
Wolken, Nebel, Wasserklippen, aus Smaragd das Gras,
Wolken aller Färbung, Felsen, Saphirhimmel,
vermischt, verquer, entflammt im Wechselspiel,
zusammen eingeschmolzen und sich wieder richtend,
verloren eins im andern, die wunderbare Schar
aus Tempel, Zitadelle, Schloß, dem Pomp,
phantastisch groß, des namenlosen Baus,
umhüllt von üppig-sanftem Vlies.
Und mittendrin ein Zwischenraum mit einem Hof,
darin stand fest so etwas wie ein Thron
mit einem Baldachin darüber, leuchtend,
und Dinge zum alltäglichen Gebrauch, handfest,
doch übergroß, von innerm Glanz erhellt.
So wie es sahn die jüdischen Propheten – Visionen
unheimlicher Formen einer höchsten Macht,
zu preisen in geheimnisvoller Scheu.
Und unter mir die Erde: dies kleine Tal
lag tief zu meinen Füßen, sichtbar –
ich sah es nicht, doch fühlte, daß es da war.
Was ich sah, war die geoffenbarte Wohnstatt
seliger Geister.

(William Wordsworth, *The Excursion*, 1814, Book II, gegen Ende;
Constable liebte dieses Gedicht.)

MUSIK 6

Claude Debussy

Man hat die Musik Debussys impressionistisch genannt: Es ist das
Schwebende der Musik, das Flirrende, Irisierende (von Iris, dem
Luftgeist), die »Atmosphäre schwingender Luft, in der die Rhyth-
men und Tonformen die unmittelbare Vibration erzeugen« (Dieter
Schnebel), Stimmungen, »ständiges Verfließen der Klänge, Brouil-

lards«, Verflüchtigung der Töne und Farben, Schleier, Schwaden, klingende Luft, die sich auch sehen läßt wie auf den Bildern Turners oder Monets.

In einem frühen Brief an den Verleger Durand schreibt Debussy: »…ich erkenne immer mehr, daß die Musik ihrem Wesen nach nicht eine Sache ist, die man in eine strenge und überlieferte Form gießen kann. Sie besteht aus rhythmisierten Farben und Zeiten.« Adorno schreibt dazu in der *Philosophie der neuen Musik*: »An keiner Stel-

Claude Debussy: Nocturnes, Nr. 1, »Nuages«

le geht der Klang zeitlich über sich hinaus, sondern verschwebt im Raum.«(176) Oder:»Bei Debussy waren die einzelnen Farbkomplexe noch miteinander vermittelt wie durch die Wagnerische ›Kunst des Übergangs‹: der Klang ist nicht abgesetzt, sondern schwingt jeweils über seine Grenze hinaus. Durch solches Ineinanderschwimmen bildete sich etwas wie sinnliche Unendlichkeit.«(177) Es liegt nah, daß Debussy, wie die Maler, sich von Bewegungsphänomenen inspirieren ließ: Himmel und Wolken, Wasser und Wind, für die er häufig Naturtonreihen benutzte. So gibt es die frühen Orchesterstücke, *Nocturnes*, mit den drei Teilen ›Nuages‹, ›Fêtes‹ und ›Sirènes‹, oder die späten *Jeux* (»Der Formverlauf ist ›vegetativ‹, wuchert, aber entwickelt sich nicht.« Ligeti) und *La Mer*, deren drittes Stück ein »Gespräch zwischen Wind und Meer« ist wie auf Bildern des Niederländers Jan van Goyen oder Turners.

Zur Uraufführung der *Nocturnes* (1900) schrieb Debussy einen erläuternden Text:»Nuages: Das ist der Anblick des unbeweglichen Himmels mit dem langsamen und melancholischen Zug der Wolken, zuletzt ein graues Verlöschen, mit sanften weißen Tönungen. Fêtes: das ist Bewegung, der tanzende Rhythmus der Atmosphäre mit grell aufblitzendem Licht; es ist auch die visionäre, blendende Episode eines Aufzugs von phantastischen Gestalten, der sich durch das Fest bewegt und in ihm verschwindet; aber das Grundmotiv bleibt hartnäckig bestehen, und es ist immer das Fest und seine Mischung von Musik und leuchtendem Staub, die am Gesamtrhythmus teilhat. Sirènes: das ist das Meer und sein unendlicher Rhythmus; dann erklingt, lacht und vergeht aus den vom Mondlicht versilberten Wellen der geheimnisvolle Gesang der Sirenen.«

›Nuages‹ beginnt –»pp très expressif« – mit absteigenden Quint- und Terz-Akkorden der Holzbläser (woodwinds: 2 Klarinetten, 2 Fagotte), dazu 2 Oboen (»pp«), dann (»expressif«), mit einer Sechzenteltriole nach oben einsetzend, crescendierend und wieder abklingend, fallend, der herbe, stechende Klang des Englischhorns, das kleine Motiv der Oboen in unregelmäßiger Rhythmisierung aufgreifend. Diese acht Takte mit ihren ebenso vielen verschiedenen Farben sind der Grundbestand dieser moderat eilenden, fast gleichförmigen Wolken. Später kommen Streicher, Klapphörner, Pauken, die Harfe dazu, fast immer gedämpft zu spielen. Wieder andere Farben. Aber die Anfangskonstellation der Akkorde und der Bewegungsrichtung zieht sich durch das ganze Stück als das Immergleiche und – je nach ihrem Verhältnis zu anderen Farben – als das immer Verschiedene. Unverändert erscheint nur – durch alle Wiederholungen hindurch – der Klang des Englischhorns. Es ist diese *eine* Kraft, die sich gegen das Wechselspiel der Klänge und Farben durchsetzt, bis auch sie erlischt. Nennen wir sie den Wind, der den Wolken Form und Flüchtigkeit gab.

Ganz anders ›Fêtes‹: Fortissimo,»Animé et très rythmé«, Holzbläser, dazu die staccatohaft stampfende Quintenbegleitung der Streicher. Der ständige Wechsel von nächster Nähe (Trompeten!) und weitester Ferne, in der die Klänge still werden, bis sie verweht sind. Luftperspektive. Eine Stratuswolke zieht auf und ist dabei, sich marschmäßig zum Cumulus zu blähen, käme ihr nicht unvermittelt eine Fortissimo-Sturmwolke in die Quere. Der Himmel zeigt, was er alles kann in seinen Möglichkeitsformen, drohend, schmeichelnd, zum Greifen nah, und wenn wir es packen wollen, ist es nicht mehr da. »Die Musik zieht sich wieder und wieder zurück, als würde sie von plötzlich sich drehenden Winden weggetragen.« (Schnebel, 72) Die ersten elf Takte der ›Sirenen‹ beschreibt Dieter Schnebel so: »… eine anrollende, aufspritzende Woge, die sich im Rückgang mäßigt, nochmals leicht wirbelnd nachläuft; dies ein zweites Mal, und nun ein allmähliches Einpendeln zu regelmäßig anbrandenden Wellen. Und wieder die aufspritzende Woge, die sich zur hin und her rollenden Wellenbewegung sänftigt, diesmal aber in anderen Farben schillernd. Schließlich kommt noch das Fächeln des Windes hinzu. In alledem aber tönen die umschmeichelnden Rufe der Sirenen, erst fast unmerklich, dann zweimal kurz hörbar werdend und wieder verschwindend.« (74f.) Die Sirenen – 8 Soprane, 8 Mezzosoprane – singen große und kleine Sekundschritte, von tiefen Streichern getragen, geleitet von Harfen, Holzbläsern, dem Englischhorn, sie singen näher und ferner, lockend, schmelzend, ermattet, sie singen kein Lied, keinen Text, sie singen nur a, den Vokal a, mit winziger Verzierung von oben, von unten, eine Farbe unter Farben, singend ziehen sie uns herein in ihren aphrodisischen Schaum.

»Anders als die Musik Wagners drückt die Musik Debussys nicht Sinnlichkeit aus, vielmehr ist sie es.« (Dieter Schnebel)

Adorno spricht in den *Kranichsteiner Vorlesungen* vom Begriff des »Auskomponierens«, der »sich natürlich auch auf das Schwebende, Dunkle, Vage bezieht«. Debussy, heißt es, »bei dem ja die Darstellung von Zwischenzuständen, vom Vagen geradezu den eigentlichen Gehalt, jedenfalls den von ihm angestrebten Gehalt seiner Musik definiert, hat in diesen äußerst differenzierten und schwebenden Zuständen, mit einer, man könnte fast sagen, rationalistischen Härte, einer sehr französischen, sehr romanischen Härte, jeweils die allerpräzisesten Mittel gewählt, mit denen man das Vage und Schwebende ausdrücken kann, und es wäre nichts falscher, als wenn man dieses Verfahren etwa mit dem dunstigen, nicht artikulierten Verfahren einer heruntergekommenen Romantik verwechseln wollte. … Das Artistische beruht geradezu darin, daß man mit der äußersten Präzision gerade das nicht Präzise zu fassen vermag…« (371f.)

London, 9. bis 12. Januar 2015
9. Januar. Seit Tagen Stürme und Unwetter über Mittel- und Nordeuropa. Der Flugkapitän kündigt an, er wisse nicht, ob er uns sicher über den Kanal bringen und in London City landen könne; wir sollten uns die Notausgänge einprägen. Das Flugzeug ruckelt, wackelt bedrohlich, sackt ab, nimmt wieder Fahrt auf. Hastiges Wolkengeschiebe. Dann, durch die Fetzen, »öd und leer das Meer«. Dann ein paar ruhige Schiffe mit den Achterkeilen ihrer Bewegung. Gute Sicht beim Einflug über die weitverzweigte Themsemündung. Docks, Inseln. Das da unten könnte Shearness sein, wo Uwe Johnson lebte, schrieb und starb. Weite Wasserlandschaft.
Um vier Uhr haben wir den Eintritt zur großen Constable-Retrospektive im Victoria and Albert Museum gebucht. Bleiben im Gedränge vier Stunden. Das verhangene Leuchten und die Stimmigkeit der Bilder, dieses Nunc stans, das Einhalten des Flüchtigen, das dabei seinen Charakter (dies Weiter! Weiter!) behält, beglückt und deprimiert mich. Wie kann ich etwas beschreiben, das als Undarstellbares, weil Sich-Entziehendes, schon eine Form, eine Dar-Stellung, gefunden hat? Einen anderen Weg suchen als den der Beschreibung.
10. Januar. »Late Turner« in der Tate Britain. Staunen über die Kompromißlosigkeit dieser Kunst, die Radikalität, die Gleichgültigkeit gegenüber dem Anerkanntwerden. Gleichzeitig ein Gefühl der Verlorenheit, der Ohnmacht gegenüber diesen Bildern.
Um Mittag vor der Tate rasende Wolken. Die Schichten brausen in unterschiedlicher Schnelligkeit, das heißt, es sind Räume dazwischen, Distanzen oder verschiedene Höhen und Dichten, was nur dem Blick als auf einer Ebene erscheint. Von dieser Beobachtung her die Bilder lesen oder vielleicht verstehen?
Vor einem der letzten Bilder (einer Schweizer Landschaft) höre ich einem Paar zu, die sagen, das sei ein reiner Twombly. Dann beginnen sie, sich die Technik klarzumachen: das sei mit dem Palettenmesser gestrichen, das mit dem Handballen geschoben, das geharkt oder gehackt (die Komma-Wolken) – von Pinseln ist nicht die Rede.

Ob ich über die Technik an Turner herankomme? Wohl kaum. Sein Genie – seine Intuition – ist unergründlich. So wenn er, während einer Ausstellung in der Royal Academy, in ein wenig aussagekräftiges Seestück, das neben Constables Waterloo Bridge, mit vielem Rot, zu hängen kam, dem eigenen Bild einen blutroten Klecks hinzufügte, den er wenig später mit ein paar Strichen in eine Boje verwandelte und dadurch den Constable buchstäblich in den Schatten stellte. Ein einziges strahlendes Rot gegen Constables in jahrelanger Arbeit ausgeklügelte Töne!

11. Januar. Vormittags in der Courtauld Gallery. Van Goghs ›Pfirsichbäume in Blüte‹ haben Wolken von Signac oder Seurat. Im Hintergrund eine Kette blauer Berge, zwischen denen, ganz klein, dreieckig, der Fujijama erscheint, ein Tribut an den formbildenden Einfluß von Hokusai und Hiroshige.

Bonnard, ›Seine mit Pont du Carrousell‹. Der hohe Himmel lilamauve, ganz oben rechts blau. Links grün-weiße Bäume. Eine breite Straße in verschiedenen Gelbstreifen. Die japanische Flächigkeit – ›Zweidimensionalität‹.

Am Nachmittag in der National Gallery. Mantegnas ›Agonie im Garten‹. In der Landschaft quasi ›naturgetreue‹ Schichtwolken, etwas schneckenhaft gedreht. (Ich darf nicht nah genug ans Bild herantreten, um genau zu sehen.) Von links oben kommt schräg eine künstliche Luftmatratzenwolke – oder ein breites Surfbrett – mit fünf Engeln, die die Marterwerkzeuge angeflogen bringen.

Jacob van Ruisdael, ›Landschaft mit Wolken‹. Links »ein Aufrauchen von Haufenwolken«, schwarz, weil von der dahinter stehenden Sonne beschienen. Auch die Landschaft darunter liegt im Schatten. Im Mittelgrund ein helles Stück Landschaft, darüber weiße Cumuli.

Adelaer van Cuyp (für Constable wichtig), ›Flußlandschaft‹. Gelbes Licht von links. Große, zum Teil ausgefranste Haufenwolke, grauweiß, die das Städtchen darunter verschattet, zugleich aber im Wasser spiegelt. Die gespiegelten Häuser sind von der gleichen fahlen Farbe wie die an Land, der Maler kennt vermutlich noch nicht farbige Schatten. Die Wolken sind zerrissen vom vielen – sichtbaren – Wind.

Berlin, 16. Januar 2015
Bei den Alten Meistern in der Nationalgalerie.
Piero della Francesca, ›Büßender Hieronymus‹. Wolken wie schnell
sich drehende Brummkreisel.
Cima da Conegliano, ›Maria mit Kind‹. Braune Stratus, braun-
grau-weiße Cumuli wie Kugeln oder wie an den Rändern sich
auflösende Semmelknödel vor bayrischem Himmelblau.
Claude Lorrain, ›Römische Landschaft im Morgenlicht‹. Lange
Schatten, etwas unheimliches (Dämmer-)Licht, wie Wim Wenders
es für seine Filme benutzt. Zwei Bäume, der eine durchlichtet, der
andere (noch) im Schatten (zwei Ansichten von Bäumen: Tag und
Nacht). Hinten Wasser, ein Berg im Dunst, darüber nach oben
ziehende grau-weiße Cumuli, darüber undeutlich dünne Gespinste
(Federwölkchen, noch keine Cirri, aber Raumtiefe – Ferne – schaf-
fend), darüber blauer Himmel. Zwei Möwen.
Claude Lorrain, ›Ideallandschaft‹, die vorne ganz im Schatten
liegt. Bergkegel – Vesuv? –mit hellem Licht darüber (der arbei-
tende Vulkan?). Sehr nuanciert gemalte Wolken, deren Schichten
aber wegen der Distanz zum Bild nicht klar zu unterscheiden sind.
Helles Gelb-Orange, dann bräunlich, dann in einer breiten grauen
Schlange nach oben ziehend. Im Grau einiges Weiß und Himmelblau.

17. Januar 2015
Am Nachmittag zurück nach Frankfurt. Gegen vier, um Spandau,
fröhliche Haufenwolken, die sich im Kreis zu drehen scheinen,
blütenweiß, und hellgrau, wenn die Sonne dahintersteht, sie ›durch-
leuchtet‹. (Wie entsteht Grau aus Sonnenlicht? Wo kommt das
Schwarz her?)
Späte Sonne über dem Horizont. Wo sie die Wolken von unten
beleuchtet, erscheinen sie gelb, gelbbraun. Altgold. Hinter den
eilenden Wolkenhaufen, die durch den rasenden ICE noch mehr
beschleunigt werden, stehen in der Ferne in einem breiten Band
ruhige Cirri am weiten Himmel. Allmählich verwandelt sich die
nach oben laufende Schafherde in ein Fischgrätmuster, die Senkrechte kippt dabei in die Waagrechte. Auf einmal steht da ein aus
parallelen Zeilen gebauter Trichter mit einer verwegen geballten
Faust.

Gegen fünf wird die Landschaft schon fahl. Gelbes Streifenlicht, ins Orange und Violette spielend. Dann grüne Streifen mit etwas Karmesin über gespenstischem Land. Aus.

31. Januar 2015

Im Taunus. Vom Sandplacken wandern wir zum Fuchstanz in warmer Sonne. Alles tief verschneit. Die Äste der Tannen sind so schwer, daß sie bis zum Boden herabhängen. Manchmal löst sich der Schnee von der Sonne und zerstäubt in einer Wolke. Wenn der Wald dicht ist, sehen wir dann und wann einen einzelnen erhellten Stamm, dann einen anderen. Atemlose Windstille. Der reine weiße Himmel wird von vielen Kondensstreifen durchkreuzt. Sie werden zu Kringeln und Schleifen aufgelöst, die an die senkrecht geschriebenen chinesischen Ideogramme erinnern: einzeilige Verse, die der hoch oben rasende Wind mit weißer Tusche gepinselt hat.

Wien, 11./12. Februar 2015

Zur großen Velazquez-Ausstellung im Kunsthistorischen Museum. Zwei frühe Darstellungen der Immaculata. Die erste, frühere, ist statisch-starr, die zweite aber sehr ungewöhnlich: die hohe Gestalt der Maria in hochgeschlossenem Gewand. Ihr Blick geht – von ihr aus – nach rechts unten, wo sich ihr Mantel leicht öffnet; der Oberkörper ist in die andere Richtung gedreht. Sie ist von dichten weißen Haufenwolken umgeben, wobei neben der Wolke links vom Betrachter ein diskreter (verstohlener?) goldener Lichtschimmer zu sehen ist: der Gott, der sich ihr in der Wolke nähert – in sie *einschlüpft* –, ist nicht (mehr) der strafende der Propheten. Oben zerrissenes Gewölk vor dunklem Hintergrund – da ist er wieder der alte. Oder sind es die Heerscharen, Shevaot, die ihn davor warnen, sich mit dem Menschengeschlecht einzulassen?
Ich streife weiter durchs Museum und bin wieder von Tizians ›Nymphe und Schäfer‹ gebannt. Viele zusammengezogene Luftschichten, die sich aber nicht wirklich zu Wolken formen. Eine Studie in Braungrau-Tönen, die die fehlenden Konturen der Figuren fortsetzen. Offener Pinselstrich, fast impressionistisch. Jacob van Ruisdael, ›Der große Wald‹. Rechts ein dunkler, kompakter enger Eichwald. Im Mittel- und Vordergrund zieht sich ein breiter Sandweg schräg durchs Bild. Ein langer Schatten

liegt vorn quer über dem Sand, ein Repoussoir, d.h. eine schattierte Gegenstellung im Vordergrund. Spurrillen im Sand. Man entdeckt, etwa in der Bildmitte, eine kleine sitzende Figur mit Hut am Wegrand in einem anderen Schatten. Weiter weg kommt ein winziges Paar um die Wegbiegung. Ist das Repoussoir die Shadow Line, die sie überschreiten müssen? Zerfleddertes Gewölk am oberen Bildrand mit Durchschüssen eines blauen Sommerhimmels. Links helle Quellwolken mit den Wind anzeigenden Vögeln.
Peter Handke soll einen Text über das Bild geschrieben haben.

Wien, 12. Februar 2015
In der Gemäldegalerie der Akademie der Bildenden Künste zur Ausstellung über ›Die Lust an der Gewalt‹. Aufregende Wetterbilder, z. B. der Vesuvausbruch eines mir unbekannten Michael Wutky (1739–1823): feuerroter Himmel wie ein aufgerissener Leib mit herausquellendem Gedärm, der die Wolken beleuchtet oder verschattet und das Wasser im Golf im Widerschein rötet.
In der Bildmitte ein hoher, aufgetakelter Zweimaster, der das Bild in zwei Hälften teilt – rechts von ihm ist das Wasser dunkel,

Michael Wutky: »Der Ausbruch des Vesuvs, über den Golf von Neapel gesehen«

was nicht sein dürfte. Rechts im Mittelgrund schiebt sich grell ein halber Mond hinter einem Berg hervor und erleuchtet Stellen im Wasser. Kann das sein? Müßte das geborgte Licht nicht auch einen rötlichen Dämpfer bekommen? Mehr als ein Dutzend Menschen, die vom Ufer auf Felsen das Schauspiel genießen.

Josef Rebell (1787–1828, in Dresden gestorben!), mir auch unbekannt, ›Vesuvausbruch bei Nacht‹ (1822). Hohe, weißrot glühende Fontäne in der Mitte, in deren Rücken schwarze Wolken aufsteigen, die Landschaft und Meer verdunkeln. Unheimlich, geisterhaft. Rechts Cumuluskreis, der vom Licht der Feuerfontäne erhellt sein müßte und durch den ein Mond hell hindurchbricht, so daß er Teile des Wassers weiß erleuchtet. Es ist wieder die Frage: Stimmt das? Aber vielleicht ist die Frage falsch gestellt, vielleicht sind solche Bilder symbolisch zu verstehen, was bei Rebell die Nähe zu Friedrich nahelegt. Also links das Nächtige, Dämonische, wo es ja hingehört, das Sinistre, in der Mitte der helle Glaubensstrahl, der auf der Gegenseite der schwarzen Wolke auch keine Endzeitstimmung auslöst, keine Verwüstungen suggeriert wie bei anderen Malern, und rechts das Licht, das sich durch noch treibende Unbill hindurchkämpft und schon – oder noch – Spuren der Schechina hinterläßt. Francesco Casanova (1805/06), ›Der Blitz‹. Landschaft mit einem Blitz, der diagonal von links oben bis rechts unten wie ein Vektor über die Menschen hindurchfährt. Ein Haken in der Mitte, der anzeigt, daß es ›ein Blitz‹ ist.

Dresden, 15. März 2015
Caspar David Friedrich, ›Großes Gehege bei Dresden‹ (1831/32)
Im Mittelgrund Baumgruppen, langgezogen, strack, waagrecht, wie die Asymptote einer Hyperbel. Davor Tümpel (Morast?), wie nach einer Überschwemmung übrig gebliebene, stehende Wasser. In denen zum Mittelgrund zu spiegeln sich die goldgelben Streifenwolken. Im Vordergrund spiegelt sich der blaue, ins Violett spielende Himmel über den Wolken. Im Vordergrund ist also die Himmelsfläche gespiegelt, wobei der goldgelbe Himmel so aufgerissen ist, daß blaue Streifen hindurchkommen, korrespondierend den Lachen in der Wasserlandschaft. Die Erde wiederholt den Himmel, oder eher umgekehrt, der Himmel wiederholt die Erde, wenn man hinzu-

denkt, daß die atmosphärische Himmelsbildung ja von den aufsteigenden Dünsten stammt. Himmel und Erde haben die geometrische Form zweier achsensymmetrisch aufeinander bezogener Hyperbeln, wie man sie von vielen seiner Bilder kennt: Annäherungen an das nie erreichte Geheimnis. – Die Placken zwischen den Lachen sind in stumpfem Blau gemalt, dunkel, da noch nicht vom Licht getroffen. Im Mittelgrund – mit den Wolkenspiegelungen – heller, sogar etwas strahlend.

19. März 2015
Im Nachmittagssprinter von Berlin nach Frankfurt. Lektüre der Chopin-Aufzeichnungen von André Gide, die ich in Berlin aufgelesen habe. Er spricht vom *Licht* in den *Préludes* und davon, daß ein einzelner, unverhoffter Ton die ganze Klanglandschaft in ein anderes Licht tauche.
In der Fensterscheibe spiegelt sich die gegenüberliegende Gepäckablage mit den vom späten Sonnenlicht rotgefärbten Koffern. Vorm Fenster rasen die schlanken Masten vorbei mit den straff gespannten Kabeln und Drähten, die der Luft eine von allen Noten entleerte Partitur vorgaukeln. Der weite Himmel ist überzogen von den letzten Zeugen eines Sonnenuntergangs – ein verblaßtes Orange, das sich aufzulösen droht und dahinter Turners Venedig ahnen läßt. Eine Collage aus drei Kontexten wie ein Bild von Rauschenberg. Dann nur noch die schwarzen Scherenschnitte der kahlen Bäume.

25. Juni 2015
Zur Monet-Ausstellung im Städel, die ich wegen der Menschenmassen nicht sehen wollte. Man findet dann doch immer wieder Blickachsen, wenn Teile der Masse mit ihren Audio-Guides sich bewegen, so daß ich die vier Ansichten der Kathedrale von Rouen – aus dem gleichen Blickwinkel, zu verschiedenen Tages- und Jahreszeiten, an vier Wände gegenüber gehängt – vergleichen konnte. Alle pastos wie dicker Brokat. (Turner hat die Kathedrale aus dem gleichen Blickwinkel gemalt.)
Man darf an die Bilder dicht herantreten. So kann ich sehen, daß die Leinwand manchmal durchschlägt oder nicht übermalt ist und der übrige Strich dünn. Das gibt den Bildern eine Leichtigkeit und

Transparenz wie in dem herrlichen Sommerbild mit den vereinzelten, vom Wind gebogenen Bäumen. (Es ist, als hätte der Wind
auch die Farbe von der Leinwand geblasen.)

Courbets ›Woge‹ (1869) wie ein aufgesperrtes Maul, der Maelstrom,
der einen in die Tiefe reißt, verschlingt, mit grau-braun-schwarzen
Sturmwolken – den Harpyen – darüber. (Mit der Berliner ›Woge‹
vergleichen!)

29. Juni 2015
Nach Sonnenuntergang weiße gewellte konvexe Streifenwolken,
street clouds, dicht an dicht, so daß kein Fitzchen Blau durchschlägt – die Gewandfalten der Luftgöttin Iris auf dem Athener
Torso, nur über die Jahrhunderte etwas matronenhaft geworden.
Ein Flugzeug von West nach Ost, sehr hoch, in kerzengrader Linie,
die führt in einem Kreisbogen über meinen Kopf hinweg, als fliege
es die Himmelskuppel entlang. Der noch weiß erhellte Kondensstreifen wandert in ganzer, gerader Linie nach Süden. Da er als
Strecke intakt bleibt, kann er nicht vom Wind geschoben sein. Es
ist die makellos sichtbar gewordene Erdkrümmung. Auf einmal
bekommt die Linie auf ganzer Länge Fransen nach rechts, nach
Norden also: der Südwind. Hier unten regt sich kein Blatt.

5. September 2015
Im Grüneburgpark vor einer Atlaszeder. Darüber zwei giganti-
sche Stratocumulus-Massen. Die tiefere zieht gemächlich nach
Süden, die höhere ebenso in die Gegenrichtung. Beide schleppen
die Fransen an ihren Rändern mit, ohne daß der Wind sie abreißt.
Noch höher darüber, vor hellem Blau, die Besenstriche der Cirren.
Je länger ich schaue, desto weiter und tiefer wird der Himmel. Die
Vorstellung, daß darunter Berberfrauen ihre weiß-blauen Kelims
weben.

Zürich, 7. Oktober 2015
Im Kunsthaus ein Spätwerk von Jan van Goyen, ›Fischerboote
beim Abrüsten am Abend‹ (1655). Wolken auf dem Wasser, Segler
mit braunem Schatten. Die Schiffe schaukeln nicht, sie *schweben*
auf der dünnen Membran des Wassers wie Wolken auf der schwereren Luft.

Ferdinand Hodler, ›Landschaft bei Caux mit aufsteigenden Wolken‹ (1917, ein Jahr vor seinem Tod). Aus dem Wasser winden sich weiße Gespensterschlangen, die Geister Ertrunkener. Am Himmel ein Knoten im Jenseits zu lösen.

Frankfurt, 8. November 2015
Über den ganzen West- und Südhimmel gezogen Schichten um Schichten, dicht, von Orangerot, die nach obenzu lichter werden, Rosa. Jetzt sind sie breite Pinselstriche, mit denen ein Maler die grauweiße Leinwand flüchtig grundiert, ohne sie schon zuzustreichen. Eine Idee von Weiß könnte er später vielleicht brauchen. Der Rauch aus einem Heizwerk steigt senkrecht zur Streifenfläche, dünnes Zartrosa. Die Schichten entlang flattert ein Dutzend Krähen zum Schlafbaum.

MALER 7

William Turner 5

»*Atmosphere is my style.*« (Turner zu Ruskin)
Turner verwandelte alles Gegenständliche in Atmosphärisches: Licht und Luft, Wind und Wolken, Dünste, Nebelschwaden, ›Höherauch‹ (wie Goethe ›haze‹ übersetzte). Ruskin erinnerte sich:»Ich sagte, das Schlimme (the worst) seiner Bilder sei, daß man nie genug von ihnen sehen könne.« Und Turner antwortete mit einem Satz, den John Cage hätte sagen können:»That's part of their quality.« Denn, so mag man das verstehen, die Bilder zeigen einen angehaltenen dynamischen Prozeß des unendlichen Wandels. Was ging ihm voraus? Wie geht es weiter? Welche Möglichkeiten sind vorstellbar? Dafür gibt es das Zeugnis tausender Skizzen.

Bei Atmosphäre denkt man zuerst an die Himmel. Zu ihr gehören aber auch die Wasserflächen in wechselndem Licht, mit aufsteigender Luft (Konvektion) und Myriaden vielfarbiger Spiegelungen. Die Lagune, die Seen, die Flüsse, die Meere. (Dreiviertel der Arbeiten Turners sind Seestücke.) Oben und unten sind in ihrer Wechselwirkung aufeinander bezogen. Die Rückspiegelung des Wassers kann so grell sein, daß eine tiefe Wolke von ihr erhellt wird. Manchmal ha-

William Turner: »Sea Storm«, 1842

ben Meer und Himmel die gleiche Form und Farbe. Manchmal ist die Grenze zwischen Meer und Himmel verwischt wie auf Bildern Gerhard Richters. Im Laufe seines langen Malerlebens war Turner immer stärker daran interessiert, den inneren Zusammenhang der Elemente zu verstehen und darzustellen. Sie können in einem kleinen Stück Himmel oder Wasser in winzigen chromatischen Übergängen vereint sein. Oder in harschen Dissonanzen.

Den Aufstand der Elemente gegen die Schöpfung, die sie voneinander schied, zeigt kein Bild wilder als das späte mit dem umständlichen Titel: ›Snow Storm Steam Boat off a Harbour's Mouth making Signals in Shallow Water, and going by the Lead. The Author was in this Storm on the Night the Ariel left Harwich‹. Es sind Wirbel von Urgewalten, die sich nicht bändigen lassen, die vom Sturm zu Bergen gepeitschten Wellen wollen den Himmel stürmen, die Schneekanonen in der untersten Hölle vereisen helfen. Man könnte das Bild auf den Kopf stellen – die Horizontlinie scheint ohnehin gekippt – und der nach oben wie nach unten saugende Maelstrom wäre der gleiche, wäre da nicht, oben, zentral, der Amboß, der aus der erdrotbraunen Schwefelwolke dem Dampfschiff droht. Oder ist das der gekrümmte Rauch aus dem Dampfschiff? Das Schiff, in fast reinem Weiß gemalt, sendet Notsignale aus. Das ist die einzige Lichtquelle. Man weiß nicht, ist es ein Einspruch gegen die Mischfarben, oder heißt es:»Tand, Tand,/ Ist das Gebilde von Menschenhand.« Der Titel sagt:»Der Autor war in diesem Sturm in der Nacht, als die Ariel Harwich verließ.« Einem Bekannten, der das Bild nicht verstand, erklärte er:»Ich malte es nicht, um verstanden zu werden, sondern weil ich zeigen wollte, wie ein derartiges Ereignis (such a scene) wirklich war. Ich ließ die Matrosen mich an den Mast binden, um es zu beobachten. Ich war vier Stunden lang festgebunden und erwartete nicht, davonzukommen. Wenn aber doch, fühlte ich mich verpflichtet, das festzuhalten. Aber es war niemandes Sache, das zu verstehen.« Das soll heißen: Ich male nichts Eingebildetes, ich male, was ich sehe. Die Forschung hat gezeigt, daß kein Schiff mit Namen Ariel in den frühen 40er Jahren bei schwerem Wetter von Harwich ausgelaufen ist. Turner habe vermutlich an ein anderes Schiff gedacht, das am 12. November 1840 von Harwich aufgebrochen und in einem Sturm mit Mann und Maus gesunken sei. Also doch eine Fiktion? Turner mag mit der Wahl des Namens Ariel an Shakespeares Luftgeist gedacht haben, der im *Sturm* ein Schiff zum Kentern bringt. Wahrscheinlicher ist etwas anderes. Der bibelfeste Turner kannte gewiß die Stelle bei dem Propheten Jesaja, wo es heißt:»Denn vom HErrn Zebaoth wird Heimsuchung geschehen mit Wetter und Erdbeben und großem Donner, mit Windwirbel und Ungewitter und Flammen des verzehrenden Feuers./ Und wie ein Nachtgesicht im Traum, so soll sein die Menge aller Heiden, die wider Ariel streiten, samt allem ihrem Heer und Bollwerk, und die ihn ängsten.« (29,6f.) Propheten sind die Zeugen ihrer Gesichte:»Ich sah ... und ich sah... und ich sah...« Und jetzt ist es der an den Marterpfahl gebundene Seher, der den geschauten Untergang physisch erleiden mußte, um ihn bezeugen zu können.

Ruskin beschrieb Turner als einen»großen Engel der Apokalypse, gesandt als ein Prophet Gottes, um den Menschen die Geheimnisse seiner Schöpfung zu offenbaren«. So steht es in der Erstausgabe des ersten Bandes der *Modern Painters,* die 1843 erschien, ein Jahr, nachdem das Sturmbild in der Royal Academy gezeigt worden war. In der überarbeiteten Ausgabe von 1846 hat Ruskin die Stelle gestrichen.

(»Die Erneuerung der Künste bestand jeweils aus einer graduellen Modifikation des schon Existierenden. Turner etwa hat Landschaftsbilder von Claude Lorrain kopiert, dann die Himmel- und Wolkenhintergründe von Lorrain als alleiniges Material für seine atmosphärischen, aufgelösten Bildkompositionen verwendet. Monet konnte aufgrund von Turners Neuerungen ›Bewegung‹ malen: Meer, Bäume, Licht ohne zeichnerische Konturen, nur aus Farben. Cézanne hat die Monetsche Farbentechnik auf statische Raumgebilde übertragen: Die Bewegung kommt zum Stillstand, obwohl die Konturen nur aus reiner Farbe bestehen und nicht zeichnerisch sind. Picasso wiederum hat, in seiner kubistischen Periode, Cézannes Statik und Tektonik zur geometrischen Stilisierung modifiziert. Mondrian schließlich reduzierte diese geometrische Stilisierung zu Flächenaufteilungen mit ›vibrierenden‹ Balkenstrukturen.« Ligeti)

SPLITTER 3

Hintergrund als Sujet. Oder das Ineins von Vorder-, Mittel- und Hintergrund wie auf Bildern von Matisse oder Bonnard.
·

Matisse knallte die Farben aneinander wie Tschinellen und heraus kam ein Wiegenlied.
·

Die Ununterscheidbarkeit von Nähe und Ferne wie auf späten Bildern Bonnards.
Die geradezu spürbare Nähe zwischen Geliebten, wenn sie fern voneinander sind, dagegen die Meilen zwischen ihnen am gleichen Tisch, im gleichen Bett. (Shakespeares Sonette.) Aber manchmal sind Nähe und Ferne ununterscheidbar wie in der Trauer oder eben wie auf manchen Bildern Bonnards.
·

»Der rote Streifen am Himmel wird zur Panzerfaust eines Ritters und zum Bauch seines Pferdes darunter.«
(John Berger über ein Bild von Jack Yeats.)
·

Das Auge des Betrachters als Teil (?) der Wolke. So in den ›Equivalents‹ von Alfred Stieglitz.
·

Stefan George korrigiert im Ersten Weltkrieg »Purpurwolke« zu »fosfor wolke« – vom Angelesenen zur Brutalität der Wirklichkeit.

.

Die Welt preßt sich eine neue Welt heraus, mit neuen Ansichten, Aussichten, die nichts, gar nichts gemein haben mit dem, was wir kennen, außer daß wir in ihnen etwas zu erkennen vermeinen – Wiesel, Walfisch, Kamel – , das sogleich wieder verfliegt. Die sichtbare Zurücknahme des Vergleichs.

ESSAYS 7

Samuel Beckett

... but the clouds ...

»... but the clouds of the sky
When the horizon fades,
Or a bird's sleepy cry
Among the deepening shades.«

Dies sind die Schlußverse aus William Butler Yeats' großem Gedicht ›The Tower‹. Sie ziehen sich leitmotivisch durch Becketts kleines Fernsehspiel ›... but the clouds ...‹, das im Herbst 1976 entstand.

Ein Mann kommt in der Nacht nach Haus, tritt vom Schatten ins Licht, vom Licht in den Schatten. Seine Stimme spricht aus dem Off, immer in der Vergangenheitsform. Im Kopf. Wie eine erinnerte Rolle. »Wenn ich an sie dachte, war es immer Nacht.« Die Stimme korrigiert sich: »Nein, das stimmt nicht. Wenn sie erschien, war es immer Nacht.« Die Stimme resümiert, wie er in seiner kleinen Klause, »in my little sanctum«, kauerte »und begann, sie anzuflehen, mir zu erscheinen. ... Kein Laut, ein Flehen von innen, zu ihr, mir zu erscheinen.« Manchmal war sie erschienen »mit jenen nicht sehenden Augen, die ich im Leben so anflehte, mich anzuschauen«. Und es erscheint, sekundenlang, das Gesicht der Frau (»möglichst nur Augen und Mund«). Die Lippen bewegen sich und sagen *unhörbar*: »... clouds ... but the clouds ... of the sky«, dabei murmelt die Stimme, synchron mit den Lippen: »... but the clouds ...« Es folgen Überblendungen vom Mann zum Gesicht der Frau und wieder zurück, unterbrochen von der Stimme: »Sieh mich an« und »Sprich zu mir«, dann noch einmal die zitierte Sequenz. Am Ende steht der Mann wieder da wie zu Beginn in Hut und Mantel für den Tag »to walk the roads. (Pause) The back roads«. 5 Sekunden Überblendung zum Gesicht der Frau, dann seine Stimme:»... but the clouds of the sky ... when the horizon fades ... or a bird's sleepy cry ... among the deepening shades ...« 5 Sekunden.»Überblenden auf Mann 5 Sekunden. Mann ausblenden. Dunkel. 5 Sekunden.«

Das Spiel ist ein in Sekunden getakteter Wechsel zwischen Licht und Schatten, Kommen und Gehen, erinnerter und enttäuschter Hoffnung. Eine Stimme hat die Frau nicht mehr, nur ihre Lippen können noch, unhörbar, Worte formen, bei denen der Mund sich öffnet wie drei Schreie. Stummes Schreien. Und was die Worte sagen, die der Mann für sie spricht, kommt aus einer anderen Welt: Wolken vor schwindendem Horizont bei tiefer werdenden Schatten. Ein Weniges immerhin. Dann Dunkel.

Das lange ›Tower‹-Gedicht von Yeats ist ein Einspruch gegen das Alter. Es beginnt mit einem Hammerschlag:»What shall I do with this absurdity – / O heart, O troubled heart – this caricature, / Decrepit age that has been tied to me / As to a dog's tail« und setzt dagegen: »Never had I more / Excited, passionate, fantastical / Imagination, nor ear and eye / That more expected the impossible – « Was war da alles in seinem langen Dichterleben. Er sichtet es, stellt Fragen wie die:»Does the imagination dwell the most / Upon a woman won or woman lost?« Nur der verlorenen Liebe widmet er einige Verse, mit dem Schluß:»...if memory recur, the sun's / Under eclipse and the day blotted out.« Am Ende will er alles, was er konnte, wofür man ihn kannte, einer jüngeren Generation vermachen und seine Seele zwingen, in einer gelehrten Schule zu lernen, bis – ja bis, und er zählt alles auf: körperliches Wrack, Delir, Vergreisung, Tod der Freunde »or death / Of every brilliant eye«, der einem den Atem verschlug – bis alles das Entsetzliche, Unabwendbare »nur zu sein scheint wie die Wolken am Himmel«. Das ist das Wunschbild der Demenz, in betörend schönen Versen gedichtet. Becketts ›but‹, »... but the clouds ...«, hat nichts Herabwürdigendes; es ist ein Aber, kein Nur. Es ist ein zaghaftes Dennoch. Vielleicht ein weiteres Mal. Nach den Straßen gen West. Chausseen, Chausseen.

Valéry

Das Fließende, Gestalthafte und Gestaltlose der Wolken in ihrem
schwereren Element, der Luft, es hat ein Pendant im Spiel der Me-
dusen, wie sie in den romanischen Sprachen heißen, in dem ihren.
Am Ende eines kleinen Essays ›Über den Tanz‹ schreibt Paul
Valéry über sie:

»Den unbeschwertesten, geschmeidigsten, wollüstigsten aller Tänze
sah ich auf einer (Kino)Leinwand, auf der große Quallen zu sehen
waren: keine Frauen also, und sie tanzten nicht.
Keine Frauen, sondern Wesen aus einem unvergleichlichen,
durchscheinenden und empfindlichen Stoff, höchst reizbare Leiber
aus Glas, Kuppeln von fließender Seide, diaphane Kronen, lange
lebende Peitschenschnüre, ganz durchströmt von hastigen Wellen,
wogenden Fransen und Rüschen, die sie zusammenfalten und
wieder entfalten, während sie sich wenden, wandeln, entziehen,
selber nicht minder flüssig als die flüssige Masse, die sie umdrängt,
sich mit ihnen vermählt, sie allenthalben stützt, jeder noch so leisen
Biegung ihrer Gestaltungen nachgibt und ihre Form einnimmt. Hier,
in der unendlich gedrängten Fülle des Wassers, die ihnen nicht den
mindesten Widerstand zu bieten scheint, verfügen diese Geschöpfe
über das ideale Höchstmaß an Beweglichkeit, breiten darin ihre
strahlenförmigen Symmetrien auseinander und ziehen sie wieder
zusammen. Keinerlei Boden, nichts Festes für diese absoluten
Tänzerinnen; keine Bretter; aber eine Umgebung, in der man sich
lauter Stützpunkten überläßt, die nach jeder beliebigen Richtung
hin zurückweichen. Ebensowenig Festigkeit in ihren Leibern aus
elastischem Kristall: keine Knochen, keine Gelenke, noch sonst
irgend bestimmte Verbindungen, keine Einzelteile, die man zählen
könnte...
Nie hat eine menschliche Tänzerin, eine in allen Sinnen fiebernde
Frau, berauscht von der Bewegung, vom Gift ihrer überreizten
Kräfte, der glühenden Gegenwart begehrlicher Blicke, die
gebieterische Hingabe des Geschlechts und den mimischen Ausdruck
eines Bedürfnisses von Prostitution so hinreißend auszudrücken
vermocht wie diese große Meduse, die mit stoßweisen, gleitenden
Bewegungen ihrer flutenden, üppig gesäumten Röcke, die sie
seltsam herausfordernd und unkeusch immer wieder hochnimmt,
sich in einen Traum des Eros verwandelt –: um plötzlich all die

flatternden Falbeln, ihre Gewänder aus zerfransten Lippen weit
zurückzuschlagen, sich nach hinten fallen zu lassen und sich zur
Schau zu stellen, zum Erschrecken geöffnet.

Aber gleich danach nimmt sie sich wieder zusammen, erzittert,
durchschwebt aufs neue den Raum und steigt als Montgolfiere
hinauf in den verbotenen Bezirk des Lichts, wo das Gestirn herrscht
und die todbringende Luft.«

(Aus Paul Valéry, *Tanz, Zeichnung und Degas*, 1936;
deutsch von Werner Zemp)

MUSIK 7

György Ligeti

Kein Komponist ist den Wolken enger verwandt als Ligeti, nicht nur
in einzelnen Stücken, sondern in seinem gesamten Werk. Es gibt
keine hierarchischen Beziehungen, statt melodischen Linien, Moti-
ven, akkordischen Bildungen gibt es Gruppen, ›Texturen‹, Flächen
neben Flächen, Bewegung und Stillstand fallen zusammen, ›Aggregatzustände‹, die unvermittelt in andere wechseln, verwischt werden, einstürzen wie Wolkenwände. Die Abnahme der tonalen und
auch atonalen »Klang-Empfindlichkeit« nennt Ligeti »Permeabilität
(Durchlässigkeit)«: »Das bedeutet, daß Strukturen verschiedener
Beschaffenheit gleichzeitig ablaufen, sich gegenseitig durchdringen
und sogar vollständig miteinander verschmelzen können, wobei nur
die horizontalen und vertikalen Dichteverhältnisse verändert werden, im Prinzip es aber gleichgültig bleibt, welche Intervalle im Detail aufeinanderprallen.« (*die Reihe VII*, 1960, 8) Das ›Determinierte‹
(z. B. die Nomenklatur der Wolken) wird dem ›Indeterminierten‹
gleich.

So unvorhersehbar im Verlauf und so neu und unerhört in ihren
›Zuständen‹ Ligetis Musik auch klingt, sie erwächst – zugleich – aus
einer genauen, produktiven Kenntnis der Tradition. »Von den großen
alten Meistern der Polyphonie hat mich damals vor allem Ockeghem
beeindruckt: Bei ihm gibt es stagnierende Strukturen, da sich die
Einzelstimmen stets überlappen, ähnlich sich überschlagenden Wellen. Meine Orchesterstücke *Apparitions* (1958–59) und *Atmosphère*

(1961) wie auch das *Requiem* (1963–65) bestehen aus vielschichtigen polyphonen Netzgebilden mit Interferenzmustern; diese irisierende Technik habe ich damals ›Mikropolyphonie‹ genannt.« (Ligeti/ Neuweiler, 1991, 45 f.) Zehn Jahre später schreibt er dazu:»›Mikropolyphonie‹ ist die wichtigste von mir entwickelte Technik. Darunter verstehe ich orchestrale (oder vokale) Gewebe von einer solchen Komplexität, daß die einzelnen Stimmen unhörbar werden, woraus eine stetige Transformation der Gesamtklangfarbe erwächst.« (2001, ibid., 69) Ist das die Beschreibung einer Wolke? Man hat – als allgemeines Charakteristikum der Musik Ligetis – von der *Trübe* gesprochen (›vager Umriß‹, ›Undurchsichtigkeit‹, ›Dunkelheit‹ und ›Blässe‹), der Trübe aus Licht und Schatten, in der, nach Goethes Lehre, die Farben entstehen (nicht aus dem Licht, wie Newton es verstand).

Neben der Tradition und außereuropäischen, ganz anderen Intonationssystemen waren ihm Mathematik und die Naturwissenschaften vertraut, oder er entdeckte, daß er kompositorisch an ähnlichen Problemen arbeitete, die auch die Physik beschäftigten: «Als ich 1961 mein Orchesterstück *Atmosphère* komponierte, dessen ›Inhalt‹ aus Zustandsänderungen, Strömungsmustern und Turbulenzen besteht, hatte ich nicht die geringste Ahnung davon, daß genau zur selben Zeit Edward N. Lorenz am Massachusetts Institute of Technology die meteorologische Computersimulation bewerkstelligte, die zur Entdeckung der ›strange attractors‹ geführt hat, und daß die Turbulenzforschung und die Lehre der dynamischen Systeme in den nächsten Jahren die Naturwissenschaften revolutionieren würden.« (1991, 48)

Was diese Musik ›sichtbar‹ macht: wir hören aufsteigende Wolken, die sich vergrößern, verdichten, in heftige Strudel von Wärme- und Kälteschichten geraten, von Winden auseinandergetrieben werden in verzagte, sich überstürzende Fetzen, flirrend, irisierend, dann pfeift etwas schrill kreischend dazwischen, die Nadel auf der Schiefertafel, akustische Blitze, vom Donner getilgt. Am Ende ist die Wolke leise verflogen. *Atmosphère* ist ein vielstimmiges, panchromatisches Cluster-Gewebe,»so dicht, daß die einzelnen Stimmen als solche nicht mehr wahrnehmbar sind, nur das Gewebe ist als übergeordnete Gestalt sichtbar«. Ligeti spricht von Bereichen »unterhalb der Verwischungsgrenze«. Wie soll man die in 14 Einzelstimmen aufgeteilten Zweiten Geigen unterscheiden, die gleichzeitig in verschiedenen Tonarten (dazu dia-, penta-, heptatonischen) und Rhythmen spielen (Triolen, Quintolen, Sechstolen)? »Statt Bewegung als rhythmischem Prozeß erleben wir Mustertransformationen innerhalb des Gewebes als klangfarbliche Prozesse. ... Die zum illusionären statischen Klangraum gewordenen vielschichtigen Klangnetze erwecken den Eindruck eines riesigen, gleichsam gefrorenen Klangwirbels.« (Schriften I, 260f.) Atmosphère – »chromatisch ausgefüllte Klangblöcke« – ist die Wolke als Gestalt mit den in ihrem Inneren sich abspielenden thermischen Prozessen. Das läßt sich vielleicht malen. Schreiben nicht.

György Ligeti:
»Atmosphères«,
Takt 49 f.

Das»Gewebe als übergeordnete Gestalt« führt zur Frage nach dem Verhältnis von Unbestimmtheit (Verwischung, Zufall, Kontingenz) und Kontrolle (Determiniertheit). Es ist dilettantisch, seinen Einfällen folgend draufloszukomponieren, und es ist steril, die vorgegebenen Regeln eines Systems (Zwölfton- oder Reihentechnik) buchhalterisch abzuarbeiten. Wie läßt sich durchsteuern zwischen Skylla und Charybdis?

Als theoretisch hilfreich erwies sich für Ligeti ein Vortrag von Karl Popper: ›Of Clouds and Clocks‹ (1965). Popper schreibt:»Meine Wolken sollen für physikalische Systeme stehen, die, wie Gase, äußerst unregelmäßig, ungeordnet und mehr oder weniger unvorhersehbar sind.« Ihnen gegenüber stellt er die Präzisionsuhr,»die für physikalische Systeme steht, die regelmäßig, geordnet und vorhersehbar in ihrem Verhalten sind«. Einerseits also die unregelmäßig verteilten Moleküle in einer Gaswolke, die winzigen Wassertröpfchen in einer Wolke am Himmel, ein kugelartiger Mückenschwarm, die sich nicht auflösen oder zerstreuen, sondern die, andererseits, durch Gravitationskräfte zusammengehalten werden. Popper spricht von»einer Art Wirkung (action) oder Kontrolle, die das physikalische System als Ganzes auf seine einzelnen Teile ausübt«. Nach der deterministischen Physik und Chemie müßte»irgendwann« die Unbestimmtheit der Teile bestimmt sein, so daß man dann sagen könnte:»All clouds are clocks.« Aber so ist es nicht, denn es gibt keine perfekte Uhr. Sie hat nur, nach einem Gedanken von Peirce,»die Präzision eines Polsterers«. Weil alle Uhren eine gewisse Ungenauigkeit haben, kommt ein Zufallselement ins Spiel. Es gibt also die strikten deterministischen Gesetze und *gleichzeitig*»die Gesetze des Zufalls und der Beliebigkeit oder der Unordnung, die der statistischen Wahrscheinlichkeit unterstehen«. Daraus ergibt sich ein verflochtenes (interlocking) System aus Clouds and Clocks, so daß Popper sagen kann:»All clocks are clouds.« Aber zwischen beiden Extremen, dem Bestimmten und dem Unbestimmten – Popper spricht von Freiheit und Kontrolle –, gilt es zu vermitteln. Kontrollierte Freiheit. Die Kontrolle, die er meint, nennt er *plastisch*, also formbar, bildbar, reaktiv (»a control with feed-back«) im Unterschied zu einer starren, prädeterminierten Kontrolle (wie sie etwa die Harmonielehre oder die Zwölftontechnik verlangen). Plastische Kontrolle heißt, daß sie ständig abgeglichen werden muß – nach der Methode von trial-and-error – mit dem kontingenten Material oder auch, daß manches Material sich als unbrauchbar für den Zusammenhang erweist. Ligeti hat diesen Prozeß, diese Wechselwirkungen beschrieben, die so lange durchgespielt (›permutiert‹) werden, bis sie ›passen‹ wie die Teile eines Puzzles – die Klangnetze und der gefrorene Klangwirbel, unter denen die Moleküle schwärmen.

Popper hat ein leuchtendes Beispiel für diese Antiphon gefunden: die Seifenblase. Zwei Subsysteme, beides ›Wolken‹, die einander wechselseitig kontrollieren:»ohne die Luft würde die Seifenhaut kollabieren; ohne die Seifenhaut wäre die Luft unkontrolliert und diffus.« Es ist also zu unterscheiden zwischen dem kontrollierten System (der Luft im Inneren der Blase) und dem kontrollierenden System (der Haut).»Die eingeschlossene Luft ist ›wolkiger‹ als die sie umschließende Haut, aber sie hört auf, ein physikalisches (aufeinander wirkendes, self-interacting) System zu sein, wenn die Blase platzt.« Dann ist sie nur diffuse Luft. Aber solang es die Blase gibt, ist sie ein offen gelassenes System, das auf äußere Einflüsse reagiert. Treffen Wärmestrahlen auf ihre Haut, dehnt sich die Luft in ihrem Inneren aus, bei Kältestrahlen zieht sie sich zusammen.

Cloud und Clock sind die Haupttypen der kompositorischen Organisation. Beiden eignen unterschiedliche Fluktuationen. Zwischen beiden ist das Spinnfädenkontinuum der Zwischentypen gespannt. 1973 komponierte Ligeti *Clocks and Clouds* für 12 Frauenstimmen und großes Orchester. Er schreibt dazu:»Dieses Werk ist nicht mehr chromatisch, sondern verwendet eine – durch Mikrointervalle eingefärbte – diatonische Melodik und Harmonik. ... Bei Popper geht es um exakt determinierte (›Uhren‹) und um globale, statistisch erfaßbare Ereignisse in der Natur (›Wolken‹). In meinem Stück sind die Uhren bzw. Wolken poetische Assoziationsgebilde. Periodische, polyrhythmische Klangkomplexe verschmelzen zu diffusen, flüssigen Zuständen und umgekehrt. Der abstrakte ›Text‹ des Stückes ist im Internationalen Phonetischen Alphabet notiert und dient der rhythmischen Artikulation und den Klangfarbentransformationen.«

Clocks and Clouds: Ein immer gleiches und nicht gleiches Strömen wie Wellen langsamer kleiner Intervalle von oben nach unten, von unten nach oben, lang ausgehaltene feste Tonsequenzen zugleich mit verfließenden, dann höher hinauf, Stimmen im Gleichmaß, pulsierend, sich aneinander reibend, dann beschleunigt, gehetzt, expressiv, einmal ein dramatischer Kampf am Himmel, aber aus weiten Fernen und Zeiten, Sphärenklänge, wieder zerstäubend, ein langsames langes Verlöschen. Heraufziehende Morgennebel, die sich zu Wolkenzügen formen mit ihren Schichten und Farbschattierungen, hellen und verhangenen, die sich den Raum streitig machen, keine Zeit haben, weiter müssen, sich aufzulösen am Ende im Wind.

VENEZIANISCHE TAGEBÜCHER

22. Juli 2008

Über einer Cumulus-Auffahrt flattert eine buntgefiederte Puttenformation höher hinauf, als sei die ganze Transfiguration etwas Lerchenleichtes.

29. Dezember 2008

Bellinis Hieronymus in San Crisostomo: die Maserung des Marmors auf der linken Bildhälfte wiederholt die Wolkenschichtungen auf der rechten. Oder umgekehrt. Die Konstanz des Formenbestandes in den drei Reichen der Natur, die hier um ein viertes – die Atmosphäre – erweitert wird.

Die rötliche Farbe der flatternden Wolken ist am Hals und Brustausschnitt des Heiligen wiederholt.

31. Dezember 2008

Silvesteressen bei uns in der Wohnung am Rio Vio. Gian und Erica Pedretti und ich sprechen über Landschaftsmalerei und die Ausdehnung der Fläche bis zum Horizont. Solche Sehfluchten, sagen sie, könnten im Gebirge nicht entstehen. Erica erinnert sich, daß Giacometti gesagt habe, der Blick des Älplers gehe in die Vertikale, in einen grenzenlosen Horizont – so habe die Abstraktion entstehen können.

1. Januar 2009

Vesper in San Marco. Ein gemessenes Schreiten, als sei es meßbar, über schwankende Cosmatenböden. In den Wölbungen oben der Goldflimmer. Unten Dünste. Rauchschwaden. Eine Hochzeit von

Schatten und Licht. Mit den Augen die unermessliche Fülle dieses Himmelswassers austrinken. Ein Menschenleben hätte nicht Platz in der Blase.

25. Juli 2009

An den Salzlagern eine Hommage an Simone Weil. Die Säule ist für sie, lese ich, eine Verbindung von Erde und Himmel. Sie kommt aus dem Schweigen der Erde und reicht zum Schweigen des Himmels. Wo steht das?

2. Januar 2011

Mit dem Vaporetto den Giudecca-Kanal entlang Richtung Piazzale Roma. Sonnenuntergang über Sacca Fisola: gelbrote Streifen mit weißen Zwischenräumen, in der Höhe violett, über die ganze Insel hin. Über die weite Wasserfläche hin das gespiegelte orangerote Licht auf den Wellenkämmen, leuchtender Flitter auf dem Ballkleid der Nixe, die in ihr Element zurückkehrt.

26. Juli 2012

Am Nachmittag streife ich lange durchs Viertel um La Salute, stehe auf der schattigen Giudecca-Seite und schaue auf und über das Wasser, dessen Leuchten wegen der kreuzenden Schiffe mit den Wellenbrechern ständig andere Zeichnungen anbietet. Schwarzweiße Strudel oder Streifen, glänzend oder stumpf. Der Kanal ist dem Südwest-Licht in ganzer Länge und Breite ausgesetzt bei wolkenlosem Himmel. Ich frage mich, ob dieses Wasser mit seiner

Schwärze und Weiße die Inspirationsquelle für Vedova war, der hier, gegenüber an der Dogana, sein Atelier hatte. An der Spitze der Dogana, unter der Fortuna, liegt ein alter Zweimaster. Hölzerner Rumpf und viele Strickleitern. Das Boot liegt voll von Seilen jeder Dicke, manche aufgerollt, manche lose hingeworfen, wie ein Museum der abhanden gekommenen Seilerkunst. Dann die nicht zu zählenden straff gespannten Taue, wie ein üppiger Schmuck um den schlanken Hals der Masten geordnet. Und jedes hat seine nur ihm bestimmte Funktion.

Ich habe in Frankfurt Joseph Conrads ›The Nigger of the »Narcissus«‹ zu lesen begonnen und war fasziniert von der detailgenauen Beschreibung eines ähnlichen, handwerklich vorbildlich gebauten Seglers, seiner Takelage, seiner Taue und Seile, seiner Leitern und Treppen, war fasziniert von der seitenlangen Beschreibung der aufziehenden Wolkenwände, ihrer Schichten und auf welche Katastrophe sie vorauswiesen, des rasenden, aber wie in Zeitlupe erzählten Orkans, der sein Werk tut. Es ist ein Kampf um Leben und Tod, aber Conrad bleibt bis in jede navigations- oder bautechnische Einzelheit bei der Sache – versucht, nicht biblisch oder metaphysisch zu ›überhöhen‹ wie Melville – und umso grauenvoller liest sich das Erzählte. Ich nahm das Buch – immerhin Meer und Wolken – mit, um es hier fertigzulesen, aber es geht nicht. Die tagtäglichen Wasser Venedigs im Blick, in den Ohren, in der Nase, das Balance-Halten auf den Schiffen, die mediterran (noch) gemäßigten Wolkenbildungen, sie verlangen alle Aufmerksamkeit, die durch die fiktive Umsegelung von Kap Horn gestört würde.

28. Juli 2012
Gegen halb acht abends an Zattere, bei Nico.
Vor die westliche Sonne hat sich eine weiße, monochrome große Wolkenfläche geschoben, ein gigantischer Bühnenvorhang. Sie / er ruht nicht ganz an der Horizontlinie auf, weshalb unten rötliche, bleiche Schimmer als Proszeniumslampen zu sehen sind. Allmählich werden die gezackten oberen Ränder scharf vergoldet, es könnten Bergspitzen sein, vom frühen Morgenglanz erleuchtet, oder fein gestochene Stickkanten. Dann kommen weiße, markant begrenzte Suchscheinwerfer hinter dem Vorhang hervor, die an die Flakstrahlen im Krieg erinnern oder, noch klarer in der Erinne-

rung, an den Vorspann zu ›Fox tönender Wochenschau‹ ein paar Jahre später. Jetzt zieht die weiße Fläche hoch wie der gerichtete Rauch aus einer Esse, von einem Schmiedefeuer, so riesig breit über die Zattere hin, daß er einem mythischen Hämmern entstammt, und je höher der Rauch über uns hinwegzieht, desto heller wird an der westlichen Basis das in der Ferne ausgebrochene Feuer, die explodierenden Raffinerien Mestres oder ein Weltenbrand. – Vom Feuer weg, unter dem Rauch aus der Esse, zieht ein Fünfmaster, die Focksegel gehißt, die Topsegel auf Halbmast, gelassen durch den Giudecca-Kanal zum Bacino und dann hinaus ins offene Meer.

Zwei Jahre später (22.August 2014) sehe ich das Photo, das Moni ein paar Minuten nach meinem ›skying‹ gemacht hat. Sieht das Kamera-Auge anders oder Anderes als das menschliche, oder hat sich die Wolkenwand so rasch verändert? Deutlicher Cumulonimbus. Die Suchscheinwerfer sind links noch im Bild, verwischt wie aus großer Entfernung, rechts vorne sind zwei Flakgeschütze (Kräne) in Stellung gebracht, die Rohre auf das Grauschwarz gerichtet. Auf der Horizontlinie die Silhouetten der stabdünnen Raffinerie-Schornsteine, wie Friedrichs Kirchtürme Dresdens im Abendlicht, vor einer nahenden Feuerwalze. Der Nimbus gibt unten einen Blick frei auf einen anders verstandenen Nimbus, goldenes Himmelslicht, das von der Kobaltschwärze bald verschlungen sein wird. Die Masse darunter ist erst verwischt, nimmt dann nach oben zu Formen an, Gebirgszüge aus hoher Höhe gesehen, oder Pfützen im Schlick aus nächster Nähe, dann eine breite, kompakte Wand mit vom Wind zerzausten, von der Sonne erhellten Rändern. Die riesige Congestus kippt diagonal ins Bild, wo sie sich flatternd auflöst. Wo das Kobalt auf das Sonnengelb trifft, hat sich ein grüner Streifen gebildet, wohl nur für den einen Moment der Aufnahme. Unter dem Getümmel, unter der Horizontlinie die immergleichen Wellen der Lagune, schwarz schimmernd und leicht bewegt.

8. August 2012

Um Mittag an einem Kanal, in der Nähe von Fortuny, der in der prallen Sonne liegt. Es wehen leichte Winde, die das Wasser sich kräuseln lassen. Das Wasser spiegelt die Wellen an die glatte Hausfassade, und sie huschen wie freundliche Mittagsgespenster – Pans leichte Träume – darüber hin.

In der Spätnachmittagssonne – die Sonne steht tief – an Zattere. Parallel zum Ufer die Schiffe, die weiße Notenlinien in verschiedener Dicke auf das schwarze Papier des Giudecca-Kanals ziehen, der Luigi Nonos Geburts- und Sterbehaus von Nurias Archiv trennt. Das Querschiff nach Palanca markiert den Taktstrich dazu.

28. Dezember 2012

Den Tag über in Ruskins ›Stones of Venice‹ gestöbert und Aufschlußreiches gefunden – zu Correggios aufgelösten Konturen (Wolken!), zu Tintorettos Licht. Alles auf Zetteln notiert für das Wolkenbuch. Muß seine Beobachtungen mit dem Fernglas überprüfen.

29. Dezember 2012

Morgens Ruskin. Gegen Mittag zu San Sebastiano. Das Altarbild mit dem an eine Säule gefesselten Heiligen, dahinter rechts eine Landschaft mit Cumulo-Stratus »nach der Natur«. Darüber Maria mit dem Kind auf dickem Plüsch, der allenfalls Rollwolken suggeriert, aber eher an den Rauch aus einer Dampflok erinnert. Die Heiligengruppe unten schaut nach oben, an Sebastian vorbei. Was sie sehen, müßte die Unterseite der Plüschwolke sein.

In der Sakristei Veroneses Marienkrönung. Sie kniet auf einer flauschigen Kunstwolke zwischen Jesus und einem anderen, den ich nicht identifiziere. Dahinter Putti, die einen weißen Vorhang ausbreiten und an Zipfeln hochziehen, als hängten sie große Wäsche auf.

Unter den Wandbildern der Sakristei fällt mir das Isaak-Opfer
von Marten de Voss (16. Jahrhundert) auf. Links Abraham, dessen
hochgereckter Arm mit dem Messer von einem fröhlich gefiederten
Engel, der auf einer hellen Wolke angebraust kommt, aufgehalten
wird. Im größten Teil des Bildes eine weite heroische Landschaft,
bewaldet und umbuscht, darüber hohe, teil steile Berge, darüber
Sonnenaufgangshimmel, der nach obenzu streifig dunkler wird. Ist
das die sich verziehende Nacht des blinden Gehorsams?
Später, in der hellsten, wärmenden Sonne hinüber zu San Giorgio.
Bei Tintorettos Abendmahl hat Ruskin auf die Lampe links von
Jesus aufmerksam gemacht, die im schummrigen Licht von grauen
Engeln umschwebt wird: »…because the smoke of the lamp which
hangs over the table turns, as it rises, into a multitude of angels, all
painted in grey, the colour of the smoke; and so writhed and twisted
together that the eye hardly at first distinguishes them from the
vapour out of which they are formed, ghosts of countenances and
filmy wings filling up the intervals between the completed heads.«
(*Stones of Venice*, III, 298) Reziprozität: der Rauch (Dunst) wird zu
Engeln, oder umgekehrt: die Engel lösen sich in Rauch auf. So wie
wir in den Wolken Gestalten sehen, so auch umgekehrt: der Maler,
der die die Lampe umschwebenden Engel in Wolken auflöst.

30. Dezember 2012

Am frühen Nachmittag in der Frari und länger vor Tizians ›Assunta‹ gesessen. Wieder so eine Kunstwolke. Die Haltung der Engelchen ist so, als würden sie die Wolken stützen oder hochstemmen müssen. Ein etwas absurder Bildgedanke: die Babyärmchen unter der dicken Riesenwolke. Unten die ausgestreckte Hand eines Jüngers, der der Wolke sehnsüchtig nachschaut, als sagte er »Adieu!« oder:»Ach, wer da mitfliegen könnte…«

31. Dezember 2012

Am sonnigen Nachmittag, bei hellstem Licht, zur Salute. Tizians ›Markus auf dem Thron‹ mit vier Heiligen davor (unten). Dahinter verschiedene Wolkentypen über- und hintereinander gestaffelt, so daß eine Raumtiefe entsteht. Meist aufsteigende Cumuli, an den Rändern recht genau, wohl durch Naturstudium. Alle Wolken grau-weiß. Ganz oben kommt zwischen Schichtwolken ein Streifen blauer Himmel hindurch (auch zweimal links), durch eine kleine Spiralwolke verbunden. Das kommt, soviel ich weiß, in der Natur nicht vor, aber Tizian braucht dieses Blau als Korrespondenz zum Untergewand des Apostels.

An der Decke Tizians Ermordung Abels. Drohend schwarzer Himmel. Sind es Gewitterwolken? Ist es der aufsteigende Opferqualm? Das wäre hintersinnig gedacht, wenn man weiß, daß Gott in den Drohwolken haust: das wohlgefällig aufgenommene Opfer als Grund und Auslöser der Schandtat, aber von Gott erdacht und sichtbar gemacht vom Maler in dem Ineins von Wolke und Qualm. Wer hat hier schuld? Ein Bein Abels steht hinaus in die leere helle Himmelsfläche.

Tizians Isaak-Opfer. Wieder grau-schwarze Wolke wie Opferqualm, an den Rändern weiß. – Sein David mit dem geköpften Goliath vor schwarzem (!) geballtem Wolkenhintergrund. Der Himmel öffnet sich zu einer bizarren, gezackten hellen Figur als Lichtquelle, den betend hochgereckten Händen Davids entgegen. Die Figur – an den Rändern leicht eingerollt wie Pergament – müßte sich entschlüsseln lassen.

Silvesteressen bei Susanna. Von ihrer Altana aus opulentes Feuerwerk vom Markusplatz her. Sternklarer Himmel, so daß die Konstellationen selbst für meine Augen gut zu unterscheiden sind.

Den Farbkreis um den Mond sehe nur ich durch meinen grauen Star.

1. Januar 2013

Die halbe Gesuati vom Nebel verschluckt. An der Station Zattere wird das Boot zum Lido alle 20 Minuten angezeigt, und wenn es kommen soll, ist die Leuchtschrift gelöscht, wie verschluckt vom Gewölk. Der Giudecca-Kanal ist verschwunden, die Häuser gegenüber sind nicht mehr zu sehen. Einmal erscheint kurz hoch oben eine kleine blaßgelbe Scheibe, vor der Nebelschwaden vorüberziehen, bis sie schnell nicht mehr da ist. Wir gehen zur Accademia-Station und finden tatsächlich ein Boot zum Lido. Gespensterfahrt durch das weiße Nichts. Manchmal erscheinen Silhouetten farbloser Häuser und lösen sich wieder auf. Es ist eine Fahrt durch ein Turner-Bild. Warnendes Tuten und Hupen von allen Seiten.

Langer Spaziergang am Strand. Die Menschen, die uns überholen, sind bald vom Nebel getilgt. Am Ende taucht, wie von einem Dschinn hingestellt, ein Schloß aus Tausend und einer Nacht auf, das Exzelsior.

2. Januar 2013

Es regnet in Strömen, und das Wasser sammelt sich zu tiefen Pfützen, aber kein acqua alta wie sonst um diese Zeit. Am späten Nachmittag in die Accademia.

Giovanni Bellinis ›Madonna con gloria di cherubini rossi‹. Von den sechs dicken Engelsköpfchen haben vier geschlossene Augen, die Flügelchen an den Schultern wirken wie Conterganärmchen; darunter blaugrauweiße Kunstwolken. Tiefer darunter aber ein fast realistischer Wolkenstreifen. Der Gegensatz der Wolkentypen soll die Sphären unterscheiden; der obere Teil wirkt aber auf mich wie das, was später daraus wurde: Poesiealbenbildchen. Ebenfalls von Bellini ›Madonna con Santi‹: hohe Schichtwolken, geschlossener Stratuszug, darunter Stratocumuli, die sich nach oben hin auflösen.

Tintorettos ›Kain und Abel‹. Rechts Landschaft – Gewässer, Berge und Himmel, in einem Streifenensemble ineinander übergehend. Blautöne, bei den Bergen leicht geweißt. Die Wolken können auch geologische Schichtungen sein, wie ich sie einmal in der Sinai-Wüste sah.

Tintorettos ›Entführung des Leichnams des Markus‹: Wilde schwarze Wolken, Blitze dazwischen, flüchtende, zu Gespenstern gewordene Gestalten, Geister von Wolkenfetzen. Rechts vorn ein ruhig auf seine Last wartendes Kamel. – ›Markus rettet einen Sarazenen‹: Aufruhr im Meer und am Himmel nach einem Schiffsuntergang. Wellen und Meer in Form und Farbe kaum zu unterscheiden (wie manchmal bei Constable, Courbet, Gerhard Richter). Veroneses ›Hochzeit der Caterina‹. Wolken- und Engeldurcheinander, manchmal nur Köpfe. So wie die Menschen- bzw. Heiligengruppe diagonal nach unten führt, führt die Himmelsgruppe diagonal nach oben. (Das Jesuskind ist parallelisiert durch ein ausgestrecktes Engelchen in umgekehrter Richtung, das wie ein Baby beim Frühschwimmunterricht aussieht.) Die untere Welt ist bunt, voller individuell gemalter Figuren in ihren Gesten, ihrem Gesichtsausdruck, die himmlische eher stumpf-braun mit ein paar lichten Durchschüssen. Eine Frau blickt, die Arme weit geöffnet, nach oben und sieht – die reiche Kinderschar, die aus der Ehe Jesu mit Katharina hervorgehen wird. Von oben schaut ein erwachsener Halbengel mit verschränkten Armen und abgewandten Gesichts aus einer dunklen Wolke hinab auf die Kinderei.

3. Januar 2013
Nach dem gestrigen Dauerregen – als habe der Nebel vom Neujahrstag zeigen wollen, wie seine geballte Fülle sich von oben ausnimmt – heute wieder der herrlichste Sonnentag, mit ein paar vereinzelten Federwölkchen hoch oben.
Endlich San Cassian offen gefunden. Man muß sich sehr verrenken, um Tintorettos Kreuzigung links vom Altar einigermaßen sehen zu können, denn sich vor das Bild postieren darf man nicht. Rechts stehen diagonal ins Bild gestellte Kreuze. Eine weit in den Raum reichende Leiter, auf der einer das INRI-Schild hochträgt. In der linken Ecke unten Maria am Boden sitzend. Ihr Blick trifft den des sterbenden Sohnes hoch oben: die Diagonale der Blicke als Achse des ganzen Bildes. Im Mittelgrund zahllose Lanzen mit unterschiedlichen, gefährlichen Spitzen. Folterwerkzeuge pur. Die Köpfe der Lanzenträger sind nur manchmal gemalt. Den ganzen Hinter-

grund bilden düstere, blaugrüne Streifenwolken, die sich nach oben hin zu helleren Cumuli ballen und, hintereinander ›gehängt‹ wie in einem Bühnenprospekt, perspektivische Tiefe herstellen. Von hinten schwach erleuchtet, weshalb die Wolken weiße Ränder haben, aber das Licht dringt nicht durch: noch ist der Himmel ›dicht‹. Es sind die Augenblicke vor dem Tod dargestellt mit einer zum Zerreißen gespannten Stille und letzter Geschäftigkeit: gleich wird es passieren. Dann wird der Vorhang im Tempel zerreißen, die Erde sich auftun, werden die Gräber sich öffnen, mit Donner die drohenden Wolken aufbrechen. – Gegenüber die Ereignisse bald danach: Christus in der Vorhölle. Aus den schwer zu unterscheidenden Gestalten ist eine herausgehoben: die nackte Eva in gleißendem Licht, schön und verführerisch.

Ich schlendere zur Frari hinüber, hocke auf den Stufen des Staatsarchivs, gegen halb eins. Über den Dächern links vom Hauptportal der Frari dichte Wolkendecke (Altostratus), manchmal etwas ausgefranst, zerschlissen, so daß etwas Himmelblau sichtbar wird. Im Süden, an der linken Seite der Kirche, versucht die Sonne sich durchzukämpfen, was manchmal einen Augenblick gelingt, manchmal nicht, aber vor ihr, auch wenn sie verdeckt ist, erscheinen die Wolken hell, sehr weiß, leicht golden. Wo die Wolken etwas dunkler sind, ist es die Schattenwirkung, kein Nimbus. Im Lauf von zehn Minuten haben sich die Wolken, die fest fixiert schienen, aufgemacht und dampfen langsam ab nach Süden, angezogen von der noch nicht sichtbaren Sonne, oder lösen sich entweder in Federwölkchen auf oder in weiße Kleckse. Nirgends eine Farbigkeit.

Am Nachmittag zur Scuola di San Rocco um die Ecke, nach vielen Jahren wieder. Tintorettos Maddalena: En face, in reichem Kleid, keine Büßerin, vor einer Landschaft mit abgestorbenen Bäumen und wild dramatischem Schichtwolkenhimmel. Alles düster, bedrohlich, ein paar Streifen Licht, damit sich die toten Äste abheben. Was sich von unten wie eine kompakte Masse im oberen Drittel ausnimmt, erscheint im Fernglas vielfach gestaffelt. Das Düster ist durch unterscheidbare schwarzbraune Wolkenbildungen herausgearbeitet. Ein schwacher, sehr blasser, kaum sichtbarer abnehmender Halbmond.

Die Maria Aegyptiaca – die gleiche, gleich gekleidete Figur wie die

Maddalena, aber von hinten – ist heller, die Bäume haben Blätter, ein breiter, rasch fließender Bach. (Ruskin schreibt, Tintoretto habe ein Faible für fließendes Wasser gehabt.) Eine Palme mit vielen Wedeln oben, die den größeren Teil des Himmels verdecken. Teils schwärzliche Wolken, die ein von hinten kommendes Licht erhellt. (Sonnenaufgang?) Es kommt aber noch ein anderes, sehr starkes Licht vertikal von oben, das die Wellen des Baches gleißen läßt.

Nach einer neueren Theorie soll einiges im Programm der Scuola auf Schriften des (christlichen) Kabbalisten Guillaume Postel zurückgehen, der, von der Inquisition verfolgt, in Venedig lebte und mit Tintoretto bekannt war. Danach gibt es zwei Bäume im Paradies – einen mit Luftwurzeln (die toten Äste im Maddalena-Bild wären also Wurzeln) und einen mit Wurzeln in der Erde. Beide sollen das männliche und das weibliche göttliche Prinzip symbolisieren. Der männliche Messias war schon da (Maddalena), der weibliche ist der kommende: Maria Aegyptiaca hält nach ihm Ausschau in der Ferne.

Die Himmelfahrt Mariae über einem Türsturz – in der Reihenfolge des Bildprogramms war sie zufällig an dieser Stelle verlangt – hat mich als Problemlösung interessiert: wie kann einer eine horizontale Fläche für ein vertikales Sujet nutzen, ohne daß der Betrachter es merkt? (Ich habe es lange nicht bemerkt.) Die dichten Wolken zu Marias Seiten erweisen sich als zusammengesetzt aus Engelsköpfen (wie der Lampenrauch beim Abendmahl in San Giorgio).

Die Taufe: düstere schwarze Wolken wie geballte Fäuste, durch die das Licht bricht. Die Agonie im Garten: der Engel mit dem Kelch erscheint als Spektral(halb)kreis.

Die Überforderung durch diese Bilder erreicht mich nach etwa drei Stunden, vielleicht veranlaßt durch das schlechte Licht oder durch meine Augen. Was ich mitnehme: Wolken sind bei Tintoretto nie ornamental oder bezogen auf eine ›reale‹ Landschaft wie längst bei anderen Malern, sie unterstützen vielmehr die Symbolik des Dargestellten oder weisen überhaupt erst auf sie hin. Aber gibt es denn ›reale‹ Wolken auf Bildern im Sinne einer Naturtreue, oder sind sie nicht immer in ihrer Funktion im Bildganzen gemalt? Selbst Constable wollte bei seinen Ölskizzen auf Hampstead Heath nicht nur das Flüchtige rasch notieren – es sollte ›ein Bild‹ werden, poetisch und stimmig, wie er sagte.

4. Januar 2013

Am Vormittag zur Giudecca hinüber. Diesiges Licht, aber der Kanal glitzert in tausend blendenden Lichttönen von einer irgendwo durchgekommenen Sonne, die man nicht sieht. Die Lichter erinnern an die funkelnden Wellen auf dem eilenden Bach neben der gestern gesehenen Maria Aegyptiaca.

Am Nachmittag ist der Himmel braunfleckig überzogen mit weißen (nicht himmelblauen) Stellen dazwischen. Er erinnert an ein billig erstandenes schäbiges Laken, ein Bettuch, das man wegen der gediegenen alten Webkunst dennoch kauft, verzogen und fadenscheinig, wie es geworden ist. Vielleicht auch wegen der Spuren eines unbekannten Lebens, von dem nichts sonst übriggeblieben ist als dies. Keine Postkarte, keine Knopfschachtel. Nur Flecken und Zerschlissenheit, ahnbare Liebesspiele, Missionarsstellungen und durchgelegene Rücken. In der Erinnerungsträchtigkeit salzbestreuter Vertuschungen ist das randige Laken robust, ja unverwüstlich wie die Ewigkeit, auch wenn es am Himmel zeitweise, wie jetzt, vergeht. Als Erinnertes bleibt es und bläht sich auf, wenn wir die eigene Wäsche in den Wolkenwind dazuhängen, der uns schamlos zur Schau stellt und dann verfliegt.

Danach in die Accademia.

Tizians ›Tempelgang Mariens‹: Die bunte Menschengruppe schaut gradaus zu dem kleinen Mädchen, das sich die lange, schwere Treppe hinauftraut. Über der Gruppe schroffe Felsen, darüber dicke weiße Cumuli in mehreren Schichten und darüber graue streifige Stratus in der Ferne, ganz leicht getönt (nicht farbig) wie nach der Ebbe Sandplacken mit Pfützen im späten Licht. Dahinter noch einmal blau gestaffelter Himmel. Aus dem Gebirgsmassiv steigt eine bräunliche Wolke auf wie Rauch – eine kleine Verbindung zwischen dem irdischen Leben unten und dem noch nicht zu entziffernden oben. Und das Mädchen steigt lichtumflort – das einzige helle, reine Licht auf dem Bild, das aus ihrem Inneren strahlt – stetig den *einen* Weg nach oben, von finster-herrischen Glaubenshütern erwartet.

Cima da Conegliano, ›Madonna mit Orangenbaum‹: Links oben Stadtansicht, darüber ein blaues Stück Himmel, dann hoher Stratus, noch höher Cumulus, wieder Blau mit feinen Weiß-

Abstufungen. Rechts neben dem Baum braune Streifen, darüber in die Höhe gezogener Cumulus. Die quer über das ganze Bild gezogene Basis, auf der die oberen Wolkenformen aufruhen, hat Stratusform. Prüfen, ob diese Form in der Natur möglich oder ob sie ›nur‹ symbolisch ist. Es wäre Cima zuzutrauen, daß sie ›stimmt‹. Palma il Vecchio, ›Barrasca di Mare‹: Menschenleiber in Rettungsbooten, die um ihr Leben rudern, auch gegen Seeungeheuer. Links finsterer Gewitterhimmel über einem kleinen Streifen hell erleuchteter Berge. Braunweiße, hochgehende Wellen, die durch ihre Farbe mit den Gewitterwolken verbunden sind: der strafende Wettergott in zweierlei Gestalt. Links oben und in der Mitte oben etwas Weißes, das ich nicht erkennen kann. Riesiges Format.

Giovanni Bellinis ›Madonna Contarini‹ hat, mittig im Bild, eine sehr genau gemalte bunte Quellwolke, von hinten beleuchtet, die schon Tiepolo ahnen läßt – grau, weiß, golden, braun, blau changierend. Es ist geradezu eine autonome Wolkenstudie. Aber mir fällt erst jetzt auf, daß sie in einer Ebene mit dem Kopf der Madonna gemalt ist, nicht etwa darüber oder seitlich. Was hat das zu bedeuten?

Giorgiones ›Tempestà‹. Gut gehängt jetzt, gut beleuchtet, und man kann mit der Nase ans Bild treten. Der Gewitterhimmel ist nur in Blau-Grün-Tönen gemalt. Unnatürliches, aber nicht bedrohliches Blaugrün, regelmäßige, also auch, für ein Gewitter, unnatürliche Ballungen (nicht wirklich Cumuli, kein Sturm, kaum Wind), in deren Mitte, dahinter, ein gelblicher Halbkreis erscheint. Die Sonne? Aber das Licht kommt von links, wie die Schatten zeigen. Um den Blitz ist ein unwirkliches, aus der Distanz kaum sichtbares Olivgrün. Er ist nicht gezackt, sondern eine Schlangenlinie. Ich frage mich, ob das überhaupt ein Gewitter sein kann. Die bukolische Szene ist ruhig-gelassen, aus der Luft kommt keine Bedrohung. Ein Vogel mit langem Hals sitzt auf einem hohen Hausdach. Kein Vogel täte das vor oder in einem Gewitter. Also ist vielleicht gar keine Tempestà in menschlichem Sinne gemeint? Die Röntgenanalyse hat ja andere Möglichkeiten ans Licht gebracht – das Moseskörbchen, die Patriarchensäulen – und Giorgione hat auch anderes vertuscht wie die Repräsentanten der monotheistischen Religionen hinter den ›Drei Weisen‹ (oder Philosophen) in Wien. Und doch bleibt das Rätsel der ›Tempestà ungelöst. Nur: ein Gewitter kann es kaum sein.

Während ich dies schreibe, tönt im Hintergrund die Hammerkla-
viersonate in einer alten CD von Alfred Brendel: Wolkenheere,
die gegeneinander antreten. Das findet sich sonst nur in der Bibel
(Zebaoth, der Herr der Heerscharen), im griechischen Mythos oder
eben in der Symbolik der Musik (Bruckner, Mahler).

5. Januar 2013

Noch einmal in der Accademia, um ein paar Bilder zu überprüfen.
Tintorettos ›Kreuzigung‹: Düsternis über dem ganzen Bild,
schwarzer Himmel, kaum Helles, grauweißes Pferd rechts, die Figu-
rengruppen und der Gekreuzigte kaum mehr zu erkennen. Henry
James klagt schon, daß auf vielen Bildern des »großen Meisters«
nur noch wenig zu sehen sei. Was könne der Betrachter in ein,
zwei Generationen überhaupt noch wahrnehmen? Vielleicht eine
Ahnung, daß da einmal etwas Großes war, das sich in die schwarze
Stille der Schwermut zurückgezogen habe, aus der es kam?
Warum sind ihm gegenüber die Bilder seines Konkurrenten Vero-
nese so strahlend hell geblieben wie am ersten Tag? In seiner Hochzeit der Katharina ist ein herrliches Wolken- und Engelgewimmel
wie ein Kinderspielplatz gemalt, manchmal sieht man nur die
wirbeligen Köpfe oder ein nacktes Baby ausgestreckt in einem
Planschbecken.
Ein Spätwerk von Palma il Vecchio, ›Heilige Familie mit Katha-
rina und dem Täufer‹: großes Wolkengemisch im Hintergrund über
einem Kastell, aus dessen einem Turm schwarzer Rauch aufzu-
steigen scheint. Quellwolke grau-weiß, oben gelbes Stück. Hinter
den Bergen scheint es zu tagen: gelber Schein. »Butterheller Glanz.«
(Hopkins)
Entdeckung an Mantegnas ›San Giorgio‹: weiße Wolken aus
Muscheln und Seeschnecken zusammengewachsen, jede der
›Gruppen‹ beinah fischförmig. Die Vermählung von Himmel und
Meer wie am Anfang des Mythos. Und hat der Heilige Georg nicht
ein Seeungeheuer erlegt? Das ist insofern nicht weiter erstaun-
lich, als Mantegna häufig seine Wolken aus erkennbaren Gestalten
geformt hat – die Pferdewolken des Wiener Sebastian, die Wolken
aus Menschenköpfen über den Tugenden und Lastern in Paris. Die
sieht der Betrachter mühelos aus der Distanz. Beim Georg muß
man so nah herantreten, wie es in Museen nicht erlaubt ist.

6. Januar 2013

Vormittags zu Giovanni in Bragora, der Taufkirche Vivaldis, an der
Riva degli Schiavoni, um noch einmal die von Henry James hoch-
gelobte Altartafel Cima da Coneglianos zu sehen, die Taufe Christi.
Schöne stille Landschaft, durch die sich senkrecht der breite Jordan
windet. In der Ferne blaue Berggipfel, auf denen ein gelblicher
Himmelsstreifen ruht. (Zwei Grundfarben.) Darüber der weite
blaue Himmel, fast über die Hälfte der Bildfläche. Darin weiße
Kissenwölkchen mit roten Puttenköpfchen (die dritte Grundfarbe)
aus dem Poesiealbum. In ihrer Mitte ein Haufen dicker Watte-
bäusche, aus denen unten die Taube herausfliegt. Cima ist ein sehr
genauer Naturbeobachter, aber diese Wölkchen sollen vielleicht
sagen, daß sie nichts mit ›der Natur‹ zu tun haben: sie haben sich in
die sublunare Welt herabgesenkt. Die große Ruhe des Bildes rührt
wohl daher, daß er nur die drei Grundfarben verwendet.
Danach noch zur großen Guardi-Ausstellung im Museo Correr, eher
aus Pflicht. Aber welche Entdeckung! Ein Licht- und Luftmaler,
wie es vor Turner und Constable keinen gab. Der Blick auf den
Dogenpalast vom Bacino aus – jedes Fleckchen Himmel, das den
größten Teil des Bildes einnimmt, ist *gemalt*, nicht hingestrichen.
Zarte, nie imposante Wolkenformen, zarteste Aquarelltöne – weiß,
blau, rosa –, obwohl in Öl gemalt. Die riesigen Landschaften (besser
skyscapes, Himmelschaften), strukturiert durch sehr hohe, weite,
freie Himmel aus Licht, Luft, Atmosphäre über zwei Drittel der
Bilder. Dann sein Isaak-Opfer: der Engel so groß wie Abraham, das
ganze Bild vor dem Hintergrund gewaltiger Wolken. Das Gewand
des Engels ist fast ununterscheidbar von den Wolken, in denen er
kommt… Guardi will studiert sein, nicht entzückt angeschaut wie
in der Ca' Rezzonico. Dafür haben wir an unserem letzten Tag keine
Zeit mehr.

Caspar David Friedrich

»… ich muß mich dem hingeben, was mich umgibt, mich vereinigen mit meinen Wolken und Felsen, um das zu sein, was ich bin. Die Einsamkeit brauche ich für ein Gespräch mit der Natur.«

»Schließe dein leibliches Auge, damit du mit dem geistigen Auge zuerst siehest dein Bild. Dann fördere zutage, was du im Dunkeln gesehen, daß es zurückwirke auf andere von außen nach innen.«

›Wanderer über dem Nebelmeer‹ (1818)
Der Herr von hinten im schwarzen Gehrock mit Spazierstock, auf den er sich stützt, soll ein in den Freiheitskriegen gefallener Obrist gewesen sein. Der Felsvorsprung über einem Abgrund sei bei Friedrich mehrfach als »Symbol für das Ende des Lebensweges« verwendet worden. Ein Memorialbild also.

Der Fels ist kein Nebo, und der Herr sieht auch in kein verheißenes Land, wie es bei dem frommen Friedrich gern angenommen wird. Es gibt auch den schwermütigen, bis zur Galligkeit verzweifelten Friedrich. Hier steht einer, der am Ende sein gelebtes – oder auch nicht gelebtes – Leben vor sich sieht. (Es gibt Sprachen, für die die Vergangenheit nicht hinter, sondern vor einem ausgebreitet liegt, die Zukunft, das, was wir nicht sehen können, im Rücken.) Vielleicht schaut der Herr auf Jean Pauls »Brodem des Lebens«, die Schwaden und Dünste, die aufsteigenden Nebel, die bald auch die kleinen Gipfel, mit Bäumchen sogar, die es immerhin doch einmal gab (wie lang ist das her? kaum mehr zu erkennen), zum Verschwinden gebracht haben werden (Futur II. Aber das wird er doch noch sehen: wie er sie nicht mehr sieht!). In der Ferne verhangene Gipfel, die waren auch einmal klar gewesen, aber für ihn zu hoch, oder weil er zu kleinmütig war, den Aufstieg zu versuchen, und jetzt stehen sie da als allein für ihn bestimmt gewesen. Darüber Stratuswolken, dann die Eiskristallwüsten der Cirrenhaufen.

›Das Riesengebirge‹ (um 1830–35, Berlin)
Zwischen den gestaffelten Höhenzügen steigen Nebel auf. Ein gelber monochromer Himmel in dem Segment eines großen Kreises, der an den Bildrändern weiterzudenken ist, wie ein Strahlenkranz, der seinen Mittelpunkt in der Erdkugel hat. Darüber eine ins Hellrosa spielende monochrome Fläche. Tagesende? Tagesanbruch? Auf dem Gelb irritierende bräunliche Kritzeleien, dann nach oben zu kürzer werdende krumme Zeilen einer müderen Hand. Altozirrus? Aber Wolkenformen sind nicht zu merken. Höchstens vielleicht eine Lichtinterferenz, die zu Irisation führen kann.

Ein mit brauner Tinte beschrifteter Himmel. Ein Traumalphabet, das entziffert werden will und es nicht leidet? Engelschrift, die für uns noch nicht zu lesen bestimmt ist?

Lévy-Strauss schreibt einmal von der Begegnung mit einem Häuptling im tropischen Urwald, bei der er sich Notizen machte. Der Häuptling schaute verwundert zu, erbat sich dann einen Stift und ein Blatt Papier, das er stumm mit Strichen und Kurven bedeckte und dann mit bedeutungsvoller Miene zurückreichte.

›Klosterruine Eldena im Riesengebirge‹ (um 1831, Greifswald)
Hat man bei vielen Landschaften Friedrichs den Eindruck, sie zeigten, was er sah (wie bei Dahl), so ist der Eindruck bei diesem Bild aufs schönste widerlegt: Friedrich hat die Ruine der Zisterzienserabtei aus Vorpommern bei Greifswald, die er oft gezeichnet hatte, ins Riesengebirge versetzt. Auch ein Bauernhaus in Fachwerk kommt von woanders her. Kein Bild macht deutlicher, daß Friedrich Wirklichkeiten *schafft*, nicht abbildet.

Er hat die Ruine ins Zentrum gestellt, ein düsteres, drohendes Memento der Vergänglichkeit, lichtlos nach dem Sonnenuntergang. Dahinter das Massiv des Riesengebirges in sich hinziehenden Höhen und Senken, aus denen zarte Nebel steigen. Der Gipfel rechts im Bild erscheint als der höhere, aber der linke ist durch die Luftperspektive so weit in die Ferne gerückt, daß er ›in Wirklichkeit‹ der höhere sein kann. Ein solches Changieren des Ewigen, Festen, Steten im Blick des Betrachters nähert den Gebirgszug dem Ewig-Flüchtigen an, das über ihm schwebt, den Wolken. Eine goldene Decke, die sich über den ganzen Himmel breitet, an einigen Stellen gerissen, zerschlissen im Wind, so daß graues Blau sichtbar wird. In der Mitte der Decke zieht sich ein langer, breiter Himmelsstreifen nach oben hin, der den Gebirgszug im gleichen Winkel wiederholt, die Hälfte einer Parabel. Er teilt sich über der Höhe des vorderen Gipfels, verbreitert sich noch gradaus hoch, während der untere Teil dabei ist, vom Gold verschluckt zu werden. Das gedämpfte Himmelblau hat die Tönung des ferner liegenden Gipfels. Die Silhouette der Berge, Wellenkämme, und der geometrisch fast abstrakte Himmelsweg durch die Wolken hindurch haben die gleiche Aufwärtsbewegung. Vom Weg oben zweigen dünnere Streifen ab in die Gegenrichtung, nach oben. Sie werden zu Cirren werden wie die, die es am oberen Bildrand schon geworden sind, Cirren, die sich bald auflösen werden in Luft, in Nichts. Die Cirren in der Bildmitte korrespondieren der Ruine in einem direkten Spannungsbezug. Sind nicht beide Zeichen der Vergänglichkeit? Nur sind die Wolken bald dahin, während der gotische Bogen seine makellose geometrische Strenge dagegenstellt.

Über die Hyperbel
Beispiele: ›Abtei im Eichwald‹, ›Mondaufgang am Meer‹, ›Abend an der Ostsee‹ etc.

»In allen diesen Fällen wird die Hyperbel beziehungsweise der Hauptzweig der Hyperbel von Wolkenformationen gebildet, die ihren Scheitel in der größten Bildtiefe haben und deren Arme sich sanft nach vorn und nach oben zu schwingen scheinen. Der Scheitel ist nicht selten vom Mond oder vom hellsten Licht besetzt; das ›Innere‹ der Hyperbel ist weitgehend wolkenfrei, die Außenseite wolkenverhangen, so daß diese Form immer ein Aufgehen zeigt, eine Eröffnung ist, während umgekehrt, wenn sich die Hyperbel nach unten wölbt ... sie die Funktion einer Decke, einer Hülle übernimmt.« (Werner Busch, *Caspar David Friedrich*, 123)

Die Zweige der Hyperbel nähern sich ihren Asymptoten immer mehr an, ohne sie je zu erreichen. Das ist das Inbild der Näherung des Malers an Gott.

›Großes Gehege bei Dresden‹ (1831/32)

Im Mittelgrund Baumgruppen, langgezogen, strack, waagrecht wie die Asymptote einer Hyperbel. Davor Tümpel, wie nach einer Überschwemmung stehengebliebenes Brackwasser. Lachen. In den Lachen zum Mittelgrund hin spiegeln sich die goldgelben Streifenwolken. Die Placken zwischen den Lachen sind in stumpfem Blau gemalt, dunkel, da noch nicht vom Licht getroffen, die Wolken im Wasser daneben sind heller, leicht strahlend. Im Vordergrund spiegelt sich der blaue, ins Violett spielende Himmel über den Wolken. Vorn, im abgestandenen Wasser, ist also die Himmelsfläche gespiegelt, wobei der goldgelbe Himmel so aufgerissen ist, daß blaue Streifen hindurchkommen, korrespondierend den Lachen in der Wasserlandschaft. Die Erde wiederholt den Himmel, oder umgekehrt: der Himmel wiederholt die Erde, da die atmosphärische Himmelsbildung ja von den aufsteigenden Dünsten stammt. Himmel und Erde haben die geometrische Form zweier achsensymmetrisch aufeinander bezogener Hyperbeln. Die Ferne zwischen ihnen – Brackwasser und Himmelslicht – könnte nicht größer sein und ist doch Ineins gemalt.

 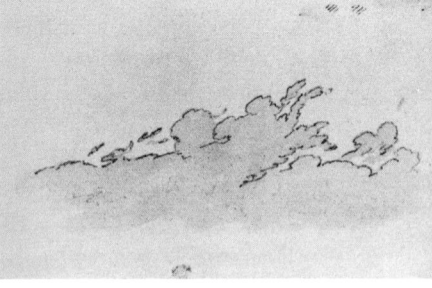

C. D. Friedrich: »Wolkenstudien«, um 1806/08   Rückseite des nebenstehenden Blattes

Aber was ist hier nah, was fern? Die lange, breite Wolke erscheint auf einmal als eine Wasserlandschaft, der gelbe Sand von Strömungen der See durchzogen. Die braunen Erdstreifen wie eine aus sehr großer Höhe gesehene Gebirgslandschaft, Hochplateaus, Abgründe, langgezogene Seen mit Archipelen dazwischen.

Was siehst du? Etwas, das sich im Sehen verändert, mal nah ist, mal fern wie die Wolken am Himmel. Schwebendes Sehen. Correspondances.

Die künftige Welt, heißt es bei den Kabbalisten, sei nur um ein Winziges von der unseren verschoben, wie ein geradegezogenes Tischtuch. So ziehen und zerren und zupfen die Wolken sich zurecht vor unseren Augen, bis Maß, Zahl und Gewicht den trigonometrischen Punkt erreicht haben, der »jeder Zeit« eintreten kann, so Augustinus, den wir mit unseren irdischen Augen dann aber nicht mehr sehen können. (15. März 2014)

·

Die Dinge der vegetabilischen Natur sind nach der Fibonacci-Reihe geordnet (die Verteilung der Blütenblätter, die Reihung der Sonnenblumenkerne etc.), alles ›in der Natur‹. Aber die Wolken? Von oben einzelne Tupfer, willkürlich verteilt, andererseits ein paar Streifen, die wie von einem Zentrum abstrahlen. Gibt es eine Korrespondenz zwischen Erdmagnetismus und Thermik? Die Mineralogie steht unter geometrischen Gesetzen. Nur unter ihnen? Die geologischen Schichten lassen sich nach Gesteinsarten als Zeiten unterscheiden, aber nicht mathematisch oder mineralogisch ordnen. Es ist ungefähr Fünferlei, was wir Natur nennen. (Flug über die Wolken von Dubai nach Frankfurt, 5./6. Mai 2014)

·

Tonmalerei, Tongemälde: John Constable, Richard Wagner.

·

Das Glück der *einmal* gesehenen, vollkommenen Wolke, das ich festhalten will wie die Reste eines Traums, die gleich Manna schmelzen unter dem ersten Sonnenlicht. Ich weiß: wir sollen nicht horten. (Ex.16,19f.)

·

»Die Luft atmet das Licht.« (Hebbel)

·

In welchen Mörsern wurden die Farben der Wolken gestampft, in welchen Tiegeln gekocht, für die wir in den Menschensprachen keine Namen haben? Sie erinnern an die Augen mancher Tiere, wie die des Tigers, von denen William Blake schrieb: »In what distant deeps or skies / burnt the fire of thine eyes?« (30. August 2013)

·

Was mag Caspar David Friedrich bewogen haben, auf Goethes Werben für Howards Wolkentypologie nicht einzugehen? Das endlich gefundene Wissen von den Regeln des Flüchtigen? Er hätte in die Frucht gebissen wie in den Apfel des Paradieses: »direkt in die Erkenntnis, die keine Liebe befruchtet hat.« (Julien Gracq)

·

»Das Gesehene vergeht in dem Augenblick, da das Denken sich seiner
bemächtigt.« (Dubuffet)

.

Ein sich blähender Lungenkloß. Teerfleckig. Grabsteinweiß.

Goethes Wolkenlehre (nach Albrecht Schöne)

Von früh an hat Goethe sich für Wolken interessiert und sie beschrieben (zum Beispiel auf der zweiten Schweizer Reise, dann im italienischen Tagebuch für Frau von Stein), ohne daß sie Gegenstand
seiner Naturforschungen gewesen wären. Das kam erst spät im Leben. Albrecht Schöne hat die Entwicklung seiner wissenschaftlichen
Interessen zusammengefaßt:»Vom Festen und Schweren, Materiell-
Beständigen führt sie zu immer Zarterem und Leichteren, Schwe-
bend-Vergänglicherem: vom Gestein zu den Knochen der Tiere, zu
Stengeln, Blättern und Blüten der Pflanzen, zu den Farben schließlich und am Ende zu den Wolken.« (133)

1803 hatte der Londoner Pharmazeut Luke Howard eine Abhandlung veröffentlicht, in der er seine siebenstufige Klassifizierung
der Wolken vorstellte: ›On the Modification of Clouds, and on the
Principles of their Production, Suspension, and Destruction.‹ 1815
erschien ein längerer Artikel des Hallenser Chemikers und Physikers
Ludwig Wilhelm Gilbert über Howards Wolkenlehre in seinen *Anna-
len der Physik*: ›Versuch einer Naturgeschichte und Physik der Wolken‹. Darin waren die Wolkentypen mit ihren lateinischen Namen
aufgelistet:»Einfache Modificationen: 1. Cirrus, 2. Cumulus, 3. Stratus. Zwischen-Modificationen: 4. Cirro-cumulus, 5. Cirro-stratus.
Zusammengesetzte Modificationen: 6. Cumulo-stratus, 7. Nimbus.«
Großherzog Carl August machte Goethe Anfang Dezember 1815 auf
den Artikel aufmerksam, den er vom 7. bis 14. Dezember in Jena studierte. In den *Tag- und Jahresheften* heißt es Ende des Jahres:»...
über meiner ganzen naturhistorischen Beschäftigung schwebte die
Howardische Wolkenlehre.« (216)

Was den Großherzog an der Wolkenlehre interessierte, waren die
von Howard nahegelegten prognostischen Möglichkeiten. 1816/17

ließ er eine Wetterstation auf dem Ettersberg einrichten, später weitere Stationen im ganzen Land. Was Goethe aber vor allem interessierte, war die Möglichkeit, das letzte noch unerschlossene Reich der Natur wissenschaftlich zu systematisieren und beschreibbar zu machen: das scheinbar Ungestalte war auf Gestalttypen zurückführbar, das Willkürlich-Formlose ließ sich nach Formen unterscheiden, die auf verschiedene atmosphärische Höhen verwiesen.

1817 resümiert Goethe in den *Tag- und Jahresheften*:»... indem ich von Büchern zu reden gedenke, [schließt sich] ganz natürlich die Übersetzung des indischen Megha-Duhta freundlichst an. Man hatte sich mit Wolken und Wolkenformen so lange getragen, und konnte nun erst diesem Wolkenboten in seinen tausendfältig veränderten Gestalten mit desto sichrerer Anschauung im Geiste folgen.« (231) In dem Epos Megha Duhta (= Der Wolkensammler) des Kalidasa ist die indische Gottheit Camarupa das Inbild für den Gestaltwechsel der Wolken, und seiner ersten Beschreibung der Howardschen Typen stellt Goethe den Satz voran:»*Camarupa*. Der Name einer indischen Gottheit, die an Gestaltsveränderungen Freude hat.« Bezeichnenderweise aber kehrt Goethe die Howardsche Reihenfolge um – nicht mehr von oben nach unten (Cirrus, Cumulus, Stratus), sondern von unten nach oben – und stellt die Zwischenstufen an ihren gehörigen Ort, also»*Stratus, Strato-kumulus, Kumulus, Zirro-kumulus, Zirrus*. Nachzuholen ist nun *Strato-zirrus*. Zuletzt stehe: *Nimbus*.« Goethe entwirft also ein organisches Modell des Gestaltwandels, von der Entstehung der Streifen- und Schichtwolken aus der Erde (»Von dem Nebelstreif an, der sich vom Sumpf oder Wiesen erhebt«) über die verschiedenen Formen in ihrer Mannigfaltigkeit bis zur Auflösung in höchsten Höhen in den Zirren (»Manchmal ... scheint der Himmel wie mit Besemen gekehrt.«). Albrecht Schöne schreibt, dies sei weniger eine Beschreibung der Terminologie Howards als vielmehr »in Wahrheit Goethes ›Versuch die Metamorphose der Wolken zu erklären‹.« (137) Goethe interessiert sich in dieser *ersten* Phase seiner Wolkenlehre einzig für ihre wechselnden Gestalten, nicht für die sie bedingenden atmosphärischen Ursachen.»Indem er die Wolke als Agens setzt, vermittelt er die Vorstellung einer auf den Metamorphosen-Gang gerichteten Eigenschaft dieser Wolke, eines ihr selbst innewohnenden Gestalt-Triebes. ›Es ging kein merklicher Wind‹, so verdeutlicht eine Beobachtungsnotiz von 1817 diese Auffassungsweise,

›die Bewegung der Wolken schien aus ihnen selbst herzustammen.‹«
(141)

Fortgesetzte Beobachtungen der Himmelserscheinungen, das Führen eines Wolken- und Wettertagebuchs, die Abgleichung des Gesehenen mit dem am Barometer Angezeigten lösen die poetische Eigen-Willigkeit der Wolken allmählich auf. Goethe wird aufmerksam auf die Dynamik, die sich abspielt. In einem Brief an Carl August heißt es Anfang September 1819:»Unsre ganze Wetterbeobachtung überhaupt bezieht sich allein auf den Wettstreit der Atmosphäre den sie mit Dunst und Nebel und Wolken aller Art zu bestehen hat; ... Wir finden sonach die atmosphärischen Erscheinungen immerfort eine durch die andere bestimmt; Barometerstand, Windstrich, Wolkenzug und Gestalt beziehen sich unmittelbar auf einander.« (FA I, 25, 210f.) Im Vorwort zu einigen Wolkenbeschreibungen, die Goethe 1820 unter dem Titel ›Wolkengestalt nach Howard‹ veröffentlichte, heißt es, er wolle sehen und darstellen,»wie es sich mit dem Konflikt der obern und der untern Region, der austrocknenden und anfeuchtenden verhalte«. (id., 216) Dieser andere, auf atmosphärische Wirkkräfte gerichtete Blick zum Himmel (und aufs Barometer) führt zu dem *Konfliktmodell* als der *zweiten* Phase seiner Witterungslehre. Im Grunde verläßt er damit schon Howards Linnésche Systematik und setzt an die Stelle des Was die Frage nach dem Wie:

»Ich mußte daher bei meiner alten Art verbleiben, die mich nötigt alle Naturphänomene in einer gewissen Folge der Entwickelung zu betrachten und die Übergänge vor und rückwärts aufmerksam zu begleiten. Denn dadurch gelangte ich ganz allein zur lebendigen Übersicht, aus welcher ein Begriff sich bildet, der sodann in aufsteigender Linie der Idee begegnen wird.« (FA I, 25, 216)

Seine Beobachtungen resümierend, hält Goethe fest:

»Die mittlere Region ist die des Kumulus; in ihr wird eigentlich der Konflikt bereitet, ob die obere Luft oder die Erde den Sieg erhalten soll; diese Region hat die Eigenschaft daß sie zwar viel Feuchtes in sich aufnehmen kann, allein nicht in vollkommener Auflösung, es vereinigt sich zwar zu einer leichten, aber doch dichten Körperlichkeit und erscheint uns geballt, gehäuft und nach oben in bestimmten Formen ausgebogt und begrenzt, unterwärts haben diese Wolkenhaufen eine horizontale Grundlinie, wodurch eine dritte Region angedeutet wird, auf welcher sie wie auf einer Schicht auf einem Elemente ruhen und schweben.« (id., 231f.)

Siegt die obere, die »trocknende, Wasser auflösende« Region, »so werden diese geballten Massen an ihrem oberen Saum aufgelöst, aufgezupft, sie ziehen sich flockenweise in die Höhe und erscheinen als Zirrus und verschwinden zuletzt in dem unendlichen Raum«. (232) Siegt die untere, so fällt Regen. Das ist freilich nur *ein* Richtungsmodell. Goethe weiß auch – und deutet es an –, daß das Spiel nach oben und nach unten sich gleichzeitig an verschiedenen Stellen im Raum, in Höhen und Tiefen, im Nahen und Entfernten zeigen kann, Konflikte neben gegenstrebigen Konflikten. Gleichwohl hält er am Dreierschema fest, nicht aber an den »Zwischen-Erscheinungen« Howards. Die habe er »nach ihrem Vorkommen und Erscheinen jedesmal angedeutet und beschrieben, weil die Mannigfaltigkeit so groß ist daß solche zu bestimmen keine Terminologie vermag und nur die Einbildungskraft mehr verwirrt als ihr nachzuhelfen«. (233)

Im Anschluß an die ›Wolkengestalt‹-Texte erscheint das berühmte, ursprünglich vierstrophige Gedicht ›Howard's Ehrengedächtnis‹ mit den drei – poetisch gefaßten – Grundtypen von unten nach oben und dem abschließenden, den Kreis rundenden Nimbus – »durch Erdgewalt / Herabgezogen was sich hoch geballt«. Die Strophen sind doppelt geführt, sie machen die Typen vorstellbar und haben zugleich symbolische Bedeutung. Auf Wunsch englischer Freunde, die das Gedicht englisch übersetzt drucken wollten, stellt er ihm noch drei einführende Strophen voran, indem er die willkürlichen, bizarrfigurativen Bilder nennt, die das naive Auge sich vom Unbestimmten macht, um Howards Leistung zu pointieren: er »bestimmt das Unbestimmte, schränkt es ein, / Benennt es treffend! ... Wie Streife steigt, sich ballt, zerflattert, fällt« – alle vier Typen in einen einzigen Vers gefaßt.

Aber die Terminologie der Unterscheidung ist das eine, das am Himmel tatsächlich Gesehene ist das andere, die nächste Stufe. (»Mußt unterscheiden und dann verbinden«, heißt es im Gedicht ›Atmosphäre‹) Im gleichen Jahr wie die Arbeiten zu Howard schrieb Goethe ein weiteres Gedicht, zu dem das Tagebuch am 24. 10. 1821 vermerkt: »Howards Ehrengedächtnis abgeklatscht. Gedicht zur letzten Seite.«In diesem Gedicht – ›Wohl zu merken‹ – bringt er den Maler und den Poeten ins Spiel, die »Mit Howards Sondrung wohl vertraut« [sind], dann aber – »Des Morgens früh, am Abend spät, / Die Atmosphäre prüfend [schauen]«. Da sieht der Maler, der Poet zwar die gelernten Typen, »Doch ihm erteilen luftige Welten / Das Übergängliche, das Milde, / Daß er es fasse, fühle, bilde.« Für die künstlerische ›Fassung‹ des Geschauten bringt die Lehre, heißt das, nichts. Das wußten die zur gleichen Zeit – in Dresden, in London – in den Himmel schauenden Maler ohnehin. Goethes Versuch, Friedrich für die Typologie zu interessieren, lief ins Leere. Und Constable, der Howard nie erwähnte und wohl auch nicht kannte, versuchte tagtäglich auf Hampstead Heath nicht nur, was er sah, in großer Schnelle zu ›fassen‹, sondern es gleichzeitig in Bezug zu setzen mit dem, was er dabei ›fühlte‹, und dieses Zwiegespräch zu ›bilden‹.

Albrecht Schöne arbeitet eine *dritte* Phase der Goetheschen Wolkenlehre heraus. Die Eigen-Willigkeit der Metamorphose und das Konfliktmodell »der obern und untern Region« sind »verdrängt von der einer pulsierenden Anziehungskraft der Erde als der eigentlichen Ursache aller Witterungserscheinungen«. (145) Auf Grund der für halb Nordeuropa gemessenen, annähernd parallelen Druckschwankungen der Barometerstände »scheinen wir ... berechtigt allen außerirdischen Einfluß auf die Quecksilber-Bewegung abzulehnen, und wir wagen auszusprechen: daß hier keine kosmische, keine atmosphärische, sondern eine tellurische Ursache obwalte«. (id., 146) Die im Barometer »offenbarte Naturerscheinung der lebendig pulsierenden, der gleichsam ein- und ausatmenden Erde, diese tellurische Systole und Diastole verstand er als ein ›Ur-Phänomen‹. Und nannte sie so«. (148) Damit glaubte Goethe, sein Grundprinzip allen pulsierenden Lebens bestätigt zu finden: vom ›Atemholen‹ bis zur Erde unten und dem Himmel darüber. Daß alle drei Phasen seiner Wolkenlehre physikalisch nicht stimmen, steht auf einem anderen Blatt. Dafür hat er uns aus der Anschauung und in seiner Beschreibungskunst die schönsten Wolkenbilder geschenkt, von der zweiten Schweizer Reise und dem italienische Tagebuch bis zu den böhmischen Wolken und dem großen Dornburger Wetter- und Wolkenbrief an Zelter aus dem Herbst 1828.

Gegen Ende seines Lebens hat Goethe das Interesse an der Wolkenforschung verloren. Die Wolken machen sowieso, was sie wollen –

»Denn mit dem himmlischen Küchenzettel/Ist's immer wieder der alte Bettel.«»Das Studium der Witterungslehre geht, wie so manches Andere, nur auf Verzweiflung hinaus. Die ersten Zeilen des Faust lassen sich auch hier vollkommen anwenden.« (An Zelter, 4. 3. 1829) Dennoch sieht Albrecht Schöne noch eine *vierte* Phase, in der die drei früheren ›aufgehoben‹ sind, doch ohne noch einer Fachterminologie zu bedürfen: seine »letzte Schrift zur Wolkenlehre« sei »die 1830 niedergeschriebene ›Bergschluchten‹-Szene des ›Faust‹-Dramas«. (153) Und Wolken tauchen an entscheidender Stelle auch vorher ohne Howard auf. Im ›Hochgebirg‹ (Faust II, 4. Akt, 1. Szene) sieht Faust eine große »Tragewerk«-Wolke, die steigt und sich teilt. »Sie ›steigt‹, so verdeutlicht es ein Paralipomenon, ›halb als Helena nach Süd Osten halb als Gretchen nach Nordwesten.‹ Halb als Cumulus- halb als Cirrus-Wolke.« (154) Aber über ebendiese Worte ist Faust hinaus.

Wetterzeichen

Goethe hatte in seinem späten ›Versuch einer Witterungslehre 1825‹ die atmosphärischen Erscheinungen »einer veränderlichen pulsierenden Schwerkraft der Erde« zugeschrieben. Ist die »tellurische« Anziehungskraft stark, dann ist »den Elementen ein Ziel« gesetzt, das heißt, sie sind gebändigt und ausgeglichen. Ist die Kraft schwach, steht das Barometer tief, so sind die Elemente losgelassen. »Es ist offenbar daß das was wir Elemente nennen, seinen eigenen wilden wüsten Gang zu nehmen immerhin den Trieb hat. ... Die Elemente sind die Willkür selbst zu nennen; die Erde möchte sich des Wassers immerfort bemächtigen. ... Eben so unruhig möchte das Wasser die Erde die es ungern verließ, wieder in seinen Abgrund reißen, die Luft die uns freundlich umhüllen und beleben sollte rast auf einmal als Sturm daher uns niederzuschmettern und zu ersticken.« (FA I, 25, 295 f.) Albrecht Schöne bemerkt anläßlich dieser Schilderung der verheerenden Wucht der Elemente: »Es ist kaum zu denken, daß Goethe, als er dies niederschrieb zwischen 1823 und 1825, nicht auch gedacht haben sollte an seine zu Anfang der 20er Jahre verfaßte ›Campagne in Frankreich 1792‹, an deren Ende der Braunschweiger Herzog ihm sagte, ›daß wir nicht vom Feinde, sondern von den Elementen überwunden worden‹, daß er dabei nicht gedacht haben sollte an die ›gewaltigen Regengüsse‹, das ›schrecklichste Wetter‹, von denen dort unaufhörlich die Rede ist«. (149) Schöne zitiert einen Brief Goethes an das Ehepaar Herder vom 16. Oktober 1792 aus Luxemburg. Das war *nach* der verhängnisvollen Kanonade von Valmy am 20. September, *nach* dem tagelangen elenden Rückzug durch Dauerregen und Schlamm. Auf die Rückseite des Briefs hatte Goethe in der Mitte den Freiheitsbaum mit der Jakobinermütze gezeichnet, links davon die untergehende Bourbonensonne, und über allem heftige Wolkenzüge von West nach Ost, die jenseits der Grenze zum Deutschen Reich in dichten Schnüren abregnen. Der Brief beginnt: »Aus der mehr historischen und topographischen als allegorischen Rückseite werden Ew. Liebden zu erkennen geruhen, was für Aspecten am Himmel und für Conjuncturen auf der Erde gegenwärtig merkwürdig sind.« Albrecht Schöne schreibt dazu: »Die ›Aspecten am Himmel‹ und die politischen ›Conjuncturen auf der Erde‹ hat der alte Goethe in Korrespondenz miteinander gesehen.« (150) Er fürchtete und verabscheute, was da von Westen nach Osten, von Frankreich nach Deutschland »wie ein Gewitter daherzieht! Man durfte sie (die Freiwilligen des Revolutionsheers) nur undiciplinirt loslassen« – wie die Elemente – so machten sie uns den Garaus«. (150)

Daß die Zeichen am Himmel den Geschehnissen auf der Erde korrespondieren, ist eine alte Vorstellung oder sogar Gewißheit. Meist sind es Zeichen mit schlimmer, aber unbefristeter Vorbedeutung wie die drohenden Gotteswolken in den Psalmen oder wie Jesu Ankündigung von Jerusalems Untergang bei Lukas:

»Und es werden Zeichen geschehen an Sonne und Mond und Sternen; und auf Erden wird den Leuten bange sein, und sie werden zagen, und das Meer und die Wasserwogen werden brausen, / und die Menschen werden verschmachten vor Furcht und vor Warten der Dinge, die kommen sollen auf Erden; denn auch der Himmel Kräfte werden sich bewegen. / Und alsdann werden sie sehen des Menschen Sohn kommen in der Wolke mit großer Kraft und Herrlichkeit.« (Lukas, 21, 25-27)

Oft kündigen die Zeichen unmittelbar bevorstehendes Unheil an wie in der Nacht vor Cäsars Ermordung oder die, von denen Gloster in *König Lear* spricht:»Jene letzten Verfinsterungen an Sonne und

Mond weissagen uns nichts Gutes. Mag die Wissenschaft der Natur sie so oder anders auslegen, die Natur empfindet ihre Geißel an den Wirkungen, die ihnen folgen: Liebe erkaltet, Freundschaft fällt ab, Brüder entzweien sich; in Städten Meuterei, auf dem Lande Zwietracht, in Palästen Verrat...« (I, ii, 107ff.)

Goethe *weiß*, was der niedrige Barometerstand bedeutet, und daß, wenn er tief bleibt, »die Elemente des Gehorsams ganz entwöhnt« sind, und trotzdem ist das Wetter ihm ein Zeichen – behelfsmäßig gesagt: die Allegorie – der »Conjuncturen« auf der Erde. Auch das mag man eine Dialektik der Aufklärung nennen.

Schönberg und das Wetter

Am 24. September 1914 beginnt Arnold Schönberg in Berlin ein von ihm so bezeichnetes Kriegs-Wolkentagebuch zu führen. In einem kleinen Vorwort begründet er die damit verbundene Absicht:

»Viele Menschen werden, wie ich, heute, da endlich der Glaube an höhere Mächte und auch an Gott wiederkehrt, vom Himmel die Kriegsereignisse abzulesen versucht haben. Leider kommt mir erst jetzt der Gedanke, meine Eindrücke zu notieren. Ich will das aber von jetzt an tun und hoffe, wenn genauere Berichte vorliegen werden, einige Übereinstimmung zu finden, da eine Anzahl von den bisherigen kriegerischen Ereignissen nur durch die ›Stimmung‹ des Himmels vorausahnbar waren.

So ist mir wiederholt das ›goldige Glänzen‹, der ›Siegeswind‹, ein ›tiefblauer Himmel‹, ›blutige Wolken‹ (bei Sonnenuntergang) aufgefallen, die stets siegreichen deutschen Ereignissen vorausgiengen.

Ebenso giengen starke Wetterverschlechterungen mit Sturm und Regen, die schwarzen Wolken von unheimlichem Eindruck den schlechten Wendungen auf dem österr.-russischen Kriegsschauplatz voraus. Zu erwähnen ist hier auch der 2 Tage dauernde Sturm, der sich mit dem Rückzug des deutschen Flügels deckte.

Bemerken muss ich, dass nicht immer ein bewölkter Himmel mir den Eindruck ungünstiger Ereignisse machte. Deshalb will ich stets in erster Linie den Eindruck, in 2. den tatsächlichen Zustand und womöglich sooft es geht 3. eine kleine Skizze zeichnen.«

Die täglichen Aufzeichnungen reichen vom 24. September bis zum
27. Dezember 1914 und dann, nur noch sporadisch, vom 11. April bis
zum 27. Juni 1915. Sie sind, bis auf wenige Ausnahmen, karg, proto-
kollarisch (»trüb, zeitweise Regen« oder »meist bewölkt; auch Regen
und Wind«) und stehen in keinem offensichtlichen Bezug zu Progno-
stik oder Bestätigung der Kriegsereignisse, die allerdings an Hand
von Heeresberichten erst noch zu untersuchen wären. Sonderbar ist
dabei nur, daß der Himmel über Berlin-Steglitz Auskunft über die
West- oder Ostfront geben könnte.
Die interessanteren Beobachtungen seien hier mitgeteilt:

»25/9.   ¾ 12 Uhr vorm.
Leicht umzogen, aber doch Sonne. Mattes Licht,
nur wie ein ~~ganz~~ unendlich dünner Dunstschleier.
Unscharfe Schatten. Kein Eindruck
½ 3 Uhr wolkig; umzogen, keine Sonne.
In den letzten Tagen, war es meist um diese Zeit umzogen, hat
manchmal sogar geregnet und ist dann meist schön geworden.
6.20 abends nicht ganz rein; rechts blendend: wie eine strahlende
Hoffnung links düster: grau, dem sich ein Rot (Abendrot)
vorlagert.
6.40 abends das rotgoldige Leuchten zwischen den beiden
Häusern hinter den Aesten des Baumes, das mir immer so
günstigen Eindruck macht.
7.40 abends: wolkenlos, Sterne: Siegeshimmel

7/X   11 h vormittags, heute schon seit dem Morgen herrliches klares
Wetter, jetzt einzelne vom Wind getriebene Wolken; von
diesem Wind der mir im ersten Kriegsmonat so verheissungsvoll
geklungen hat

14 / XI Wind hat nachgelassen. Ziemlich klarer schöner Morgen gegen
¾ 11 etwas bedeckter, aber noch Sonne nachmittags trüb, aber
schon um ungefähr 5 Uhr wieder sehr schön
um ½ 6 Uhr (nachm !!) Sterne sichtbar klarer Himmel.
gegen 7 Uhr wieder trüber
gegen 10 Uhr: herrlicher Nachthimmel; Sterne; keine Wolke
*sehr auffallender Tag / Vormittag am Weg nach / Steglitz:
interessante / Wolken.
Bataillone!*

5 / XII   sehr schöner Morgen

vormittags 12 Uhr sehr schön, wenige dünne Wölkchen.

»<u>Schlachtenwolken!</u>«

abends ½ 7 Uhr beginnts zu regnen und regnet weiter

17. (XII) Morgens ganz hübsch; bald aber trübe und später sehr regnerisch
sehr merkwürdiger Sonnenuntergang: grell gelber heftiger Schein
aus den Wolken heraus. Abends ganz schön.

11 / 4.   1915 gegen ½ 7 Uhr*

Ich habe diese Aufzeichnungen unterbrochen, weil eingetreten
ist, was ich befürchtete: vom Moment an, wo ich notieren wollte,
fühlte ich mich befangen und kam infolgedessen nicht mehr
zu einem überzeugenden Eindruck. Nichts destoweniger habe
ich jedesmal beobachten können, dass die überaus zahlreichen
heftigen Stürme dieses Jahres anscheinend stets gleichzeitig mit
ungünstigen Ereignissen waren.

Heute notiere ich, weil der Tag so schön ist, wie die im Herbst,
die mir so besonders auffielen. Und weil gestern ein besonders
eigentümlicher Himmel war.

*eine halbe Stunde später regnets! Aber sehr eigentümlich;
hinten ists noch hell und vorn sehr schwarze Regenwolken.*

19 / 5   die ersten <u>Mai</u>tage durchaus schön.

am 13 / 5. Wolkenbildung als ob ein Gewitter käme. Kam aber nicht.

14 / 5 Vormittags stürmisch; nachmittags sehr wechselnd;
meist stürmisch plötzlich wieder ganz ausgeheitert, aber
nur für ganz kurze Zeit; dann schwach bewölkt; nochmalige
teilweise Ausheiterung und gegen ½ 6 Uhr überraschend schnell
heraufziehende Wolken (<u>Sturm</u>!) bringen heftigen Regen, der
bald nachlässt. Sturm dauert an.

Gegen ¼ 8 kommt an einer Stelle Sonne hervor. Sturm; dichte
Wolken noch immer.

27 / 6.   1915 8 h 50 abends ist nach Sonnenuntergang folgendes <u>Schwert</u>
am Himmel zu sehen (Wolkenform)

das längere Stück (das
Schwert zeigt nach <u>Südosten</u>)
Es ist kürzer als es dem Griff
entsprechend sein müsste.
Aber es sieht aus, als ob
es sich über das deutlich
sichtbare hinaus noch weiter
ausdehnt, so als es in etwas
steckte.«

Mit dieser letzten Eintragung brechen die Aufzeichnungen ab. Sie ist aber ganz eigen, weil sie die einzige ist, in der die sonst bilderlosen Notate eine *Form* am Himmel vermerken. Vielleicht sah Schönberg als genauer Leser der Luther-Bibel in der Erscheinung aber auch eine Anspielung auf eine Stelle beim Propheten Hesekiel:»Sprich zum Land Israel: So spricht der Herr HErr: Siehe, ich will an dich; ich will mein Schwert aus der Scheide ziehen und will in dir ausrotten beide, Gerechte und Ungerechte. Weil ich denn in Dir Gerechte und Ungerechte ausrotte, so wird mein Schwert aus der Scheide fahren über alles Fleisch, vom Mittag her bis gen Mitternacht.« (21, 8f.)

Schönberg hatte auch Webern eine »Anregung« gegeben, den Himmel zu beobachten, der auf einer Postkarte vom 10. Oktober 1914 aus Wien das augenblickliche Wechselwetter beschrieb und es auf das von Russen belagerte Přemysl in Galizien bezog. (Teile Galiziens waren da schon für die Österreicher verloren, und die Belagerung Přemysls konnten sie nur kurzfristig zurückschlagen.)

> »Liebster Freund, ich glaube, gestern etwas von dem von Dir beobachteten Zusammenhang der ›Himmelsstimmung‹ mit den Kriegsereignissen erlebt zu haben. Vormittag: Sonnenschein und viel blauer Himmel, gleich beim Wachwerden und den ganzen Vormittag hatte ich sehr lebhaft einen befreienden sehr beruhigenden Eindruck; das war die Zeit, da die Russen mit der Einstellung des Feuers auf Přemysel und mit dem Rückzug von dort begannen. Nachmittags setzte ein ruhiger feiner Regen ein bei Windstille (nach wochenlangen Stürmen) als ich auf die Straße kam, spürte ich: es war wärmer geworden (die letzten Tage war es empfindlich kalt). Wieder ein beruhigender, wohlthuender Eindruck. Das war die Zeit da die Deutschen Antwerpen in Besitz nahmen. ...«

Ausführlich antwortete Alban Berg am 8. Oktober 1914:

> »Lieber Herr Schönberg, Ihre dem Webern gegebene Anregung, Wolken und Himmel zu beobachten, hat auch mich stark berührt. Ich habe schon in diesem Sommer – freilich ohne es mit dem Krieg in Zusammenhang zu bringen – ganz unglaubliche Erscheinungen constatiert ....
> Das anhaltend schöne Wetter dieses Sommers (es war vom Ende

Juli bis Mitte September – bis auf einige Gewitterstunden – ununterbrochen regenlos) war mir auch auffallend; nur brachte ich es in etwas *materiellen* Zusammenhang mit dem Krieg. Ich glaubte nämlich, nachdem ich öfter Gelegenheit hatte die starken Wirkungen des Wetterschießens zu beobachten, daß die – fast ganz Mitteleuropa einschließenden, durch Wochen abgegebenen Millionen von Schüßen auf den sich über viele Hunderte von Kilometern erstreckenden Schlachtlinien auf das Wetter Einfluß haben könnten. Freilich, was ich jetzt beim Himmel sehe scheint andere, tiefere Gründe zu haben. Ganz eigentümlich war z. Bsp. Vor einigen Tagen der Nachthimmel. Die Wolken standen in regelmäßigen Rhomben nebeneinander; etwa so:

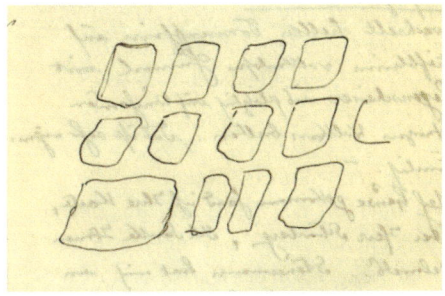

Der dazwischen durchscheinende schwarze Nachthimmel (die Wolken waren Mondbeschienen) erinnerte mich *unwillkürlich* an Lauf- und Schützengräben. Ein andermal gab's wieder einen prachtvollen Mondregenbogen. Auch das Wetter in den letzten Tagen ist so wie ich es *noch nie*, auch nicht im April, erlebte. In *fast regelmäßigen Intervallen* von ½ –¾ Stunden wechselt hellster Sonnenschein auf tiefblauen wolkenlosen Himmel mit Regenschauer aus plötzlich auftauchenden schwarzen Wolkenballen. Das ist sehr eigentümlich. –«

In späteren Briefen Bergs oder Weberns ist von Kriegswolken nicht mehr die Rede.

Aus einer Schweizer Tageszeitung 1914

ZITATE

Etel Adnan, Jahreszeiten

»In Begleitung seiner Wolkenschar tritt der Himmel ein und läßt sich im Raum nieder. Wir werden die Nacht miteinander teilen.« (22)

»Heute sieht es aus, als wären wir verloren. Der Himmel ist versessen auf sich selbst. Gaza Street mit Blut überflutet. Die Natur heult auf. Der Wind verstößt gegen die Primärfunktion des Verstandes, Permanenz zu sichern.« (30)

»Der Himmel ist eine ideale Metapher für das Sein: er ist da und undefinierbar. Bewohnt, aber unabhängig. Dasein ist Geist und außerhalb des Geistes; es kippt um in Seligkeit oder in Entsetzen.« (40)

Im Yosemite Valley: »Weder Vergangenheit noch Zukunft dort. Nur essen, trinken, *Granit berühren*. Dort löst sich die Wahrnehmung vom Denken. Der Verstand wird zu einem Sinn unter den anderen. Keine Konzepte; nur eine vollkommene, reine Form des Daseins.« (43)

»Wolken müssen ihre Existenz beweisen. Flugzeuge fliegen durch die hindurch, aber niemand darf ein Fenster öffnen, um sie zu berühren. Sommerwolken sind anders als Winterwolken. Unsere Seelen sind durchlässig für Wolken, vielleicht bestehen sie aus demselben Stoff.« (59)

»Sommerwolken sind unversehens freundlich, segeln tief. Hüterinnen des Gedächtnisses.« (68)

»Diese vorüberziehende Wolke gehört mir und dir, aber nicht uns. Der Verstand ist in die Welt verliebt.« (71)

»Sind wir ein Traum, ein Albtraum, eine Erfüllung? Das Verlangen nach Dauer gab der Bedeutung des Vergänglichen nach. Deshalb sind Luftzüge, Tanz, Kino oder Feuer privilegiert; so wie sie auftauchen, verschwinden sie.« (83)

Etel Adnan, Reise zum Mount Tamalpais

»Dort (im Yosemite Valley) sehen wir Schatten, die massiv
sind wie Granit, wir sehen Bäume, die Umrisse der Wolken
nachzeichnen, sehen, wie der beständige Boden der Ewigkeit unserer
Vergänglichkeit Sinn gibt.« (63)

»Haben Farben die Macht, Zeitschranken zu durchbrechen und
uns in Welträume hinauszutragen, nicht nur in solche, die aus
Kilometern und Entfernungen bestehen, sondern dorthin, wo
das Wissen des Lebens gespeichert ist, seit dessen Beginn oder
Nichtbeginn?« (70)

Etel Adnan, Von Frauen und Städten

Über Cézanne:
»...die Ekstase der Farbe mit dem verzweifelten Willen, das
festzuhalten, was nicht festgehalten werden kann.« (24)

Zu Michelangelos ›Jüngstem Gericht‹:
»... man weiß nicht länger, ob man Farben hört, Klänge sieht oder
Ideen berührt.« (93)

VENEZIANISCHE TAGEBÜCHER

Venedig, 12. Juli 2013
Flug über die Alpen. Unter uns eine geschlossene Schneedecke, die
nur manchmal aufreißt und einen Blick freigibt auf Schneegipfel
oder Dörfer tief unten in grünen Tälern.
Ich versuche in den Faltungen der Gebirge Strukturen zu erkennen,
eine »Chiffrenschrift«, wie Novalis das nennt, und die sich genau
gleich fände in den »Wegen der Menschen«, in den Wolken, auf den
Eierschalen...

13. Juli 2013
Zum Fischmarkt. Das Gewimmel der Formen und Farben wie an
einem stürmischen Himmel. Hier unten kommen die Gerüche

hinzu, und man spürt das Glitschige förmlich zwischen den Fingern. Dann, wie so oft vom Fischmarkt aus, in der kleinen Kirche San Giovanni Elemosinario mit dem großen Altarbild Tizians. Dominierend das weiße Gewand von der Brust bis zum Boden, eine geradezu abstrakte Studie in Falten (Faltungen) und Flächen – wie ein Gebirgsausschnitt in Linien, abgelenkten Geraden, und im Gegensatz dazu eine etwas amorphe Wolke darüber – beide ›Motive‹ vereint in der Farbe.

Tizian scheint sich für den Heiligen nicht sonderlich interessiert zu haben, er sieht wenig spendierfreudig aus, gibt dem Armen eine einzige Münze – »Ist der überhaupt würdig, Geld zu empfangen?« – und fühlt sich sichtlich abgelenkt von der Lektüre in einem großen Folianten, bei dem es sich kaum um die Bibel, eher um Pandekten oder um ein Haushaltsbuch handeln dürfte.

Bei Lottos Almosenbild in Giovanni e Paolo sitzt der Heilige oben, studiert mürrisch eine Bittschrift und läßt sich auch nicht von den Engeln zu seinen Seiten bewegen, einen Blick auf die Bettelnden unten zu werfen. In der Mitte Beamte neben einem gefüllten, aber nicht geöffneten Geldsack, darunter ein Mönch, der Bittschriften entgegennimmt oder zurückweist. Aber keine einzige Münze wechselt den Besitzer auf diesem Bild. –

Zum ersten Mal schaue ich nach oben und sehe das Kuppelfresko von Pordenone – ein Wolkenkranz mit Engeln / Putti mit den perspektivischen Verkürzungen, für die er einmal berühmt war und die heute wie Turnübungen wirken. Er war der von Tizian gefürchtete Konkurrent und soll die als dynamisch gedachte Kuppel gegen die ›statische‹ Assunta gemalt haben. Im Inneren der Kuppel weite – graue – Wolkenkreise, darin noch ein roter Kreis mit Cherubenköpfen, darin, goldgerahmt, Gottvater. Die Illusion eines Trichters. Die perspektivische ›Ferne‹ wird durch die verwischte Kontur Gottes dargestellt. – Prüfen, ob Pordenone die Kuppeln Correggios in Parma kannte.

Von Venedig aus: Poreč, Dalmatien, 15. Juli 2013
Euphrasia-Basilika aus dem sechsten Jahrhundert mit byzantinischen Mosaiken. Hinter der statuarisch sitzenden, in eine braune Nonnentracht gekleideten Maria der Himmel: auf dem Goldgrund

198

langgezogene, übereinander gestapelte Gebilde wie Fischleiber ohne
Kopf – rot, grün, blau –, die Wolken sein sollen, aber keinen gleichen. Soll es das Ichthys-Zeichen sein – Jesus als ars multiplicativa
am Himmel? Aus ihnen ragt eine Hand heraus, die einen grüngol-
denen Kranz – die Krone – fest umschließt.

Dubrovnik, mit dem Schnellboot zur Hirschinsel Lopud,
20. Juli 2013
Hinter einem Gebirge steigen Quellwolken auf in kleinen, unverbun-
denen Päckchen (Altocumulus). Je näher sie dem Meer zutreiben,
desto mehr verlieren sie ihre Kontur, bis nur noch Spuren einer von
der Tafel gewischten Schrift übrig sind.

Am Nachmittag über den Bergkuppen Dunst, der sich in der Höhe
zu Stratocumulus verdichtet: ein Haifischmaul mit Pelztierrücken.
In der Franziskanerkirche auf einer Anhöhe am Hafen als Altarbild
ein Polyptichon von Pietro di Giovanni (1523): oben, in einem Halb-
rund, Gottvater in rotem weiten T-Shirt, darunter Putti, die sich
auf Wolkenkissen tummeln und herumalbern. Die abwehrenden
Hände Gottes sind die eines bei seinem Mittagsschlaf gestörten
Großvaters und scheinen zu sagen:»Jetzt gebt endlich a Ruah, ihr
Lausbuam.« (›Ruah elohim‹ übersetzt Buber mit ›Braus Gottes‹;
andere sagten ›Geist‹.)

Auf der Autostrada von Dubrovnik nach Zadar, 21. Juli 2013
Vor uns eine Gruppe von einander abgesetzter Stratus mit
manchmal rechteckigen Cumuli, deren senkrechte Katheden hoch
aufragen: Stageprops, für jeden Heiligen eine eigene Stratus als
Stand, wie Mantegna die Himmelfahrt Christi gemalt hat. Die
Arbeiter auf dem Schnürboden ziehen die Seile nicht im Gleichtakt
nach oben, so daß der Eindruck eines vertikalen Balletts entsteht.
Später. Ganz hoch oben und für sich auf der unbeschriebenen Rolle
ein nach links eingerollter Streif: der hebräische Buchstabe Thet in
der Quadratschrift. (»Ihr Herz ist wie Schmer; ich aber habe Lust
an deinem Gesetz.« Ps. 119, 70)

Weiter die dalmatinische Küste hoch, 22. Juli 2013
Wieder die eigenartigen Stratocumuli. Die Basen (Stratus) in
verschiedenen Höhen und mit weiten Zwischenräumen. Eine Weit-

winkelbühne für auffahrende, eher mindere Heilige, von denen es in
Kroatien wimmelt.

Wieder Venedig, 24. Juli 2013
Über der Gesuati gegen halb sieben – Westsüdwest – ein langer
schmaler, kerzengerader, lichtweißer Wolkenstreifen (Stoffbahn),
der zu einem fast flachen Wulst – ein eingedellter Hut? das gefres-
sene Tier im Leib einer Schlange? – gelbweiß glühender Sonne führt
(Material für Heiligenscheine und noch ungeschmiedete Blitze),
woraus dicke weiße, senkrechte Cumuli – wie Dampf aus einer
Lok – nach hoch oben ziehen: der Heilige Geist (Smoky), der aus
seiner Kirche entweicht. Donnergrollen aus der Gegenrichtung, den
Dolomiti.
Als Moni wenig später aus dem Fenster die Erscheinung photographiert, zeigt sich auf dem Abzug ein anderes Bild: Die kerzen-
gerade Bahn hat sich geteilt in die zwei über- oder untereinander
versetzten Hälften einer Null, zwei Damokleskrummschwerter in
verschiedenen Stoßrichtungen. (Oder lieber aus einem Topf weißer
Farbe gefischte Bohnenschoten.) Daß für den freien Blick ein
Schmiedefeuer glühte, zeigt sich nur an ein paar rosa Fetzen am
Rand der formlos gewordenen Cumulus.

27. Juli 2013
Morgens in den Gedichten von John Burnside gelesen. Eines trägt
ein Motto von John Keats, das ich über das Musikkapitel des
Wolkenbuchs setzen könnte: »Heard melodies are sweet, but those
unheard / Are sweeter.«

Am Nachmittag wieder zur Kuppel von Pordenone. Der äußere Wolkenkranz wie Wellenschaum, in dem sich die Putti in typischen Badeverrenkungen tummeln. Die mit zusammengelegten, also betenden Händen sehen aus, als machten sie sich zum Start- oder Kopfsprung bereit. Der innere Kranz wird von – teils geflügelten – Engelköpfen dicht an dicht gebildet vor einem Hintergrund ›echter‹ Wolken. In der Mitte Gottvater in Halbfigur, Grisaille, als schwände in der Höhe die Farbigkeit des Lichts (wie in der Ferne: Luftperspektive).

28. Juli 2013

Der Dogenpalast zeigt eine Ausstellung über Manet und Venedig. Das Mallarmé-Porträt sehe ich zum ersten Mal im Original und aus der Nähe: die rechte Hand, die die Zigarre hält mit dem aufsteigenden Rauch, den der einzige Satz seines interpunktionslosen Sonetts nachgebaut hat: »Dans plusieurs ronds de fumée / Abolis en autre ronds.«

21. August 2014

Morgens um sieben blitzblankblauer Himmel, als hätte einmal Ordnung geschaffen werden müssen. Erster Schöpfungstag. Zur Buchhandlung an Toleta, wo ich mir eine kommentierte Ausgabe des ›Paradiso‹ besorge – elfhundert Seiten. Dabei finde ich eine zweisprachige Ausgabe frühgriechischer Lyrik, die wie gerufen kommt, weil ich gerade ein Archilochos-Fragment bei der Hand haben möchte.
Am Nachmittag zu Madonna del Orto, die, selten genug, geöffnet ist. Im Kreuzgang: Die Schönheit der schlichten geometrischen Bogenreihung mit einfachen tragenden Säulchen dazwischen ohne aufregende Kapitelle. Nur Geometrie, nichts, was das Auge bannt oder fasziniert, nur die Aufteilung eines quadratischen Raumes. Darüber, gegen den blauen Himmel, die unregelmäßigen Päckchen einer aufgelösten, von Luft durchsetzten Cumuluswolke. Die Unwägbarkeiten des Himmels in der Spannung zur Setzung einer Menschenordnung.
Von der Vaporetto-Station Ca' d'Oro aus sehe ich die Zigarre eines grauen Zeppelins, der auf die Kulisse der Palazzi Kurs nimmt, die ihn aufhalten. Seine Unterseite und die winzige Millionärsgondel

der frühen Reisenden sind golden und leuchten. Das Heck mit dem Ruder löst sich langsam auf und gesellt sich zu dem fröhlichen Geschnatter der Cumulusfähnchen. Rumpf und Bug stecken noch fest, als unser Boot kommt.

23. August 2014

Gestern abend hatten Schlieren am Himmel Regen vorhergesagt, der in der Nacht und am Morgen auch mäßig kam. Nachmittags schwere Wolkenbrüche aus grauem Himmel, danach wieder sonnig-heiter, aber kühl. Wir gehen zum armenischen Kolleg im Palazzo Zenobio mit großem Rosengarten. An der Seite des Gartens ist eine Installation eingerichtet, Teil der Architektur-Biennale, ›The Capital of Desires‹, mit verschiedenen Filmen. Einer davon ist eine Reihe heimlich aufgenommener Szenen der Vertreibung der Armenier aus der Türkei 1915. Massen von Menschen, die von berittenen Soldaten durch die Straßen getrieben werden. Wie die Soldateska reitet und auf die schreienden, flüchtenden Menschen einschlägt, sie verfolgt, niederreitet, stellt sich mir ein anderes Bild ein:

Breughels ›Bethlehemitischer Kindermord‹. Ein großer Bildband Breughels gehörte zu den wenigen Büchern, die aus dem brennenden Haus im Dezember 1944 gerettet wurden, eher durch Zufall. Er war mein einziges ›Bilderbuch‹ in der Unterkunft mit den Großeltern in einem Dorf in den ersten Nachkriegsjahren. Gerade den Kindermord sah ich mir immer wieder an: die Reiter, die die schreienden Mütter einkreisten und mit Spießen die Kinder erstachen oder mit den Schwertern zerhieben. Ich konnte mir nicht vorstellen, daß es ›so etwas‹ gibt, aber ich habe mir das Bild immer wieder fasziniert angesehen. Ähnlich entsetzt, ungläubig und verständnislos habe ich heute die mordenden Jungtürken gesehen, obwohl ich längst wußte, daß es die Wirklichkeit war und daß das Deutsche Reich über alle Einzelheiten genau informiert war.

Danach in der Maria del Carmine. Lottos Sankt Nikolaus mit Heiligen und Engeln in einer riesigen Plüschwolke, die Füße im molligen Teppichboden ausgestreckt. So sollen Heilige es sich gemütlich machen. Aber darunter eine Landschaft, die ›gesehen‹ ist: links ein belaubter und ein abgestorbener Baum, in der Mitte ein See, darüber dunkle Streifenwolken und eine von der untergehenden Sonne beleuchtete Landschaft. Doch keine Korrespondenz zwischen oben und unten.

Hinterher zum Campo Santa Margherita auf einen Spritz. Das gelbgestrichene Haus gegenüber spiegelt sich glasklar in einer unbewegten Pfütze. Die Menschen vor dem Haus gehen auf dem Kopf durch die Pfütze.

24. August 2014
Arbeit an zwei Beschreibungen ungemachter Betten – einem Aquarell Delacroix' und einer Kreidezeichnung Menzels – für das kleine Wäschekapitel des Wolkenbuchs. Es fällt ebenso schwer wie die Wolkenbeschreibungen, weil ich darauf verzichten will (muß), in das Erfinden von Geschichten auszubüxen, andererseits das Konstatieren des formalen Aufbaus ermüdend ist. Wie lassen sich poetische Vignetten daraus machen, die sich der Einmaligkeit des zufällig so-und-so Gefalteten, Gedrückten, Geknautschten wenigstens annähern? Ich zackere den ganzen Sonntag daran herum. Am frühen Abend großes Wolkendurcheinander Westsüdwest über Mestre (wie neulich im Elsaß). Stratocumulus und Cumulus

verquer. Keine geschlossene Decke, obwohl der ganze Himmel überzogen ist. Grau-braune größere und kleinere Flecken wie brandige
Haut, mit hellen Stellen – Löchern, Rissen – dazwischen, finster,
drohend, lastend schwer wie Kopfschmerz oder der Sargdeckel, und
kein Anzeichen, daß die Decke sich heben oder auflösen könnte.
Luke Howard hat diesen für ihn schönsten Wolkentyp, wenn er
verschwindet, freundlich gesehen. Er war von der Himmelserscheinung fasziniert, die, »as it passes off in the distant horizon,
presents to the fancy mountains covered with snow, intersected
with darker ridges and lakes of water, rocks and towers, &c.« (In
Hamblyn, *The Cloud Book*, 47)

5. August 2014

Nachmittags zum wievielten Mal in Ruskins *Modern Painters* , Bd.
I, über Wolken gelesen. Er *kann* beschreiben, aber eben *gemalte*
Wolken (die Turners), wobei das Sujet schon die halbe Arbeit leistet
und sich am Himmel gewissermaßen abbildet. Ist das der Grund,
weshalb er mit Constables Wolken nichts anfangen konnte? Weil sie
im Skying authentisch gesehen waren?

27. August 2014

Seit gestern geht mir die Dante-Stelle nicht aus dem Kopf, die ich
mir vor ein paar Tagen näher angesehen habe (›Paradiso‹, canto
33, Verse 55-66), in der es um die Unmöglichkeit der sprachlichen
Fassung des Geschauten geht: »il mio veder fu maggio / che'l parlar
mostra.« Der Anblick ebenso wie die Erinnerung daran schwinden
»a tanto oltraggio«, bei solchem Exzeß, solchem Darüberhinaus,

204

solchem Überschreiten. Dante bringt drei Bilder, um den Vorgang der Undarstellbarkeit zu veranschaulichen: Es ist wie nach einem Traum, der beim Erwachen vergessen ist und von dem nur »la passione impressa« bleibt, also eine Art Stimmung (Angst, Freude, Glück usw.). Ähnlich unfaßbar, im wörtlichen Sinne, ist der Anblick der Wolke, die wie der Traum schwindet, doch einen unbestimmten Eindruck, eine Stimmung, hinterläßt, die aber wiederum ›meinem‹ Gestimmtsein korrespondiert. (Constables Versuch, im Skying, so rasch es geht, das Geschene festzuhalten, steht immer – auch – in bezug zu Eindruck und Stimmung, die das Gesehene in ihm auslösen oder hinterlassen haben.)

Dantes zweites Beispiel ist der schmelzende Schnee: »Così la neve al sol disigilla.« Wie der Schnee in der Sonne sich ›entsiegelt‹, d.h. die von der Natur – eher: von Gott – ihm aufgeprägte *Form* (sein Siegel) verliert, indem er wieder zu dem Element wird, aus dem er kam: dem Wasser. Dante scheint also zu wissen, daß der Schnee eine bestimmte Bauform besitzt (wie der Regenbogen, und anders als der Regentropfen). Und diese geprägte Form, selbst im Allerkleinsten, schwindet vor unseren Augen dahin. Hat Dante etwas von der Zusammengesetztheit der Wolken gewußt, dem Ensemble bestimmter kleinster Teile? Die Wolke als Großform der Teile? Jedenfalls werden die Siegel, die Aggregatzustände gelöst – immer vor dem Hintergrund des konturlos gewordenen, nicht mehr Habbaren, Beschreibbaren –, und zurück bleibt die ungeformte Materie wie in Genesis 1, 2, das Tohuwabohu.

Drittens endlich die dünnen Blätter, auf die die Sibylle ihre Orakelsprüche geschrieben und die der Wind verstreut hatte, so daß niemand wissen kann, auf welche Fragen welche Antworten gegeben sind. Aber der Spruch ist ja ohnehin verloren. Hier ist es der Wind – eine Elementarkraft wie die Sonne –, der das Erkennbare (Lesbare) vereitelt. Und er ist es natürlich, der die Himmelsschrift, die zu entziffern wir uns gerade anschicken, zerstiebt.

Bei der Rückfahrt vom Lido über die Lagune ist der Himmel voller Cirrus uncinus, hakenartigen Pferdeschwanzwolken, die der Wind immer länger zieht und die auf Sturm deuten. Er kam in der Nacht auch sehr heftig, stieß die Fenster auf usw.

28. August 2014

Mittags Cirrus fibratus: lange, feingesponnene parallele Bahnen, die
sich strahlenförmig öffnen und bald davongeweht sind.

Spätnachmittags an Zattere auf Stufen zum Kanal. Gegen
sieben steht die schon tiefe Sonne grell und ohne ein Wölkchen
am Himmel. Sie schneidet einen breiten Keil über den Giudecca-
Kanal, so gleißend, daß ich genausowenig auf die Oberflächenre-
flektion wie in die Sonne selbst blicken kann.

Die Glasscheiben in der schaukelnden Vaporetto-Station spiegeln
das Wasser heftig bewegt – taumelnd stürzend –, während das
Wasser selbst nur sanft vor sich hin dümpelt, vor und zurück.

Ich schaue lange aufs Wasser. Die Abwechslung der Wellen ist nicht
groß. Die häufigste Form scheint mir die leicht gekrümmte Grundlinie zu sein, die Ruskin an einem Gletscher in Chamonix entdeckte
und die er dann überall in der Natur (im Wasser, in Blättern,
Wurzeln, Steinen) nur leicht variierte, umspielte, wiederfand und in
der perfekten Architektur. Sie war seine ›line of beauty‹.

Nach acht, gegen Sonnenuntergang, zeigt sich das Gold in langen
Stratuszeilen, während im Zenith, immer dichter, die Cirri uncini,
die Pferdeschwanzsträhnen, auftauchen, wie gestern.

Über der Molino Stucky steht die hauchfeine Sichel eines aufgehenden Monds.

Carl Gustav Carus

Der Arzt, Maler, Naturphilosoph, Universalgelehrte Carus verfaßte
Neun Briefe über Landschaftsmalerei in den Jahren 1815 bis 1824 (erschienen 1831). Im sechsten Brief, der 1823 nach der Beschäftigung
mit Goethes Wolkenlehre entstand, heißt es gegen Schluß:

>»Wie unendlich mannigfaltig und zart sind nicht endlich die
>atmosphärischen Erscheinungen! – Alles, was in des Menschen
>Brust widerklingt, ein Erhellen und Verfinstern, ein Entwickeln
>und Auflösen, ein Bilden und Zerstören, alles schwebt in den zarten
>Gebilden der Wolkenregionen vor unsern Sinnen; und auf die rechte
>Weise aufgefaßt, durch den Kunstgenuß vergeistigt, erregt es
>wunderbar selbst das Gemüt, an welchem diese Erscheinungen in der
>Wirklichkeit unbemerkt vorübergleiten.« (53f.)

An anderer Stelle brachte er – wie vor ihm Novalis, nach ihm Ruskin – die Vorstellung einer Formenanalogie ins Spiel:

>»…wird der Künstler, durchdrungen von der Erkenntnis der wunder-
>baren Wechselwirkung von Erde und Feuer und Meer und Luft nicht
>gewaltiger durch seine Darstellung zu uns reden, wird er nicht reiner
>und freier die Seele des Beschauenden aufschließen, daß auch ihm sich
>die Ahnung der Geheimnisse des Naturlebens erschließe, daß auch er
>erkenne, kein ungeregeltes, leeres Ungefähr bestimme den Zug der
>Wolken und die Form der Gebirge, die Gestalt der Bäume und die Wo-
>gen des Meeres, sondern es lebe in all dem ein hoher Sinn und eine ewige
>Bedeutung? – denn es sind die Gebilde des Geistes, von dem es heißt:
>›So schaff' ich am sausenden Webstuhl der Zeit
>Und webe der Gottheit lebendiges Kleid.‹
>Welche Landschaften lassen in dieser Beziehung nicht sich denken!« (53)

Diesen Gedanken ausführend heißt es in Carus' ›Andeutungen zu
einer Physiognomie der Gebirge‹:

>»Erwägen wir zuerst die Physiognomie der schon abgewitterten
>Urgebirge, so werden wir sie als vorzüglich charakteristisch nicht
>verkennen können. Breite, mächtige, sanft anschwellende, Größe und
>Höhe mit ausnehmender Schönheit der zartesten Wellenlinien

Carl Gustav Carus: »Wolkenstudie«, um 1835

vereinende Bergrücken bilden die Eigentümlichkeit derselben. Verfolgt man zum Beispiel den herrlichen, sanftgewölbten, breiten Kamm des Riesengebirges, so wird man diese Formen nur mit dem sanftgehobenen Rücken einer ruhig wallenden, nicht stürmisch zu spitzigen Brechungen aufgeregten Meereswelle vergleichen können.« (78)

»Erdleben-Bildkunst« wollte Carus die Landschaftsmalerei nennen und verstand sich als »Historienmaler der Natur.«

Den Briefen über Landschaftsmalerei fügte Carus ›Fragmente eines malerischen Tagebuchs‹ hinzu, die sich wie kühne, ungemalte Bilder lesen. Im Oktober 1823, »nach dem Vollmonde«, heißt es:

> »Es war lange klares, helles Wetter gewesen, die Luft, früh meist mit Nebel erfüllt, hatte eine starke Elastizität, die immer späterhin alle Dünste zerteilte. Endlich gerannen eines Abends die Dünste in den höheren Regionen zu langen Cirro-Stratus, die Erde war mit leisem Dunstschleier umhüllt, die Sonne neigte sich in die Umflorung des Horizonts hinab, und die wunderbarsten Farbenspiele wurden sichtbar. Ich stand vor langen Lindenreihen am Elbufer. Lange

aufgeflockte, wie Wellen hintereinander gelegte Federwolken
lagen horizontal über den Himmelsbogen bis gen Westen hinab.
Ihre Silberstreifen waren vom Hochorange der sinkenden Sonne
vergoldet, und herrlich stimmten diese Töne zu dem Azurblau des
zwischen den Wolkenwellen sichtbar werdenden Himmels.
Mehr nach Norden und Osten verloren sich die Töne des
atmosphärischen Schleiers, welcher den Horizont umhüllte, in
zartes Rosenrot, und im zauberhaften Lichte reflektierte nun dieses
Rosenrot auf die Schattenseiten aller Gegenstände. Es lag aber vor
mir gen Westen die schöne Reihe hochbejahrter Linden des Geheges,
deren Laub schon in die Töne des Herbstes gebrochen war. Wie
nun diese Umlaubung mit braunem Lokalton von einem rötlichen
Schimmer überstrahlt wurde, wie dieses Spiel von Violett und
Goldbraun herrlich zu dem Dreiklang der Himmelsfarben stand, und
vorn wieder durch ein lebhaftes, aber beschattetes Grün der Wiesen
gehoben wurde, und wie am Ende der Bäume unter den Stämmen
die rötlich milden Töne der Ferne durchblickten! – es war einer der
reizendsten Anblicke, welche diese Natur mir je gewährt hat!« (86)

Um 1824 malte Caspar David Friedrich eine Öl-Vorstudie für sein
Spätwerk ›Das Große Gehege‹, das zuerst ›Abend an der Elbe‹ heißen sollte. »Es scheint denkbar, daß Carus dem damals engen Freund
Friedrich Anregungen gegeben hat, wie sie in den präzise beschrie-
benen Farb-Licht-Beobachtungen des Naturwissenschaftlers und
Künstlers anschaulich sind. Carus und Friedrich durchstreiften zu
jener Zeit gemeinsam die Umgebungen von Dresden und zeichneten
mitunter unmittelbar nach demselben Motiv.« Vielleicht hat Friedrich den Tagebucheintrag gekannt.

Carl Gustav Carus:
»Abendwolken über dem Riesengebirge«, nach 1820

SPLITTER 5

Schreiben auf dem Grund eines Abgrunds, der »oben« ist. »Der Himmel
hängt als ein der Erde zugekehrter Aetna herab.«

«(Jean Paul)

.

Zu den Bildern, die für das Verhältnis des Bewußtseins zum Unbewußten
benutzt werden – der *Eisberg*, von dem nur ein Zehntel sichtbar ist,
die *Wurzel*, die die Pflanze hervorbringt und aus der sie sich speist (so
Goethe) –, könnte man das Bild von der *Wolke* hinzufügen: die gigantischen
Bewegungen, Ströme, Strudel, Turbulenzen, Katastrophen, von denen sich
nur ein kleiner Teil sichtbar manifestiert.

.

Auch der leere Himmel kann leer im Sinne von ausdruckslos sein wie ein
Gesicht, oder ganz voll, spannungsgeladen durch winzige Tonabstufungen.

.

Manche ziehen so stolz über die Abgründe dahin, als wären sie zu ewiger
Hoffnung verdammt.

.

»World as one world.« (John Cage) Das stimmt wenigstens für die
Wolkenformen, die überall auf der Welt gleich sind, wie der Engländer
The Hon. Ralph Abercromby um 1880 auf zwei zu diesem Zweck
unternommenen Reisen um die Welt bestätigt fand und auf Photographien
dokumentierte.

.

Das Geheimnis der Gestalten hinter den sichtbaren Gestalten wie die
Bäume in den Rissen der tanzenden Nebelschwaden.

.

Cage sagt, das Gemeinsame von Pilzen und Tönen sei ihre kurze
Lebensdauer. Das verbindet sie mit den Wolken.
Dagegen Jean Paul: Töne dauern, auch wenn sie aufgehört haben zu
klingen. Auch das gilt für Wolken: die kleine Wolke Brechts, »ungeheuer
oben«.

.

Es gibt (existet) diese Gestalt – sie ist *da*, wie nur etwas da sein, dasein
kann – und im nächsten Augenblick wird sie unverhofft oder unmerklich
eine andere geworden sein. Cirro-Stratus oder Cirro-Cumulus. Himmelhoch
plusternd, zur Sode getrübt.

.

Wenn wir uns an Wolken erinnern, fallen uns die Wolken alter Meister ein.
Brechts Ausnahme.

.

210

»Der Gott spricht nicht, er schweigt nicht, er zeigt.« (Heraklit)
.

Die Modernität der Wolke: ihre Nicht-Linearität.

ZITATE

Botho Strauß

»… diese Wolke Gedächtnis zu sein,
die heimatlos über das Land zieht?
…
Denn nur Geschöpfe der Fahrt sind wir
und unsere Gestalt eine Fluktuation. Milchblau.
…
Glaubten wir nicht, wir fänden uns erst,
wo wir außer uns sind?«

(Aus Botho Strauß, *Gedicht*, 1985)

MALER 10

Johan Christian Dahl

›Gewitterluft‹ (1835, Oslo)
Tiefer Horizont, ein blau verdunkelter Bergstrich. Daraus lösen sich
Nebelfäden ab – eine Geisterkolonne, die sich aus den Gräbern abge-
macht hat zum Großen Appell. Da steht gerüstet die tintenschwarz-
braune Drohwolke als Sammelstelle für alle Freiwilligen von unten
und oben, die sich dem Zerstörungswerk anschließen und donnern
helfen wollen. Gleichzeitig kommen aus kälteren Reichen die Minus-
Streifen, gleisnerisch Tiepolos Farben – lichtrosa, hellblau, weiß –
tragend, angelumpt, als könnten sie noch etwas wenden, weil man
sie für Engel hielte. Winde rasen um die Wette und geben Ordres und
Gegenordres aus. Es riecht schon nach Schwefel, und man könnte
seine Giftbahn bald sehen, wenn man durch den Grauen Star in den
Himmel blickte.

211

Johan Christian Dahl: »Abendstimmung mit rötlichen Wolken«, 1823

Dahl war, anders als der Freund Friedrich, ein sehr genauer Wetterbeobachter. (Als Sohn eines Seemanns in der Hafenstadt Bergen geboren, lernte er früh, den Himmel zu lesen.) Er malte, was er sah und darüber wußte. Hier sind es die Wärme- und Kälteströme, die Konvektionen von unten, die Eiskristalle von oben, die aufeinanderstoßen werden. Die Luftschichten sind genau zu unterscheiden – ›festgehalten‹ in dem einen Moment der jagenden Winde. Im nächsten Augenblick wird der Himmel anders aussehen.

Ruskins Wolken

Cumulus
»Sie fügt ihre brodelnden Volumen zu einer Pyramide, verriegelt sie quer wie einen Berg mit grauem Cirrus, hüllt sie in schwarzen, zerfetzten, ziehenden Dunst, bedeckt das offene Stück Himmel mit gesprenkelten horizontalen Feldern, die sie mit jähen, langen Sonnenstrahlen durchbricht, reißt die Ränder durch lokale Winde

auf, streut über die Lücken des Blau die Unendlichkeit der Vielzahl hoher Cirren und läßt sogar das unbeschäftigte Azur zu zitternden Schatten zergehen. Und all das geschieht, wieder und wieder, auf jeder Viertelmeile.« (MP I, 235)

Ruskins Vögel

»Die Vögel sind ganz Luft in den Federn. Darauf das Gold, die Rubinen, das Zinnober der Wolkenstriche, die Flamme des Wolkenkamms, der Schnee der Wolke und ihr Schatten, das zerschmolzene Blau aus den tiefen Brunnen des Himmels. All dies wird von Athene persönlich zu Gefiederfäden gesponnen, Welle um Welle, die Brust hinauf und die Kehle und die geöffneten Schwingen, unendlich wie das Sich-Teilen des Schaums und das Rieseln des Sandes vom Meer. –
Wie die wilde Form der Wolke sich zur perfekten Form der Vogelschwingen zusammenschließt, so die wilde Stimme der Wolke zu unterschiedenen, geprägten Stimmen. (*Queen of the Air*, 70 f.)

VENEZIANISCHE TAGEBÜCHER

Venedig, 28. Dezember 2014

Am Abend um zehn Abflug aus dem märchenschön verschneiten Frankfurt nach Venedig. Wieder die nächtliche Bootsfahrt über das schwarze Wasser des Giudecca-Kanals, auf dem Lichter vom Ufer die Wellen wie Irrwische erhellen. So habe ich das Spiel bisher immer gesehen. Ich weiß inzwischen – nach Turner und Constable –, daß das ›Annahmen‹ sind, ein konventioneller Blick. Jetzt versuche ich, mir das ›primitive eye‹ Ruskins anzutrainieren, was heißt, das Gewohnte zu ›vergessen‹. Ich sehe Striche, Flecken, bizarre geometrische Figuren in verschiedenen Helligkeitsgraden (›gradations‹) auf einem vielfach gebrochenen, gestuften schwarzen Grund. Das könnte ein abstraktes Bild sein (Vedova? Pollock?), so wie ›Licht auf den Wellen‹ ja auch eine ›Abstraktion‹ ist, d. h., das ›Gewußte‹ überspringt – automatisch – das Gesehene. Ruskin wußte, warum er auf dem ›primitive eye‹ insistierte, weil die Sehgewohnheiten dadurch ja ›getäuscht‹ wurden, obwohl diese ›Täuschung‹ der ›Natur‹ näherkam. Um so bedeutender die Blicklenkung durch

Turner und Constable, deren Skandal für die Zeitgenossen wir heute nicht mehr verstehen.

Ein hoher halber Mond im Südosten.

Die Kofferräder rattern über die Pflaster. Diese Kränkung der nächtlichen Stille durch Ziehkoffergeräusche soll hier demnächst bestraft werden.

29. Dezember 2014
Auf einer CD Alban Bergs ›Altenberglieder‹ von Christian Gerhaher gesungen. Ein Lied höre ich wieder und wieder, weil er auf »weit hinaus« den Ton so lange hält wie eine Jan-van-Goyen-Wolke die Nuancierungen in einem Grauton. Bei Gerhaher wagt man kaum zu atmen, so viel ist zu hören, wie bei van Goyen zu sehen.

30. Dezember 2014
In San Salvatore vor Tizians ›Verkündigung‹, die von Mal zu Mal rätselhafter wird. Der Mittelgrund: eine konturlose ›abstrakte‹ Farbkomposition, die von Turner stammen könnte. (Aber was könnte der mögliche ›Referenzrahmen‹ sein?) Die abwehrende Hand Marias, für die durch die Botschaft Gabriels alles ins Wanken kommt und die vom Kommenden nichts ›Heiles‹ erwartet. Die Farben deuten eher auf einen Weltenbrand, eine Apokalypse, nicht auf die Morgenröte der Verheißung. Ein Bild des alten, mürrischen, illusionslos gewordenen Malers.

Auf der Fahrt durch die Bacina zur Station San Zaccaria gegen fünf Uhr ein ungewöhnliches Himmelsschauspiel. Erst ein paar

Fischgrätstreifen, so daß ein ganzer Schwarm von Südwesten her heranwimmelt. Dann strahlenförmige Linien, die von einer unsichtbaren Sonne auszugehen scheinen, durchkreuzt von Stratocumulus-Gewölk, gesträubtes Gefieder dazwischen, das vor dem blauen Grund rötlich und grün leuchtet. Reines Grün ist sehr ungewöhnlich, weil kein Goldgelb zu sehen ist. Großes, sich rasch veränderndes Geschiebe, immer wieder mit grünen Flecken dazwischen. San Giorgio, Redentore, die Salute sehen fahl darunter aus – Silhouetten einer verwaisten, aufgegebenen Landschaft nach einem GAU.

Von San Zaccaria zur großen Hiroshige-Ausstellung im Palazzo Grimani. Es gibt Illustrationen zu einem jahrhundertealten Gedichtzyklus. Über einer bildlichen Szene steht jeweils eine breite Wolke, auf die das Gedicht geschrieben ist. Zwei Ebenen auf einem Blatt, die Wolke als ›Vermittlung‹, und zwar so, daß sie zum Teil das Dargestellte – den Berg, das Meer – verdeckt. Jedes Entstehen einer ›Illusion‹, einer Abbildlichkeit, wird sofort durchkreuzt, hier noch überdeutlich durch die Sichtbarkeit eines anderen Mediums – der Schrift, des Gedichts –, das nicht, wie ›das Bild‹, gesehen, sondern gelesen werden will. Vielfältige Verschachtelungen. Es erstaunt nicht, daß Manet, Degas, van Gogh, Gauguin, Bonnard von diesen Bildern andere Sehweisen gelernt haben.

Die Fujijama-Bilder: Auf einem, im Hintergrund, der ewige, göttliche Berg, im Vordergrund auf einem Boot ein kleines Feuer, dessen größer werdender Rauch sich schlangenförmig windend hochzieht, über den Fuji und die Bildgrenze hinaus. Es ist klar: das Immer und das Ephemere, Ewigkeit und Vergänglichkeit. Aber es gibt eben eine Spannung – ja, ein Sich-Messen –, wenn der Rauch in der Bildvorstellung höher steigt als der in sich ruhende Berg. Die Größe des Augenblicks, des Flüchtigen gegenüber dem Sein, die am gewaltigsten dargestellt ist in Hokusais berühmter großer Woge mit dem winzigen Fuji im Hintergrund.

Auf vielen Blättern bildet den Hintergrund eine breite rote Horizontlinie (die Morgenröte?), darüber eine breitere gelbliche Himmelsfläche und darüber ein breiter blauer Streifen. (Rot, Gelb, Blau: die Grundfarben.)

Im Palazzo Grimani noch ein erstaunliches Polyptychon von Hieronymus Bosch gesehen: zwei Höllenbilder, ein irdisches Paradies und schließlich ein Bild, das ins Jenseits führt (Aldilà), es aber nicht zeigt: Seelen werden von je zwei Engeln vorbereitet für den Aufflug zu einem gleißendweißen Tunnel, durch den hindurch sie in die nicht darstellbare andere Welt gleiten, an dessen Ende eine winzige, winkende Gestalt steht. Der Tunnel hat die Form einer schräg aufliegenden Röhre oder eines Zylinders, der an die Urgestalt des Parmenides erinnert, wie ich sie am 19. Juni 2014 am Himmel gesehen habe (auch damals hatte der Zylinder einen ›Daimon‹ in der Mitte), und an die perfekte Geometrie in Becketts *Dépeupleur*. Bosch kannte wie Dante das Problem der Unvorstellbarkeit einer jenseitigen ›Welt‹ (?) und hat mit der Form des abstrakten, stereometrischen Zugangs gezeigt, daß das Ganz-Andere nicht mit den Sinnen erfahrbar, sondern vielleicht nach »Maß, Zahl und Gewicht« geordnet ist.

Abends Hosea-Lektüre. Was für ein entsetzlicher strafender Gott, der sich mit Maden und Motten vergleicht, die langsam, aber um so sicherer die zwölf Stämme vernichten werden.

31. Dezember 2014
Trüber Tag, eiskalt. Die Finger werden in den Handschuhen zu Eiszapfen, so daß ich sie kaum bewegen kann. Gegen Mittag hellt es auf, strahlende Sonne auf reinblauem Himmel.

Zum Jahreswechsel auf Susannas Altana. Im dunklen Gewölk hat der eiförmige Mond ein Loch gefunden, aus dem er hell herausstrahlt, umgeben von Spektralfarben (grün, gelb/orange, blau), die auch gesunde Augen sehen. Eine Lichterscheinung wie aus dem Jenseits: der Blick in eine andere Welt. Um das Gewölk klarer Sternenhimmel mit einem vollzähligen Orion.

Das Loch hat die Form von Turners ›Morning after the Deluge‹, einem gigantischen Trichter, und auch die Farben des eben gesehenen Mondes: vor allem gelb/orange, dann grün, zuletzt blau. Es ist nach Goethes Farbenlehre gemalt, wo blau allerdings eine nächtige, ›negative‹ Farbe ist.

1. Januar 2015
Strahlender Tag. Am Lido zum traditionellen Neujahrsspaziergang über den feuchten Ebbesand. Auf einer Mole bleibe ich hocken, um zu schauen, mit dem Rücken zur grellen Sonne. Breite Wolken-

wand, Cumulus stratus, allmählich in Päckchen zerlegt. Ein Wolkenturm am Rand, der sich in eine Cirrus-Herde verwandelt, die nach oben getrieben wird, bis sie verschwunden ist. Alles vor blauem Himmel, weißstreifig über dem Meer. An der Horizontlinie milchiges Graugelb, an van Goyen erinnernd.

Ich setze mich um. Starke, wärmende Sonne, die als lange Licht-bahn auf dem Wasser liegt. Die andrängenden Wellen nehmen eine Zeitlang das Licht mit, bis es wie eine ausgeglühte Rakete verlischt. Lichter irrlichtern wie Leuchtkäfer über das Wasser. In der Ferne blitzende, zitternde Lichtteiche. In der Nähe, an der Mole, ein Keil, der mich blendet: blitzende Axt. Merkwürdig, daß die breite lange Lichtstrecke manchmal unterbrochen ist – eine Senke im Wasser – und sich dann dünner fortsetzt. Die Wellen erzeugen Lichtschlangen, Lichtblitze, so wie der rasende Wind sie am Gewit-terhimmel zeigt. (Das alte Bild vom Blitz als Schlange, das der Erfahrung – oder besser: der Annahme – vom Zickzackblitz wider-spricht.)

Lichtspiele: ein frühes Wort für Filme.

Nach Mitternacht wieder ein breitflächiger Farbkreis um den Mond: gelb, blau, grün.

2. Januar 2015

Lektüre des Turner-Buchs von Reynolds. Über die Bedeutung des Gelb im Spätwerk und die Bestätigung durch Goethes Farbtheorie. Goethes Abwertung des Blau.

Nachmittags im Museo Correr zur Ausstellung venezianischer Handzeichnungen aus der Washingtoner Nationalgalerie: ›La Poesia della Luce‹.

Die Frage, wie man Licht auf einer Zeichnung darstellen kann, scheint sich erst Tiepolo und seinem Sohn gestellt zu haben. Weißhöhungen und braune Schatten. Giandomenico Tiepolo hat Wolken auf ein und demselben Blatt einmal mit Bleistiftkonturen umgrenzt, einmal weiß verfließend in den Raum gestellt. Er zeichnet auch einmal Padre Dio in einem Wolkenhaufen hockend und in ›seine‹ Welt, mit ausgestreckter Hand, schauend. Gott von hinten, wie er Mose erschienen ist. Um Gottes Kopf ein gepunktetes gleichseitiges Dreieck. Wie sollte das ausgeführt werden? Oder ist es eine schiere Reminiszenz an die Trinität? Im Wolkengewühl, kaum sichtbar, ein paar Engel.

Von Marco Ricci (1676–1730) eine Zeichnung ›Villaggio fortificato lungo un fiume‹. Der Himmel ist ganz regelmäßig schraffiert. Um Wolken darzustellen, unterbricht er die Schraffuren, so daß sich die Wolkenformen ›wie von selbst‹ ergeben. Wenn in der Wolke ein Stück Himmel durchbrechen soll, schraffiert er wieder. Er braucht also keine ›Konturen‹ um die Wolken, die es ja auch in der Natur kaum gibt, denn die nie klare Begrenzung ergibt sich durch das Aussetzen des Stifts, wodurch das Verfließende mitmarkiert ist.

Am Abend ist der fast volle Mond kaum sichtbar hinter dem Dunst; in der Nacht wieder der Farbkreis gelb-grün.

3. Januar 2015

Seit langem wieder in der Scuola degli Schiavoni, um die Carpaccios zu sehen. ›Christus am Ölberg‹: nie habe ich die Jünger tiefer und wohliger schlafen gesehen. Das Motiv war für mich immer eine Möglichkeit, die Einsamkeit Jesu dadurch noch größer werden zu lassen, daß die ihm nächsten Jünger ihm nicht beistehen, weil ihre Menschennatur sie in Gestalt des Schlafs übermannt. Jetzt fällt mir dazu die Untersuchung des Paläoanthropologen Rudolf Bilz zum Verhalten angesichts von Gefahr ein: 1. Flucht, 2. sich der Gefahr

stellen, 3. sich totstellen (bei Tieren, bei Bombenangriffen, in Luft-
schutzkellern während des Krieges beobachtet). Gerade *weil* die
Jünger die tödliche Gefahr ihres Herrn erkennen, setzt das Bewußt-
sein aus, sind sie gelähmt, ohnmächtig. Das hat nichts mit menschlichem Versagen zu tun; es ist eine der Reaktionsformen, die die
Todesgefahr auf ihre Weise *unterstreicht.*
Am Nachmittag in der Accademia. Zum ersten Mal fällt mir Marco
Basaitis riesige ›Berufung der Söhne des Zebedäus‹ auf. Der See
Genezareth, in dem sich Boote, Figuren und die Türme einer befe-
stigten Stadt spiegeln. Im Hintergrund ein Stück Meer, dann ein
gelber Lichtstreifen, darüber blauer Himmel von der Farbe des
Meers, darauf kleine weißblaue Cumuli. Am oberen Rand wasser-
grüne aufgewühlte Wolken, die ins Blau changieren. Alle Töne der
Wasserlandschaft, der Luft, der Wolken ergeben ein unheimliches,
unirdisches Licht.
Eine Überraschung ist Savoldos ›Verkündigung‹. Durch ein Fenster
eine schwarzbraune Gewitterwolke, finster und feindlich, vor hellem
Blau. Im Gewitter Gottes Halbfigur in kräftigem Rot auf goldgelb-
weißem Grund. Wie ein Taubenzüchter läßt er einen Vogel aus dem
Schlag, wirft ihn geradezu in die schwarze Luft: »Flieg los!«
Wieder lange vor Tizians erschreckender ›Pietà‹. Christi Körper –
vor allem Bauch und Brust – ist schon im Zustand der Verwesung
gemalt. Ein Chaim Soutine. Tizians Selbstbildnis als Hieronymus:
ein alter, heruntergekommener Bettler. Die vor Entsetzen schreiende und gestikulierende Magdalena: Empörung statt stiller Trauer
oder Ohnmacht – eine Neuerfindung der Figur.

5. Januar 2015
Vormittags zu San Salvatore, um noch einmal die ›Verkündigung‹
zu sehen. Mir fällt jetzt auf, daß Maria mit ihrem Arm und den
gespreizten Fingern die gleiche entsetzte, abwehrende, ja empörte
Geste macht wie die Magdalena der ›Pietà‹. Gibt es da eine Verbindung in Tizians Absicht? Wegen der starken Sonne ist das Natur-
licht so gut, daß ich den Mittelgrund sehen kann, der durch das
Kunstlicht immer weggeblendet war. Zu sehen ist keine apoka-
lyptische Landschaft, sondern ein Durcheinander (imbroglio) von
Engeln (ein Engelsturz?), aus deren Mitte wie im Sturzflug die
Taube mehr aggressiv fällt als schwebt.

Weiter zu Bellinis ›Hieronymus‹ in San Crisostomo. Der Heilige
erhöht auf flachem Fels, langgestreckte braune Cumuli, von
Löchern durchsetzt, die ein Himmelblau freigeben. Darüber fast
rein-blauer Himmel. Daß das Braun der Wolken dem Inkarnat von
Hals und Brust entspricht, ist mir schon aufgefallen. Jetzt erst
sehe ich, daß die Haut auf gleicher Höhe wie die Wolken – die doch
weiter im Raum vorzustellen sind – gemalt ist. Die Gestalt wächst
geradezu heraus aus den Wolken. (Die himmlische Eingebung des
Übersetzers?) Hinter den Bergen ein Wasser, dahinter ein Sand-
streifen, dann wieder ein Blau, das in den Himmel übergeht. Eine
Lagunenlandschaft wie auf Bellinis Berliner ›Himmelfahrt‹?

Alfred Stieglitz (1864–1946)

Als der Schweizer Komponist Ernest Bloch zum ersten Mal Wolken-
photographien von Alfred Stieglitz in New York sah, soll er ausgeru-
fen haben:»Musik! Musik! Mann, das ist Musik! Wie haben Sie das
bloß gemacht? Und er zeigte auf Geigen und Flöten und Oboen und
Blech, voller Begeisterung, und sagte, er müsse eine Symphonie mit
dem Titel ›Wolken‹ komponieren. Nicht wie die von Debussy, nein
viel, viel mehr.« Berichtet hat Stieglitz das selbst in seinem autobio-
graphischen Essay ›How I came to Photograph Clouds‹ von 1923.
Bloch kannte einige der Wolkenserien, schon bevor er sie mit dem
Künstler gemeinsam betrachtete (›Clouds in Ten Movements‹), und
hatte an den jungen Photographen Paul Strand darüber geschrieben:»In seinem wunderbaren Werk sehe ich zum ersten Mal in der
Geschichte der Menschheit einen Denker, einen Philosophen, der die
Kamera und ihre Möglichkeiten benutzt, um sich selbst vollständig
auszudrücken, wie ein Maler Pinsel und Farbe benutzt oder ein Musiker Klänge... Er hat nicht nur Dinge, wie sie zu sein scheinen oder
wie sie dem Bourgeois erscheinen, photographiert; er hat sie aufgenommen, wie sie wirklich, in der Essenz ihres wirklichen Lebens,
sind, und er bringt manchmal das Wunder fertig, sie zu zwingen, ihre
eigene Identität zu offenbaren...«
   An Selbstgewißheit mangelte es Stieglitz nicht. Er wußte, was er
konnte. An Hart Crane, den Dichter des vielstimmigen Poems *The
Bridge*, schrieb er:»Ich weiß, daß ich etwas gemacht habe, das noch
nie gemacht worden ist. Vielleicht eine Annäherung (an approach),
wie sie sich manchmal in der Musik findet.« Tatsächlich spielt die
Musik im Denken – und Sehen! – des Künstlers eine entscheiden-
de Rolle. Er komponierte seine Wolken und nannte sie auch so. Die
Bilderfolge, die Ernest Bloch sah, hieß ›Music‹, eine spätere Folge
›Songs of the Sky‹. Musik war für Stieglitz wichtiger als Malerei. Einmal wegen der kleinen und kleinsten Übergänge, Phrasierungen,
Modulationen, die sich im Prozeß hörbar – sichtbar – entfalteten.
Sein Leben lang hörte er Wagner und Debussy. (Den späten Liszt
kann er kaum gekannt haben.) Zum anderen, weil Wolken – seine
freigestellten, mit hoch zum Himmel erhobener Kamera aufgenom-

menen Wolken – abstrakt sind wie Musik, die unübersetzbar ist in vorstellbare Bilder.

Kann dieser Aspekt eine Reaktion auf die Abstraktionstendenzen der europäischen Maler im ersten Jahrhundertdrittel gewesen sein, die etwas der Musik analog Ungegenständliches schaffen wollten? (Wie Kandinsky, aus dessen Schrift *Über das Geistige in der Kunst* er 1912 Auszüge in seiner Zeitschrift *Camera Work* veröffentlichte.) Dagegen Stieglitz: Die Wolke ist zugleich abstrakt und konkret, nicht ausgedacht und doch jenseits der Wiedererkennbarkeit, einmalig und auf Bereiche deutend, die sprachlich und bildlich nicht darstellbar sind. Auf vielen Wolkenbildern gibt es keine Horizontlinie mehr, kein Oben oder Unten. (»Either side is Top«, schrieb er einmal zu einem Bild.) Er befreite die Formen von dem, was sie in der Natur waren, und gab ihnen damit eine eigene Realität.

Stieglitz wollte nicht etwas ›objektiv Gegebenes‹ – aber was kann das bei Wolken schon heißen? – wiedergeben, er zielte vielmehr auf etwas hinter den Wolken Liegendes, auf noch eine andere Realität, eine geistige. Im Brief an Hart Crane heißt es:»Manche Leute finden, ich hätte Gott photographiert.« Er verstand seine »kleinen Bilder« als »Fenster in ein großes Universum«, als »innere Unermeßlichkeit« (intimate immensity). Durch Wolkenbilder – »visual meditation« – wollte er seine »philosophy of life« zum Ausdruck bringen. Das hieß, daß sie ein Selbstausdruck waren, daß sie seinen »state of mind«, seine ›Verfassung‹, seine Stimmung mitablichteten. So sind die Konfliktzeiten mit seiner Frau, der Malerin Georgia O'Keeffe, am Himmel zu lesen.

Das führt zu seinem großartigsten Wolkenzyklus der 20er Jahre, den *Equivalents*: Entsprechungen, Beziehungen, Am-Himmel-also-wie-auf-Erden, Correspondances. Diese Bilder sollten, wie Stieglitz schrieb, sein Leben und Werk in Beziehung setzen zum Chaos in der Welt.»Meine Wolkenphotographien sind Äquivalente meiner tiefsten Lebenserfahrung, meine grundlegende (basic) Lebensphilosophie.« (So wie er früher in Wagners Chromatik ein Äquivalent seiner Arbeit sah.) »Ein ›Equivalent‹ ist eine Situation, die über das Subjektive hinausgeht, ja, es sogar umkehrt. Der Photograph reagiert nicht mehr länger auf etwas von außen, sondern er projiziert eher etwas Inneres – was durch Erfahrung schon da ist – zurück, hinaus in die Welt, als reagiere die Welt auf den Beobachter.« Das schreibt Da-

Alfred Stieglitz: »Equivalents«, 1923

Alfred Stieglitz: »Equivalent«, 1924

vid Travis, langjähriger Kurator für Photographie am Art Institute of Chicago (127). Travis fährt fort: »Ein Äquivalent herzustellen anstatt einer subjektiven Photographie verlangt, daß die Künstler sich selbst in einem Maß kennen, daß sie es wagen, die Welt nach ihrem eigenen Bild zu formen. Die Idee der Äquivalenz ist daher etwas, das nur einem kolossalen Ego oder einem etablierten älteren Künstler einfallen konnte. Stieglitz war beides. Als er zu dieser Idee gelangte – einer jener Ideen, die die amerikanische Photographie radikal veränderten –. war er achtundfünfzig Jahre alt.«

Die *Equivalents* sind Abstraktionen, Licht-und-Schatten-Kompositionen, bei denen niemand auf die Idee käme, nach den Namen der Wolken zu fragen. Es sind Visionen jenseits der Abbildlichkeit und des Beschreibbaren. Aber:»Das Besondere des Zugriffs (quality of touch) in seiner tiefsten, lebendigsten Bedeutung ist meinen Photographien einbeschrieben (inherent). Wenn dieser Tastsinn (touch) verlorengeht, ist der Herzschlag der Photographie ausgelöscht. Durch die Reproduktion wäre er ausgelöscht – tot.«

Stieglitz las Rilke. (Rilkes ›Briefe an einen jungen Dichter‹ gab er Georgia O'Keeffe zu lesen.) In dem Gedicht ›Fortschritt‹ aus dem *Buch der Bilder* stehen die Verse:

> »Immer vertrauter werden mir die Dinge
> und alle Dinge immer angeschauter.
> Dem Namenlosen fühl ich mich vertrauter.«

VENEZIANISCHE TAGEBÜCHER

Venedig, 10. August 2015
Flug über die Alpen mit unterschiedlichen statischen Formationen. Eine riesige Eisbergwand von hinten mit zerflockten Konturen oben. Links davon eine weite gehäufelte Eisbergfläche und dahinter ein glattes Schneefeld, das sich am Horizont verliert. Gleichmäßige grelle Sonne, die aber nicht stark genug ist, Schnee und Eis zu entformen (disigillare).

ER sitzt oben (im Flugzeug) und nimmt die wolligen Huldigungen der fadenscheinigen Cirren flüchtig entgegen. Darunter quellen die weißen Opferdünste in devot gekrümmten Haufen aus erwartbar fetten Feuern auf. Sie nebeln zu, aus welchem Hain sie kamen.

Später
Ein römisches Aquädukt in den Himmel gemauert.
Darüber gallische Wälder in Grün. Darunter
Der Purpurschein verbrannter Dörfer.
(Sonnenuntergang von Zattere aus.)

14. *August 2015*

In den Giardini. Im holländischen Pavillon, der Herman de Vries gewidmet ist. Ich finde ein Motto Gassendis für seine Kunst: »veritas existentiae ea est, qua unaquaeque res in ipsa rerum natura extans est id ipsum, quod est, nihil vero aliud.« (Etwa: »Die Wahrheit der Existenz ist, daß ein jegliches, das in der Natur der Dinge existiert, ist, was es ist, und nichts sonst.«) Ist Gassendi, der Descartes-Freund, von den Wolken darauf gekommen?

Gegen halb acht bei Nico auf der Terrasse. Graue Stratusstreifen, dazwischen grelle orangerote Sonne, die von den Streifen manchmal verdeckt wird, ohne daß diese sich färbten. Einmal rutscht unter einem geschlossenen Streifentuch das untere Viertel der Scheibe grell heraus wie ein auf dem Kopf stehender Sonnenaufgang, dann wieder leuchtet das obere Viertel frei. Aber ganz kann die Sonne sich nicht mehr durchkämpfen und gibt das verlorene Spiel bald auf. Die Wolken bleiben streifig in Sonnennähe und nehmen ein Turner-Rot an. Darüber, im hellen hohen Himmel, eine weiße Wand von Cirren, die weiter nach oben steigen.

Trotzdem um Mitternacht heftiges Gewitter. Taghelle Blitze von allen Seiten, als wäre die Stadt ringsum eingeschlossen und würde aus Stalinorgeln beschossen. Es blitzt manchmal direkt über uns, dann aus großer Entfernung, und so hin und her wie ein großes Pulsieren, das an Goethes Vorstellung von Systole und Diastole der tellurisch bedingten Atmosphäre erinnert. Starke Stürme und Sturzbäche aus allen Himmelsrichtungen.

15. *August 2015*

Im Palazzo Fortuny zur neuen Ausstellung, diesmal zum Thema Proportion. Ein Bild Fortunys von 1904, das immer dort hängt, fällt mir erst diesmal auf: sein Atelier mit lauter herunterhängenden Tüchern, als wären sie von Turner gemalt. Daß er ihn zu Stoffen inspirierte, wußte ich, aber nicht, daß er auch so malen konnte oder wollte. (Der Linie Turner-Fortuny-Proust nachgehen!)

Am Abend ein schäbiger, verstohlener Sonnenuntergang, eher ein tramonto, und selbst der nicht recht sichtbar, weil schamhaft hinter Wolken versteckt. Dazu Gewitter mit heftigem Wind und Regen. Spät am Abend leichter Wind mit angenehmer Kühle.

Bei all den venezianischen Sonnenuntergängen frage ich mich, ob

›tramonto‹ ähnlich gefühlsmäßig besetzt ist wie unser Wort. Es heißt ja nichts anderes als ›hinter der Horizontlinie verschwinden‹, so wie jemand um die Ecke verschwindet – er wird schon wieder auftauchen. Aber Untergang, Untergehen, das sind Katastrophen, die durch bunte Lichtspiele übertüncht werden.

Mir fällt dazu der Satz aus einer Schrift des romantischen Naturphilosophen Heinrich Steffens ein, den ich mir vor ein paar Tagen im Elsaß notiert habe:»Während die Dinge sich bekämpfend und zerstörend entgegentreten, scheinen sie im lichten Tanze die Zerstörung selbst zu feiern. Nicht mit dem Leben allein verbinden sie sich; aus der Verwüstung, aus dem Zerfallen treten sie scherzend hervor, und ein leichtes, buntes, lebendiges Farbenspiel scheint oft das heitere Grablied des Unterganges zu sein.«

17. August 2015
Frühabendhimmel, dicht bezogen, nur ein breiter Streifen über der Horizontlinie ist aufgelockert, dahinter eine verdeckte Sonne. Lange dünne Stratusstreifen übereinander, die durch die ›Trübe‹ (Goethes Wort) purpurrot gefärbt sind, vor goldgelber Atmosphäre, deren Intensität durch den Wind rasch wechselt. Manchmal blitzt ein stechender Punkt der Sonne durch das Gewölk, manchmal fährt hinter der Dichte eine Strahlenbahn schräg nach oben. Turnersche Gelbtöne samt den so oft von ihm darübergesetzten vereinzelten Karmesinstreifen und -punkten. Es wird kalt und dunkelt zusehends, obwohl die Sonne noch eine knappe Stunde Zeit hat, abzutreten. Die Decke über dem Kopf teilt sich in kleinere, grauschwarze Cumulusflecken, auseinandergejagt vom Wind, so daß es nicht regnen dürfte. (Was es auch nicht tut.)

19. August 2015
Zur Salute, um mir das Licht auf Tintorettos ›Hochzeit von Kanaa‹ zu vergegenwärtigen. Von der Saluteseite aus schaue ich zum Hotel Europa hinüber und prüfe, was er von seinem Fenster aus gesehen haben kann. Interessant, daß er immer wieder den gleichen Blick – bei verändertem Licht, anderer Tageszeit – gemalt hat. Das hat ja erst Spätere interessiert – Monet, Morandi.
Vier mit dem Lineal gezogene Notenlinien für Gregorianik. Der Wind hat die eckigen Notationen hinweggetragen.

22. August 2015

Zum Hotel Europa, um zu prüfen, was Turner von dort aus sehen konnte. Er schaute direkt auf die Salute rechts und die Dogana, links das Bacino und St. Giorgio. Was er nicht sehen konnte, aber dazugemalt hat, waren der Dogenpalast, die Piazetta und der Campanile. Die hat er aus der Erinnerung ergänzt. Deshalb oft die Verzeichnung der Proportion. Vielleicht hat er vom Dach aus mehr gesehen, zum Beispiel um den Blitz um den Campanile zu sehen? Aber ich darf nicht aufs Dach, weil es eine Baustelle ist. Vielleicht im Winter.

SPLITTER 6

Eine vollkommene weiße Gestalt am Sommerhimmel, an der auf einmal ein grauer Schmutzfleck sichtbar wird, der sie schändet: Ein kunstvoll gestaltetes Buch im Ramsch, auf das der Zwischenhändler den Billigpreis aufgeklebt hat, nicht abzulösen, ohne die Schönheit zu zerstören.

.

Ich höre einen Abend lang zwei der Haydn gewidmeten Quartette Mozarts, von den Hagens gespielt. Den Frühling, die Jagd. Wieder und wieder. Irgendwann höre ich Wolken, immer nur Wolken, in ihrem Steigen und Sinken, ihren minimalen Verschiebungen, ihren Turbulenzen, ihrem Gleiten. Vielleicht hat Gott in Mozarts Partituren geschaut – er weiß ja auch die Zukunft –, bevor er die Wolken schuf.

.

Die Gleichzeitigkeit verschiedener Zeiten – Accellerando und Ritardando, wechselnde Rhythmen und Farben, Dichte und Dünne, Dauer und Wechsel – in einer einzigen Wolke. Das himmlische Kind.

.

Schwalben – die unsichtbaren Fäden, die sie ins Himmelblau weben. (nach Gaston Bachelard)

.

»Vaporisierung und Verdichtung des *Ich*. Tout est là.« (Baudelaire, *Mon cœur mis à nu*)

Barbara Klemm

»Blick auf die Alte Brücke«, Frankfurt 2013

Der Titel der Photographie klingt wie ein Hohn auf eine Ansichtskartenaufschrift: ausgerechnet diese Brücke, der Stolz der alten Handelsstadt mit dem legendären Brickegickel. Die Stützen an den beiden Pfeilern, halbierte Rundtürmchen, erinnern noch an nüchterne Kaufmannsgewißheit. Ein Ausflugschiff zieht gelassen seine Bahn mainaufwärts. Aber was ist eigentlich von der Alten Brücke zu sehen außer einem horizontalen Strich und zwei verschatteten Pfeilern? Denn die stumpfwinkligen Stahlträger, die auf ihr aufzuruhen scheinen, gehören zur dahinter liegenden Brücke und der anschließende Bogen zu einer weiteren, noch entfernteren. Durch die perspektivische Verkürzung entsteht die Illusion einer einzigen Brücke. Der erste Eindruck protokollierter Wiedergabe von etwas ›in der Wirklichkeit‹ Gegebenem durch die Photographie wird also fragwürdig. Parallel zur Brücke / den Brücken zieht sich über die gesamte Bildbreite eine zum großen Teil beleuchtete niedrige Stratusbank mit Cumulusbildungen. Obwohl sie weit entfernt sein muß, läßt sie durch ihre Größe und Helligkeit die Brücken im Halbschatten unten klein erscheinen, fast spielzeughaft im Verhältnis. Und gegen diese Wolkenmajestät oben und die Menschenfleißwinzigkeit unten steht links von der Mitte, sinister, bildbeherrschend, ein monströser Zylinder.

Es ist ein Turm im Bau. An den Flanken sind schlanke Stahlgerüste verankert hochgezogen mit Kränen an der Spitze, im offenen Inneren Eisenträger, oben links eine Bauhütte ohne Menschen. Es sind, merkt man jetzt, nirgends Menschen zu sehen an diesem Bau, es ist, als säßen die Ingenieure, die Architekten und Statiker, die Arbeiter wo auch immer in ihren Büros und bedienten die Computer der Kräne, die sich wie von Geisterhand recken und strecken. Im Buch Genesis heißt es: »Auf, bauen wir uns eine Stadt und einen Turm, dessen Spitze in den Himmel reicht, daß wir uns einen Namen machen, denn sonst werden wir zerstreut in alle Länder.«

Barbara Klemms Photographie erinnert an Pieter Breughels Wiener ›Turmbau zu Babel‹. Eine Baustelle in der Form eines gigan-

Barbara Klemm: »Blick auf die Alte Brücke«, Frankfurt 2013

tischen Kegels, vorn von irgendeinem Nebukadnezar begutachtet. Gerüste, Leitern, Flaschenzüge, Karren mit Baumaterial, verstreute Gruppen von Arbeitern, manches ist fertig, anderes nicht. Die Spitze, über die es noch weiter in die Höhe gehen soll, ist umwölkt: So weit sind diese Menschen also schon in den Himmel vorgedrungen. Nur zeigt Breughels Bau auch, daß Statik und menschliche Hybris sich nicht die Waage halten.

Auf Barbara Klemms Photographie ist die ferne Wolkenwand so weit herangezogen, daß der Eindruck entsteht, der Turm habe sie bereits durchstoßen. Ganz oben an den Seiten des Zylinders – in der Bildrealität über den weißen Wolken – stehen zwei schlanke Kräne, deren Spitzen am Bildrand enden, also weiterzudenken sind in den Himmel hinein. Rechts oben im Bild steht eine schwarze Wolke. »Und der Herr sprach: »Sie haben das angefangen zu tun und werden nicht ablassen von allem, was sie sich vorgenommen haben zu tun. Auf, wir wollen niederfahren und ihre Sprache daselbst verwirren, daß keiner des anderen Sprache verstehe!«

Unten zieht gelassen das weiße Schiff stromauf. Das erinnert an ein anderes Bild Breughels, das auch eine Katastrophe zum Thema hat: Ikarus stürzt vom Himmel, während ein Bauer unbekümmert sein Feld pflügt, ein Hirte woanders hinglotzt und ein stolzes Schiff mit geblähten Segeln dahinzieht.

Barbara Klemm, ›Wolkenstudie 2013‹

Alles an dieser Photographie scheint in Bewegung. Die Regenwolken tief unten hat der Wind auseinandergejagt und sie ziehen in einem Kondukt dahin. Eine Wolke rechts hat sich aus dem Zug erhoben und möchte ein gleichseitiges Dreieck werden. Links von ihr hat sich ein Haufen hochgezogen, er wirkt ganz nah, muß aber doch weiter weg sein vom Wind, denn seine Konturen sind scharf. Zudem wird er oben von einem Fetzen überlappt, der zu einem anderen, sich über die ganze Bildbreite im oberen Drittel ziehenden Gebilde gehört, das also *vor* dem weißen Haufen liegt, näher zum Betrachter, obwohl der Anschein umgekehrt ist. Es ist ein Spiel mit Nähe und Ferne, das sich erst erschließt, wenn man die Verhältnisse von Licht und Schatten entziffert.

Einzelne Partien der großen Haufen sind hell beleuchtet. Liegt stellenweise ein Grauschleier darüber, so muß er von Wolken stammen, die ihren Schatten von oberhalb des belichteten Ausschnitts herunterwerfen. Das Volumen der sichtbaren Haufen läßt sich ermessen an den Schatten, die sie verursachen: an dem großen, scheinbaren Loch in der Mitte mit seinen chromatischen Grautönen und an den schwarzen Flächen links. Barbara Klemm erreicht eine Klarheit der Tonabstufungen, wie man sie aus der Malerei kennt. Ist das schwarz-weiß überhaupt möglich? Rembrandt hat es gekonnt, Stieglitz auch. John Constable und William Turner haben einige ihrer Himmel stechen und so oft die Platten vernichten lassen, bis die feinsten Farbvaleurs in schwarzen Strichen sichtbar waren. Ähnlich haben gerade Barbara Klemms Schatten eine ›infinite variety‹, die in der Reproduktion manchmal ihren Reichtum verliert.

In der grauen Wolke, dem ›Loch‹, entdeckt man – vielleicht erst auf den zweiten oder dritten Blick – ein winziges schwarzes Insekt: ein Flugzeug. Ohne Kondensstreifen, der offenbar vom Schatten

Barbara Klemm: »Wolkenstudie 2013«

schon absorbiert oder zu noch ahnbaren weißen Resten vom Wind zerstoben ist. Es fliegt in die Gegenrichtung zum Zug der Wolken. Das Menschenwerk scheint wie ein Memento gesetzt, denn erst durch dieses Flugzeug wird die unermeßliche, jedes Menschenmaß übersteigende Größe der Wolken faßbar im Bild. Oder sollen wir es umgekehrt lesen: ein tapferer kleiner David gegen die Goliaths der Natur? Je länger man schaut, desto geheimnisvoller wird das Bild.

Ein verlorenes Flugzeug am Himmel und ein einzelner Strommast, mittig im Trauerkondukt, unten am Bildrand, der kerzengrade – Pfahl oder Pfeil – nach oben weist.

Die Wolken fliegen, das Flugzeug fliegt, die Photographie aber ist angehaltene Zeit, der »Inbegriff eines Stillstands«. Wie Zenons Pfeil, der die Bewegung negiert und den Barbara Klemm auch noch ins Bild geholt hat.

Athen, Ende Januar 2014

1

Über dem Parthenontempel eine schwarze Wolke mit dem Umriß
Siziliens. Früher Abend. Die Spitze, etwa auf der Höhe von
Syrakus, bohrt sich gelassen in den Ostgiebel.
Die Giganten, die vierundzwanzig Söhne der Erde mit schuppigen
Drachenschwänzen statt der Füße, revoltierten gegen die Himmlischen, weil sie ihre Brüder, die Titanen, in den Tartaros gesperrt
hatten. Ohne die Hilfe des Herakles wären die Felsbrocken schleu-
dernden Monster nicht zu besiegen gewesen. Nur Athene schlug
mit einem größeren Geschoß den Riesen Enkelados so platt, daß
aus ihm die Insel Sizilien wurde. Nach anderen versenkte sie ihn
im Meer und setzte als Deckel auf ihn das felsige Sizilien. Doch zum
Zeichen, daß er lebendig geblieben ist, spuckt er gelegentlich Feuer
aus dem Ätna und anderen Vulkanen.
Der archaische Athene-Tempel, auf dem der Gigantenkampf dargestellt war, wich im aufgeklärten Zeitalter dem Parthenon. Aber
auch dessen Götter haben sich davongemacht, der Giebelfries ist
abgeräumt. Doch unverhofft steht die Drohung – buchstäblich –
im Raum. Nichts ist vergangen. Und ein Bein – ein Bein! – des
Enkelados steht im Museum, und am Himmel Sizilien.

2

Von Süden bezieht sich der Himmel zu Mittag über der Akropolis.
Schafherden, so weit das Auge reicht, wollig und weich, dabei
einzeln und dicht beieinander. Altocumulus, also sehr hoch, doch
dem Auge ganz nah. Sie ziehen über die Reste der Tempel, wie sie
zogen den Berg hier herauf, bevor es Tempel da gab.
Ein anderer Blick durch eingerüstete Säulen des Parthenontem-
pels, Gebälk. Die starre, scharfe Geometrie der Leitern, der Stangen
und Bretter, die das gekehlte, gehauene Menschenwerk sichern. Im
Blick hindurch stehen die Schafe noch immer, etwas unscharf durch
das Kameraauge, aber noch immer geordnet in nicht-euklidischer
Geometrie, fast wellig verbunden wie die vom Gil'ad herunter-
wogenden Schurschafe, wie Haarflechten (Zöpfe).

Minuten später sind die Schafe zusammengerückt und bilden ein einziges Vlies, ausgefranst an den Rändern wie spritzende Fontänen in der Eile. Der verschüttete Samen des Hephaistos, als er Athene zu vergewaltigen versuchte. So stellt also auch immer noch er der Parthenos nach, frisch-weißes Gewölk eines Hinkebeins, das aber nicht, photographiert jedenfalls, über die Schwelle des Temenos eindringt.

Archilochos
Kein Ding ist unverhofft, und verschwören kann man nichts,
noch sich wundern, seit Zeus, der Vater der Olympier,
aus dem Mittag Nacht machte, da er das Licht verbarg
der strahlenden Sonne. Feuchte Angst kam da über die Menschen.
Seither ist alles glaubhaft und alles zu erwarten
den Menschen.
Keiner von euch soll sich noch wundern, wenn er sieht,
wie das Bergwild mit Delphinen tauscht den Weideplatz
im Meer und ihm die tosenden Wogen der See
lieber sind als das Festland, diese wiederum den waldigen Berg
vorziehen.
(74D./122 W., deutsch von Kurt Steinmann)

Virginia Woolf
Die Sonne mußte durch die Wolken rasen und das Ziel erreichen, das
eine dünne Durchsichtigkeit zur Rechten war, bevor die heiligen Sekunden vorbei waren. Sie startete. Die Wolken warfen ihr jedes denkbare Hindernis in den Weg. Sie klammerten sich an, sie behinderten.
Sie stieß durch sie hindurch. Man konnte sie fühlen, wie sie flammte
und flog, wenn sie unsichtbar war. Ihre Geschwindigkeit war gewal-
tig. Hier war sie heraus und leuchtend hell; jetzt war sie versteckt
und verloren. Aber immer fühlte man, wie sie flog und sich durch die
Düsternis ihrem Ziel entgegenwarf. Eine Sekunde lang kam sie hervor und zeigte sich uns durch unsere Gläser, eine ausgehöhlte Sonne,
eine zunehmende Sonne. Es war vielleicht ein Beweis, daß sie das
Bestmögliche für uns tat. Jetzt tauchte sie zu ihrer letzten Anstrengung unter. Jetzt war sie völlig ausgelöscht. Die Augenblicke vergin-
gen. Uhren waren in aller Händen. Die heiligen vierundzwanzig Sekunden hatten begonnen. Wenn sie nicht hindurchkäme, bevor die
letzte vorüber war, wäre sie verloren. Noch fühlte man sie hinter den
Wolken toben und rasen, um sich zu befreien; aber die Wolken hielten sie. Sie breiteten sich aus; sie verdichteten sich; sie ließen nach;
sie verhüllten ihre Schnelligkeit. Von den vierundzwanzig Sekunden
blieben nur noch fünf, und immer noch war sie verdunkelt. Und wie
die verhängnisvollen Sekunden verflogen, und als wir merkten, daß
die Sonne besiegt wurde, ja bereits das Rennen verloren hatte, be-

gann alle Farbe vom Moor zu weichen. Das Blau wurde zum Purpurrot; das Weiß wurde aschfahl wie beim Nahen eines heftigen, aber windlosen Gewitters. Rosa Gesichter wurden grün, und es wurde kälter denn je zuvor. Dies also war die Niederlage der Sonne, und dies war alles, dachten wir und wandten uns enttäuscht ab von dem stumpfen Wolkentuch vor uns zu den Moorflächen hinter uns. Sie waren aschfahl, sie waren purpurn; aber plötzlich wurde einem bewußt, daß noch etwas anderes geschehen würde; etwas Unerwartetes, Furchtbares, Unvermeidliches. Der Schatten, der dunkler und dunkler über dem Moor wurde, war wie das Krängen, das Sich-auf-die-Seite-Legen eines Boots, das, statt sich im kritischen Augenblick aufzurichten, sich ein wenig weiter und noch ein wenig weiter auf die Seite neigt; und plötzlich kentert. So drehte sich das Licht um und neigte sich und ging aus. Das war das Ende. Fleisch und Blut der Welt waren tot; nur das Skelett war übriggeblieben. Es hing unter uns, eine zerbrechliche Muschel; braun; tot; verwittert. Dann plötzlich, mit irgendeiner winzigen Bewegung, war dieser tiefe Kotau des Lichts, dies Sich-Bücken und Erniedrigen allen Glanzes vorbei. Leicht, auf der anderen Seite der Welt, stieg es auf; es sprang auf, als ob die eine Bewegung, nach der ungeheuren Pause eines Augenblicks, die andere vollende, und das Licht, das hier gestorben war, stand anderswo wieder auf. Noch nie gab es ein solches Gefühl der Verjüngung und Erholung. Alle Genesungen und Fristen des Lebens schienen in eins zusammengerollt. Doch zuerst war das Licht so bleich und zerbrechlich und befremdlich, regenbogenähnlich zu einem Reifen von Farbe hingesprüht, daß es schien, als könne die Erde mit solch zarten Farbtönen überzogen nie wieder leben. ... Doch immer noch hielt die Erinnerung fest, daß die Erde, auf der wir stehen, aus Farbe gemacht ist; Farbe, die weggeblasen werden kann; und dann stehen wir auf einem toten Blatt; und wir, die sicher auf der Erde stehen, haben sie jetzt tot gesehen.

(Aus dem Essay ›Die Sonne und der Fisch‹, übersetzt von Helmut Viebrock. Am 29. Juni 1927 war Virginia Woolf mit ihrem Mann und mit Freunden nach North Yorkshire gefahren, um eine totale Sonnenfinsternis zu sehen. Sie hat das Erlebnis in den Tagebüchern festgehalten. Der Essay erschien 1928 in *Time and Tide* und wurde in die Sammlung *Das Totenbett des Kapitäns* aufgenommen.)

Homer

Wie die Wolken die Sonne zu Tode hetzen, ist in meiner Vorstellung immer mit einem Gegenbild verknüpft gewesen: mit Zeus auf dem umwölkten Idagebirge. Auch um sich her hat er die Wolken versammelt, die er nun, eine um die andere, die hellen, die grauen, die schwarzen, mit seiner Aigis in der linken Hand, dem strahlenden, von Hephaistos geschmiedeten furchtbaren Schild, auseinander treibt und davonjagt. Sie sinken als lumpige Nebel auf die Wälder und Felder und die Gewässer hinter ihm. Das Blitzbündel in der Rechten hat er niedergelegt. So steht er in seiner herrlichen Majestät auf dem Gipfel, vom Himmel her bricht hervor unendlicher Äther und die reine helle Sonne umleuchtet seine Gestalt mit dem Bart, dem wallenden Haar. Der Fernhinschauende sieht tief unter sich die Troas liegen, weiter weg den Skamander, das Meer und das brennende Troja.

Das ist das seit der Jugend im Gedächtnis lebendig gebliebene Bild aus der *Ilias*. Nur steht es nicht in der *Ilias*. Es steht nirgends.

Johann, 8 Jahre alt

DANK

An der Entstehung dieses Buches haben viele einen Anteil. Vor allem meine Frau, Monika Reichert, die auf den meisten Museumsreisen dabei war und mir oft ihren Blick lieh. Die Photos aus dem Elsaß und aus Venedig stammen von ihr; sie sind aber selten Illustrationen der Tagebücher, sondern eigenständige Lichtschriften. – Mit Alfred Brendel habe ich nicht nur über Musik gesprochen (Liszt vor allem): sein Lieblingswolkenmaler ist Joseph Wright of Derby. Da ich aber die Originale nicht sehen konnte, hebe ich ihn mir für ein andermal auf. Ein andermal, das gilt auch für den bedeutendsten Lieblingsmaler Alfred Brendels: Tiepolo, der ein Himmel für sich ist. – Jan Wagner und ich entdeckten, daß wir uns gleichzeitig mit John Constable beschäftigten. Er hat inzwischen ein Gedicht geschrieben, das das »Skying« des Malers erfaßt, wie keine Beschreibung es könnte. – Arbogast Schmitt, der Marburger Gräzist, hat mir den Gebrauch der Wörter für Wolken bei Homer erschlossen. – Barbara Klemm hat ihre beiden Wolken-Photographien auf den Seiten 229 und 231 für diesen Band abgezogen und zur Verfügung gestellt.

Ich danke dem S. Fischer Verlag und seinem verlegerischen Geschäftsführer Peter Sillem, der das Buch ermöglichte. Ich danke meinem Lektor Alexander Roesler, der sich auf behutsame Weise auf das Buch, das noch keines war, einließ und dem unterschiedlichen Material eine Ordnung gegeben hat. Und ich danke dem Hersteller Frank Geck, dem das Kunststück gelungen ist, mit wechselnden Schriftgraden das Buch zu gestalten und die Bilder zu montieren. Er hatte auch die Idee, als Grundschrift die Scotch zu verwenden – als Reverenz an Luke Howard, dessen Buch in dieser Type gesetzt wurde.

Ich danke den Rechteinhabern der Abbildungen, die den Abdruck gestatteten, vor allem Therese Muxeneder vom Arnold Schoenberg Archiv in Wien, die mir Kopien der Karte Anton Weberns an Schönberg, des Wolkenbriefs Alban Bergs und des Faksimiledrucks des Kriegswolkentagebuchs Schönbergs zur Verfugung stellte.

Ihnen allen schulde ich großen Dank.

NB: Die nicht namentlich gezeichneten Übersetzungen stammen von mir.

Adnan, Etel, *Von Frauen und Städten*, aus dem Englischen von Klaudia
  Ruschkoweski, Nautilus, Hamburg 2005
Adnan, Etel, *Reise zum Mount Tamalpais*, aus dem Englischen von Klaudia
  Ruschkowski, Nautilus, Hamburg 2007
Adnan, Etel, *Jahreszeiten*, aus dem Englischen von Klaudia Ruschkoweski,
  Nautilus, Hamburg 2012
Adorno, Theodor W., *Philosophie der neuen Musik*, Europäische
  Verlagsanstalt, Frankfurt 1958
Adorno, Theodor W., ›Zum Verständnis Schönbergs‹, in: Ders., *Gesammelte
  Schriften*, hg. von Rolf Tiedemann, Bd. 18, *Musikalische Schriften V*,
  Suhrkamp stw, Frankfurt am Main 1997
Adorno, Theodor W., *Kranichsteiner Vorlesungen*, hg. von Klaus Reichert
  und Michael Schwarz, Suhrkamp, Berlin 2014
Aeschyli *Septem quae supersunt tragoediae*, rec. Gilbertus Murray, Clarenden
  Press, Oxford, 2. Auflage 1955
Aeschylos, *Vier Tragödien*, übersetzt von Friedrich Leopold Grafen zu
  Stolberg, Perthes und Besser, Hamburg 1823, erste Auflage 1802
Aischylos, *Die Tragödien und Fragmente*, übertragen von Johann Gustav
  Droysen, durchgesehen und eingeleitet von Walter Nestle, Kröner,
  Stuttgart 1950
Alkaios, *Lieder*, Griechisch und deutsch, hg. von Max Treu, Heimeran,
  München 1952
Allende-Blin, Juan, ›Claude Debussy, Scharnier zweier Jahrhunderte,‹ in:
  Claude Debussy, Musik-Konzepte 1/2, hg. von Heinz-Klaus Metzger und
  Rainer Riehn, edition text + kritik, München 1977
Archilochos, *Gedichte und Fragmente*, griechisch und deutsch, hg. von Max
  Treu, Heimeran, München 1959
Archilochos, *Gedichte*, griechisch und deutsch, hg. und übers. von Kurt
  Steinmann, Insel, Frankfurt 1998
Aristophanes, *Die Wolken*, in: Aristophanes, *Lustspiele*, Dritter Band,
  verdeutscht von Johannes Minckwitz, Langenscheidt, Berlin, zweite
  Auflage, o. J. (nach 1881)
Bachelard, Gaston, *L'Air et les Songes. Essai sur l'Imagination du
  mouvement*, Livre de Poche, Paris 2001
Bacon, Francis, *Weisheit der Alten*, übersetzt von Marina Münkler,
  S. Fischer, Frankfurt a. M. 1990, S. 39 f.

Badt, Kurt, *Wolkenbilder und Wolkengedichte der Romantik*, de Gruyter, Berlin 1960

Badt, Kurt, *Die Farbenlehre Van Goghs*, DuMont Schauberg, Köln 1961

Barraqué, Jean, *Claude Debussy in Selbstzeugnissen und Bilddokumenten*, Rowohlt, Reinbek 1964

Barthes, Roland, *Die helle Kammer. Bemerkungen zur Photographie*, übersetzt von Dietrich Leube, Suhrkamp, Frankfurt a.M. 1985

Baudelaire, Charles, *Schriften zur Kunst (Der Salon 1845, Der Salon 1846)*, in: *Sämtliche Werke / Briefe*, in acht Bänden, hg. von Friedhelm Kemp und Claude Pichois in Zusammenarbeit mit Wolfgang Drost, Band 1, Zweitausendeins, o. O., o. J. (1977 ff.)

Baudelaire, Charles, *Le Spleen de Paris / Gedichte in Prosa*, in: *Sämtliche Werke / Briefe*, in acht Bänden, Band 8, Zweitausendeins, o. O., o. J. (1977ff.)

Beckett, Samuel, ...*but the clouds*..., in: Ders., *The Complete Dramatic Works*, faber and faber, London 1986

Behringer, Wolfgang, *Tambora und das Jahr ohne Sommer*, C.H. Beck, München 2015

Bexte, Peter, ›Die weggeschnittenen Augenlieder des Regulus. Zur verdeckten Antikenrezeption in einem Wort Heinrich von Kleists‹, in: *Kleist-Jahrbuch*, 2009

Bode, Wilhelm, *Rembrandt und seine Zeitgenossen. Charakterbilder der großen Meister der holländischen und vlämischen Malerschule im Siebzehnten Jahrhundert*, zweite vermehrte Auflage, Seemann, Leipzig 1907

Brendel, Alfred, Liszts »Bitternis des Herzens«, in Ders., *Über Musik*, Piper, München 2005

Busch, Werner, *Caspar David Friedrich. Ästhetik und Religion* C. H. Beck, München, 2. Auflage 2008

Busch, Werner, *Das unklassische Bild. Von Tizian bis Constable und Turner*, C. H. Beck, München 2009

Busoni, Ferruccio, *Entwurf einer neuen Ästhetik der Tonkunst*. Mit Anmerkungen von Arnold Schönberg und einem Nachwort von H. H. Stuckenschmidt, (nach der zweiten erweiterten Ausgabe von 1916), Suhrkamp, Frankfurt 1974

Lord Byron, *The Poetical Works*, ›The Albion Edition‹, London / New York, o. J. (etwa 1880)

Carus, Carl Gustav, *Neun Briefe über Landschaftsmalerei, geschrieben in den Jahren 1815 bis 1824* (1835), Edition Max Reichelt, Villingen o. J. (1948)

Carus, Carl Gustav, *Natur und Idee*, Deutscher Kunstverlag, Berlin und München 2009

Clarkson, Jonathan, *Constable*, Paidon Press, London / New York 2010

Constable, John, *Oil Sketches from the Victoria and Albert Museum*, ed. Mark Evans, V&A Publishing, London 2011. Deutsche Ausgabe Staatsgalerie Stuttgart, 2011.

Cowper, William, *The Poetical Works*, The Globe Edition, ed. William Benham, Macmillan, London / New York, 1889

Dahl und Friedrich. Romantische Landschaften, hg. v. den Staatlichen Kunstsammlungen Dresden, Sandstein, Dresden 2014

Damish, Hubert, *A Theory of /Cloud/ Toward a History of Painting*, transl. by Janet Lloyd, Stanford UP, Stanford 2002. (Französische Originalausgabe Paris 1972)

Evans, Mark, *John Constable. The Making of a Master*, V & A Publishing, London 2014

Friedrich, Caspar David, in Briefen und Bekenntnissen, hg. von Sigrid Hinz, Rogner & Bernhard, München, 2., veränderte und erweiterte Ausgabe 1974

Friedrich, Caspar David, *Das gesamte graphische Werk*, Rogner & Bernhard, München 1974

Goethe, Johann Wolfgang, *Schriften zur Allgemeinen Naturlehre, Geologie und Mineralogie*, hg. von Wolf von Engelhardt und Manfred Wenzel, Frankfurter Ausgabe, I. Abteilung, Bd. 25, Deutscher Klassiker Verlag, Frankfurt 1989

Goethe, Johann Wolfgang, *Tag- und Jahreshefte*, dtv Gesamtausgabe Band 30 (nach der Artemis-Gedenkausgabe), München 1962

Greenough, Sarah, *Alfred Stieglitz*, The Key Set, The Alfred Stieglitz Collection of Photographs, 2 vols., vol. 2 1923-32, Harry K. Abrams, New York 2002; National Gallery of Art, Washington D. C. 2002

Hamblyn, Richard, *The Invention of Clouds. How an Amateur Meteorologist Forged the Language of the Skies*, Picador, London 2001 (Taschenbuchausgabe 2002)

Hamblyn, Richard, *Die Erfindung der Wolken. Wie ein unbekannter Meteorologe die Sprache des Himmels erforscht*, aus dem Englischen von Ilse Strasmann, Suhrkamp, Frankfurt 2003

Hamblyn, Richard, *Welche Wolke ist das? Wetter, Wolken und Himmelsphänomene beobachten und erkennen*, Franck-Kosmos, Stuttgart 2009

Hamblyn, Richard, ›Die Krakatau-Briefe von Gerald Manley Hopkins‹, in: *Sinn und Form*, 66. Jahr 2014, Drittes Heft, Mai/Juni

Herold, Inge, *Turner auf Reisen*, Prestel, München 1997

Hofmann, Werner (Hg.), *Turner und die Landschaftsmalerei seiner Zeit*, Prestel, München 1976

Hopkins, Gerard Manley, *The Journals and Papers of G. M. H.*, ed. by
Humphry House, completed by Graham Storey, Oxford UP, London
1965 (Reprinted 1966)

Hopkins, Gerard Manley, *Journal (1866–1875)*, in einer Übersetzung von
Peter Waterhouse. Mit einem Nachwort von Gerhard Grössing und
Camilla Miglio, Jung und Jung, Salzburg 2009

Hopkins, Gerard Manley, ›Merkwürdige Sonnenuntergänge‹, in: *Sinn und
Form*, 66. Jahr 2014, Drittes Heft, Mai/Juni

Howard, Luke, *The Climate of London, deduced from Meteorological
Observations, made at different Places in the Neighbourhood of the
Metropolis*, London 1818 und 1820.

Homer, *Ilias*, Übersetzung von Wolfgang Schadewaldt (1975), dritte
erweiterte Auflage, Insel, Frankfurt am Main 1988

Humboldt, Alexander von, *Kosmos. Entwurf einer physischen Welt-
beschreibung*, Dritter Band, J.G. Cotta, Stuttgart und Tübingen 1850

Jean Paul, *Selina oder Ueber die Unsterblichkeit der Seele*, in Jean Paul's
Werke, neunundfünfzigster und sechzigster Teil, Hempel, Berlin o. J.

Jean Paul, *Ideen-Gewimmel, Texte und Aufzeichnungen aus dem
unveröffentlichten Nachlaß*, hg. von Kurt Wölfel und Thomas Wirtz,
Eichborn, Frankfurt am Main 1996

Karpeles, Eric, *Paintings in Proust. A Visual Companion to ›In Search
of Lost Time‹*, Thames & Hudson, London 2008

Katalog *Carl Gustav Carus, Natur und Idee*, Eine Ausstellung der
staatlichen Kunstsammlungen Dresden und der staatlichen Museen
zu Berlin, Deutscher Kunstverlag, Berlin und München 2009

Katalog *Caspar David Friedrich 1774–1840*, Hamburger Kunsthalle,
hg. von Werner Hofmann, Prestel, München 1974

Kemp, Wolfgang, *John Ruskin, Leben und Werk*, Fischer Taschenbuch
Verlag, Frankfurt 1987 (Erstausgabe Hanser, München 1983)

Lämmert, Eberhard, ›Kleine literarische Wolkenlehre‹ und ›Wetter-
Dienste in der Literatur‹, beide in: E. L. Erfahrungen mit Literatur,
Weidmannsche, Hildesheim 2012

Late Turner. Painting Set Free, hg. v. D. Blaney Brown et al., Tate
Publishing, London 2014

C.R. Leslie, *Memoirs of the Life of John Constable* (1843), Phaidon Press,
London (1951), Third edition 1995

Ligeti, György, *Gesammelte Schriften*, hg. Monika Lichtenfeld, 2 Bde.,
Paul Sacher Stiftung, Schott, Mainz 2007

Ligeti, György, ›Rhapsodische Gedanken über Musik, besonders über
meine eigenen Kompositionen‹ und ›Zwischen Wissenschaft, Musik
und Politik‹, in György Ligeti und Gerhard Neuweiler, *Motorische*

Intelligenz. Zwischen Musik und Naturwissenschaft, hg. von Reinhart
Meyer-Kalkus, Wagenbach, Berlin 2007

Ligeti, György, Wandlungen der musikalischen Form‹, in: *die Reihe*,
Heft VII, Form – Raum, Universal Edition, Wien 1960

Lyall, Charles, *Principles of Geology*, ed. James A. Secord, Penguin Classics,
Harmondsworth 1997

Norretranders, Tor, *Der Anfang der Unendlichkeit. Essay über den Himmel*,
deutsch von Alken Bruns, Rowohlt, Reinbek 1993

Orpheus, *Altgriechische Mysteriengesänge*, aus dem Urtext übertragen und
erläutert von J.O. Plassmann, Diederichs, Jena 1928

Parmenides, *Die Fragmente*, Griechisch und deutsch, hg., übers. und
erläutert von Ernst Heitsch, 2., durchgesehene und erweiterte Auflage,
Artemis, München und Zürich 1991

Popper, Sir Karl Raimund, *Of Clouds and Clocks. An Approach to the
Problem of Rationality and the Freedom of Man*, The Arthur Holly
Compton Memorial Lecture Presented at Washington University, April
21, 1965, St. Louis, Missouri, 1966

Pretor-Pinney, Gavin, *The Cloudspotter's Guide*, Hodder & Stoughton,
London 2006

*Reisenotizen. Barbara Klemm – Fotografien, Johann Wolfgang Goethe –
Zeichnungen*, Museum Sinclair-Haus, Bad Homburg 2014; Schiller-
Museum Weimar 2015, Hirmer, München 2014

Reynolds, Graham, *Turner*, Thames & Hudson, London 1969, Reprinted
2000

Rosenthal, Michael, *Constable*, Thames & Hudson, London (1987), 2010

Ruskin, John, *The Stones of Venice*, vol. I, George Allen, London 1908, vol.
II, George Allen, London 1905, vol. III, George Allen, London 1905

Ruskin, John, *Modern Painters*, vol. I, John Wiley, New York 1878; *Modern
Painters*, vols. II, III, IV, V, John Wiley, New York 1879

Ruskin, John, *The Queen of the Air. A Study in Greek Mythology*, George
Allen, Orpington and London 1869

Ruskin, John, *Sesame and Lilies, Three Lectures*, New Complete Edition,
George Allen, Orpington and London 1893. (Die Zitate in der Einleitung
entstammen diesen Vorträgen.)

Ruskin, John, *Praeterita. Outlines of Scenes and Thoughts perhaps worthy
of Memory in my Past Life*, vols. I–III, George Allen, Orpington and
London 1899

Sabbe, Herman, *György Ligeti. Studien zur kompositorischen Phäno-
menologie*, Musik-Konzepte 53, edition text + kritik, München 1987

Schnebel, Dieter, ›…Brouillards. Tendenzen bei Debussy‹, in: D. S.,
Denkbare Musik. Schriften 1952–1972, hg. von Hans Rudolf Zeller,
DuMont Schauberg, Köln 1972

Schnebel, Dieter, ›Sirènes oder der Versuch einer sinnlichen Musik. Zu Debussys frühen Orchesterwerken‹, in: *Claude Debussy*, Musik-Konzepte, 1/2 hg. von Heinz-Klaus Metzger und Rainer Riehn, edition text + kritik, München 1977

Schönberg, Arnold – Alban Berg, *Briefwechsel, Teilband I: 1906–1917*, hgg. von Juliane Brand, Christopher Hailey und Andreas Meyer, Schott, Mainz 2007

Schöne, Albrecht, ›Über Goethes Wolkenlehre‹ (1968), in: Albrecht Schöne, *Vom Betreten des Rasens*, *Siebzehn Reden über Literatur*, hg. von Ulrich Joost, Jürgen Stenzel, Ernst-Peter Wieckenberg, C. H. Beck, München 2005

Schöne, Albrecht, *Goethes Farbentheologie*, C. H. Beck, München 1987

Schwartz, Dr. L. W., *Wolken und Wind, Blitz und Donner. Ein Beitrag zur Mythologie und Culturgeschichte der Urzeit*, W. Hertz, Berlin 1879

Snell, Bruno, *Heraklit. Fragmente*, griechisch und deutsch, Artemis, München und Zürich 1983

Strauß, Botho, *Gedicht*, Hanser, München 1985

Thornes, John E., *John Constable's Skies*, Birmingham 1999

Travis, *At the Edge of Light. Thoughts on Photography & Photographers, on Talent & Genius*, David R. Godine, Publisher, Boston 2003

Turner and Venice, hg. v. Ian Warrell, Museo Correr, Venezia 2004

Valéry, Paul, *Tanz, Zeichnung und Degas*, übersetzt von Werner Zemp, in: Paul Valéry, *Werke 6. Zur Ästhetik und Philosophie der Künste*, Insel, Frankfurt 1995. (Die zitierte Stelle über Quallen S. 273 f.)

Valéry, Paul, *Cahiers / Hefte*, Bd. 6, übers. von Bernhard Böschenstein, Hartmut Köhler, Jürgen Schmidt-Radefeldt, S. Fischer, Frankfurt am Main 1993

De Vries, Herman, *to be always to be*, valiz, mondriaan fund, Amsterdam 2015

Wagner, Richard, *Oper und Drama*, in: *Dichtungen und Schriften*, hg. von Dieter Borchmeyer, Band 7, Insel, Frankfurt 1983

Wagner, Richard, ›Das Bühnenfestspielhaus zu Bayreuth‹ (1873), in: *Dichtungen und Schriften*, hg. Dieter Borchmeyer, Band 10, Insel, Frankfurt 1983

Wagner, Richard, an Mathilde Wesendonk, *Tagebuchblätter und Briefe 1853–1871*, Zehnte Auflage, Dunker, Berlin 1904

White, Gilbert, *The Natural History of Selbourne* (zuerst 1788–89), ed. Richard Mabey, Penguin, Harmondsworth 1977

Woolf, Virginia, *Die Wellen*, Deutsch von Maria Bosse-Sporleder, S. Fischer, Frankfurt am Main 1991

Woolf, Virginia, *Das Totenbett des Kapitäns. Essays*, Deutsch von Hannelore Faden und Helmut Viebrock, S. Fischer, Frankfurt am Main, 2014

Wordsworth, William, ›The Excursion‹, in: *The Poetical Works*, Complete
in One Volume, Galignani, Paris 1828

Zeller, Hans Rudolf, ›Von den Sirenen zu »...La sérénade interrompue«‹,
in: *Claude Debussy*, Musik-Konzepte, 1/2, hg. von Heinz-Klaus Metzger
und Rainer Riehn, edition text + kritik, München 1977

ABBILDUNGEN